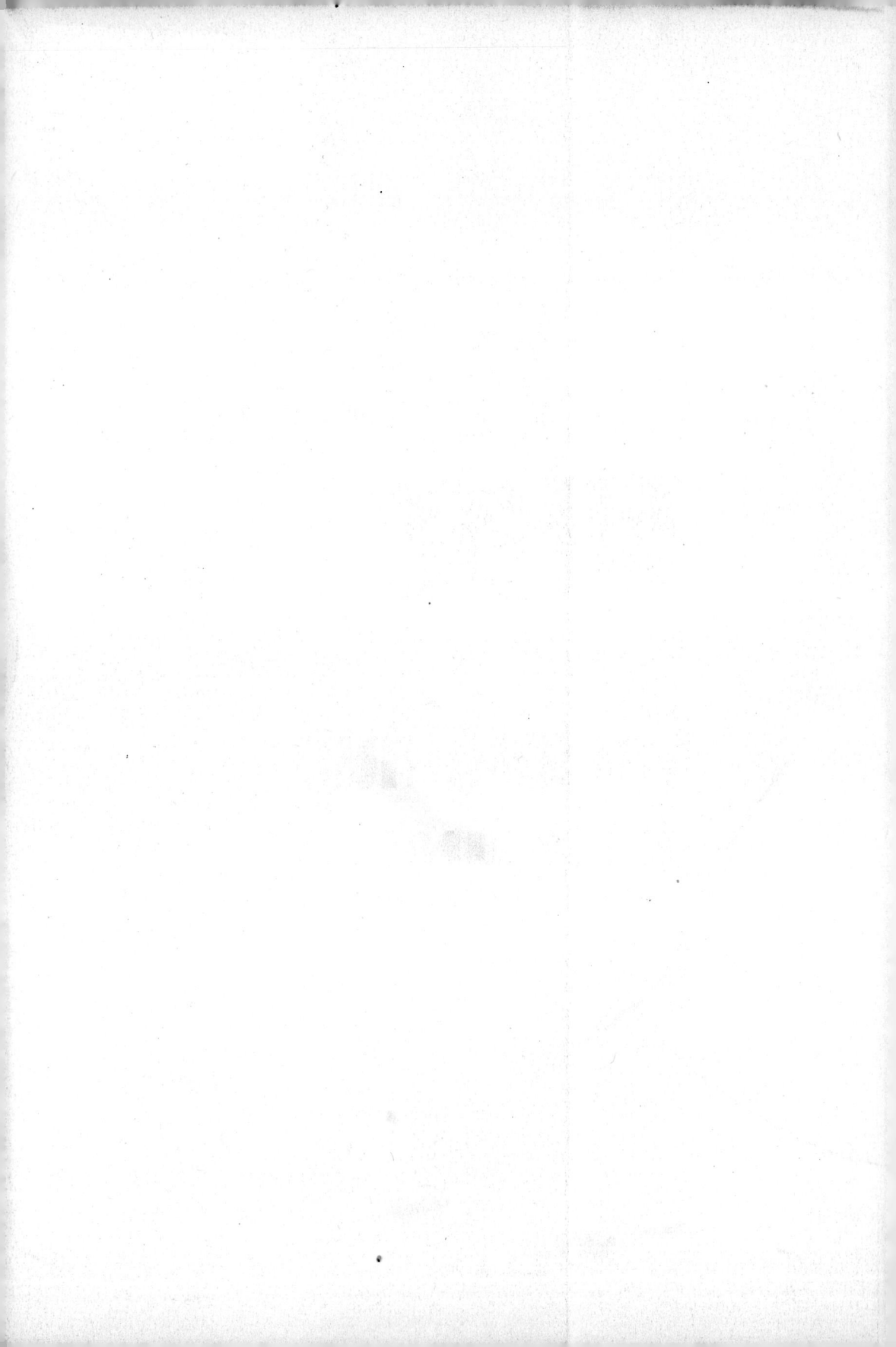

股指期货研究

严宝玉 蒋 虹 编著

以小博大之股民必读

Guzhiqihuo
Yanjiu

中国社会科学出版社

图书在版编目（CIP）数据

股指期货研究/严宝玉、蒋虹编著 . —北京：中国社会科学
出版社，2008.4

ISBN 978 - 7 - 5004 - 6837 - 0

Ⅰ. 股…　Ⅱ. ①严…②蒋…　Ⅲ. 股票 - 指数 - 期货
交易 - 研究　Ⅳ. F830.9

中国版本图书馆 CIP 数据核字（2008）第 038887 号

出版策划　任　明
责任编辑　王　曦
责任校对　石春梅
封面设计　弓禾碧
技术编辑　李　建

出版发行　中国社会科学出版社
社　　址　北京鼓楼西大街甲 158 号　　邮　编　100720
电　　话　010 - 84029450（邮购）
网　　址　http：//www.csspw.cn
经　　销　新华书店
印　　刷　北京奥隆印刷厂　　　　　装　订　广增装订厂
版　　次　2008 年 4 月第 1 版　　　印　次　2008 年 4 月第 1 次印刷
开　　本　710 ×980　1/16
印　　张　20.25　　　　　　　　　插　页　2
字　　数　290 千字
定　　价　32.00 元

前　言

股指期货是目前理论界和实务界共同关心的问题。从有关国家和地区的经验看，股指期货推出基本不改其股票市场长期走势，但从短期看，也就是股指期货推出前后，各个国家和地区股票市场走势却存在差别。在我国股指期货"渐行渐近"的背景下，研究股指期货推出与我国股票市场的发展关系，以及股指期货推出后投资者的投资策略等相关问题，具有非常重要的理论和现实意义。

本书由严宝玉和蒋虹构思、编写大纲、组织编写，并负责全书的总纂和修改。初稿的编写分工如下：第一章：严宝玉；第二章：蒋虹；第三章：王臣复；第四章：王琛淇、宋芸；第五章：严宝玉；第六章：曲丹丹；第七章：宋芸；第八章：蒋虹；第九章：宋芸、王臣复。

在本书编写过程中，参阅了国内外大量的文献和书籍，并参考了业内部分专业网站资料，引用了一些同行专家的相关成果，在此向这些文献及资料的有关作者表示诚挚的感谢。

由于时间仓促，加之水平有限，书中难免有疏漏和不足之处，还望读者批评指正。

编者

2007 年 11 月于北京

目 录

第一章

绪　　论

第一节　选题的背景及意义

2007 年 10 月 16 日是一个平凡而又特殊的日子，这一天上证指数创下了 6124 盘中最高点，收于 6092 点。10 月 17 日，中国共产党十七大在北京召开，大盘似乎已经在 6000 点站稳。10 月 18 日，正当人们把目光聚焦在中国共产党十七大这一世人瞩目的盛会上时，我国股市开始调整，当天上证指数下跌了 3.5%。虽然在会议召开期间的几个工作日中，股市有了一定程度的反弹，但总体上未改调整之势。到 2007 年 11 月 12 日上证指数已经接近 5000 点。这是从 2007 年调整印花税导致的"5.30 大跌"后，股市又一次出现较大幅度的调整。股市成交量也从下降到萎缩，2007 年 11 月 12 日沪市的成交量为 891 亿元，仅仅相当于 10 月 16 日的 53%，市场观望气氛浓厚。

对于股市调整的原因，"仁者见仁，智者见智"。一种观点认为，我国股指期货即将推出，是这次股市调整的一大诱因。持这种观点的不在少数。事实也似乎站在他们这一边。因为在本次股市调整前后，股指期货用"渐行渐近"来描述已经不太贴切了，更准确的说法可能应该是"呼之欲出"了。

2007 年 9 月 27 日，中国证监会表示，股指期货的各项准备工作稳

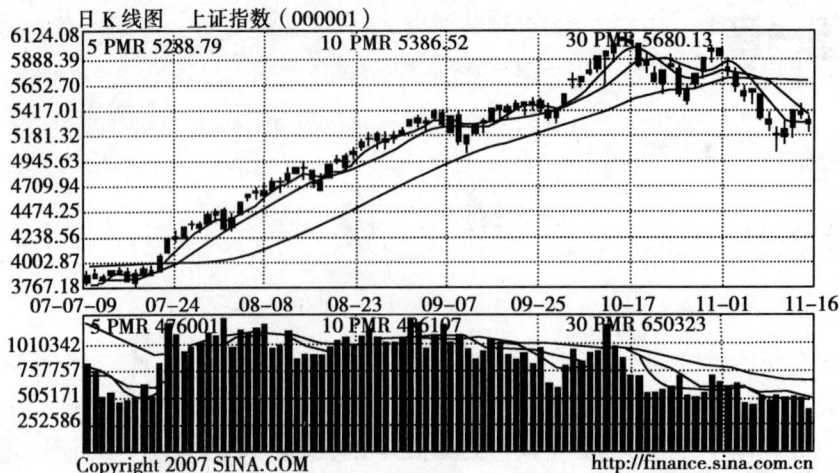

图 1-1　上证指数日 K 线图

步推进，制度和技术准备已经基本完成；[1]

2007 年 10 月 19 日，中国金融期货交易所（以下简称中金所）正式明确会员技术标准；

2007 年 10 月 25 日，中金所表示，首个金融期货产品——沪深 300指数期货的各项筹备进展顺利；[2]

证监会主席尚福林 2007 年 10 月 27 日表示，目前，中国股指期货在制度上和技术上的准备已基本完成，推出股指期货产品的时机正日趋成熟；

2007 年 11 月 13 日，媒体报道"中金所会员审批悄然提速"[3]。同时股指期货在 2007 年底推出的消息也广为流传，"2007 年 11 月 15 日公布时间表，11 月 26 日期货公司切换系统，12 月 28 日股指期货上市"。

面对市场的调整何时结束这样的问题，有观点认为，股指期货时间

---

① 参见"证监会官员称股指期货制度和技术准备基本完成"，http://www. sina. com. cn，2007 年 9 月 27 日。

② 参见 http://www. sina. com. cn，2007 年 10 月 25 日。

③ 参见 http://www. sina. com. cn，2007 年 11 月 13 日。

表推出之日，才可能是大盘调整结束之时。"也就是说，股指期货时间表推出与指数底部可能会出现在同一个时间段。"①

当然就股票市场出现的较大幅度波动是否主要因为股指期货，也有与上述立场不同的观点。该观点认为，股票市场调整的主要原因有两点：一是市场快速上涨后带来的估值压力，二是近期的资金紧张，而股指期货对市场的影响甚微。② 并认为股指期货不是牛市终结者。③ 要用平常心对待股指期货，因为股市是"源"，股指期货只是"流"。④

那么，什么是股指期货？股指期货推出后，对我国股市大盘的影响是怎样的？对与股指期货关联度较高的大盘权重股影响又是如何呢？中小投资者应该怎样在股指期货条件下参与投资呢？

股指期货，是以某种股票指数为基础资产的标准化的期货合约，买卖双方交易的是一定时期后的股票指数价格水平，在合约到期后，股指期货通过现金结算差价的方式来进行交割。股指期货是20世纪80年代才发展起来的金融衍生品，股指期货的产生是为了减轻由于股票价格经常剧烈波动给投资者带来的巨大风险。

二战后，以美国为代表的发达市场经济国家的股票市场飞速发展，表现在上市公司数量不断增加，股票市值持续扩大，以信托投资基金、养老基金、共同基金为代表的机构投资者随之壮大起来。随着机构投资者持有股票的不断增多，其规避风险的要求也越来越强烈。

总体上看，投资者面临的风险有两种：一种是系统性风险，一种是非系统性风险。投资者可以通过分散投资组合等方法的风险管理防范股票价格的非系统风险，而对于系统性风险的防范则需要专门的金融工具和金融产品，以及与之配套的制度安排。于是股指期货"应运而生"，世界上第一只股指期货合约于1982年2月16日在美国堪萨斯城期货交易所（KCBT）推出。

---

① 参见 http://www.sina.com.cn，2007年11月15日。
② 参见 http://www.sina.com.cn，2007年11月16日。
③ 同上。
④ 同上。

从理论上说，股指期货具有价格发现、套期保值和对冲风险、优化资产配置、活跃股票现货市场等重要作用。在实践中，股指期货的这些作用也确实能够得以发挥，因此在股指期货诞生之后便在世界各国得到蓬勃发展，日本、中国香港、伦敦、新加坡等国家和地区先后开展了股指期货交易。根据美国期货业协会的统计，在2006年全球期货和期权交易量中，股票指数期货和期权交易44.5亿万手，比上年增长9.16%，交易量居各种期货和期权的首位。

表1-1   **全球期货和期权交易量**   单位：百万手

	2006 年	2005 年	变化	变化幅度（%）
股票指数	4453.95	4080.33	373.62	9.16
利率	3193.44	2536.77	656.67	25.89
单只股票	2876.49	2536.87	319.62	22.05
货币	240.05	167.19	72.87	43.59
农产品	486.37	378.90	107.67	28.37
能源	385.97	280.13	105.83	37.78
贵金属	218.68	171.06	47.63	27.84
其他	4.31	2.59	1.72	66.69

资料来源：美国期货业协会（www.FIA.org）。

迄今为止，我国的股票市场还是一个单边做多的市场。投资者参与股市的方式只有一个，先买入，再卖出，并以此实现赢利。对于投资者来讲，这种模式也许是在目前状态下可以接受的。但对于一个市场而言，这样的模式本身就具有很大缺陷。首先，市场机制不能有效发挥作用，因为股票价格更多体现了"做多"的信息，而"做空"的信息则难以进入价格的决定过程中。其次，这样的模式容易集聚风险而难以化解风险。例如，在股票上涨到一定程度后，尽管有一些投资者看空市场，但他们要将这样的预期反映到市场中只有被动地停止购买，而不能主动地做空。相反要想赢利，即使价格很高，也只能遵循"先买后卖"的顺序，只有股价上升了，才能实现赢利，从而市场形成强烈的做多，使市场多空力量难以形成良性的平衡，致使股票市场的风险增加。而当风险积累到一定程度时，也就是股票市场开始向下调整时，投资者也只能无可奈何地"被套"和接受亏损，没有任何的防范措施可运用。

推出股指期货的关键在于引入一种做空机制，投资者赢利不一定以股价上升为前提，相反股价下降也可能是投资者赢利的途径。当然，股指期货做空是针对整个市场而言的，也就是针对股票市场的系统性风险而设立的，而不是针对个股。股指期货包含的卖空机制与一般意义上的卖空（short sales）是有区别的。股指期货包含的卖空机制是指当投资者看空股票市场时，可以通过股指期货来表达自身的预期。

那么什么是一般意义的卖空呢？对这一概念比较有代表性的定义是美国证券交易委员会 3B—3 规则所指出的概念："'卖空'一词，是指投资者出售自己并不拥有的证券的行为，或者投资者用自己的账户以借来的证券完成交割的任何出售行为。"这实际上已经隐含了卖空交易的两种形式：（1）投资者出售他自己并不拥有的证券；（2）虽然投资者拥有证券，但他却以借来的证券出售。对卖空交易概念的认识也有一个发展的过程，在早期，卖空交易仅指"出售者出售自己并不拥有的证券"，随着实践的发展，人们对卖空交易的认识不断深化，概念的外延也随之扩大。

研究表明，在缺乏卖空机制的市场上一般存在着股票价格高估的现象。引入卖空机制，可以改变这一局面。当股票价格过度上涨时，看空者预计市场价格会下跌，于是大量卖出，使得该种股票的供求情况有所改善，不至于使行情过热。而当股票价格确实下跌以后，看空者就会在一定的价位买入股票，以实现利润，这又增加了市场的需求，使得股票价格不至于下跌太深。这一过程反复进行，其结果是股票的价格将充分接近实际价值，保持价格的稳定。①

相对于一般意义的卖空，股指期货具有跨期性、杠杆性、联动性等特点，能够充分反映投资者对市场预期和参与行为，因而股指期货具有价格发现、套期保值、资产配置等功能。

---

① 参见赵锡军、陈启清《略论股票市场的卖空机制》，指数期货网 http：//www. zsqhw. com。

对于股指期货的推出，我国已经做了很多的准备工作。如 2006 年 7 月 6 日开始对股指期货八条细则以及股指期货合约方案征求意见；2006 年 9 月 8 在上海成立中金所；2006 年 10 月 30 日，中金所开通沪深 300 股指期货的仿真交易；2007 年 4 月 5 日，《期货交易管理条例》正式实施；2007 年 6 月中国金融期货交易所公布了《中金所交易规则》及实施细则，标志着股指期货的法规筹备已基本完备。

按照中金所交易规则，投资者交易股指期货是通过中金所会员进行的。从这个意义上说，会员是股指期货推出的必要条件。为此，中国证监会先后在 2007 年 4 月和 6 月公布《期货公司金融期货经纪业务资格审批》和《期货公司金融期货结算业务资格审批》行政许可规定，并于 2007 年 7 月批准了首批金融期货业务资格的牌照，为股指期货的会员申请提供了"通行证"。

2007 年 10 月，中国金融期货交易所批准 10 家期货公司为该所首批会员单位。首批金融期货会员包括：2 家全面结算会员、5 家交易结算会员以及 3 家交易会员。至此，股指期货交易跑道的框架雏形已经搭建，从全面结算会员到交易结算会员再至交易会员这一"自上而下"的架构体系已经形成。会员的诞生对于参与股指期货的投资者来说具有非常实际的意义，意味着从投资者至交易所进行股指期货交易的这一通道已经被打通。

2007 年 11 月 12 日，中金所第二批 12 家会员亮相。其中，交易结算会员 9 家，交易会员 3 家。至此，中金所会员共达 22 家。会员单位的增加为股指期货的顺利上市提供更为充分和坚实的基础。

毋庸置疑，不论理论界还是实务界，较为普遍接受的观点是，我国股指期货的推出对股票市场而言，长期是一种利好，这也是为什么推出股指期货的根本原因。然而短期的影响何在？是利好？还是利空？2007 年 10—11 月股市的调整与股指期货的关系又是如何呢？2007 年 10—11 月股市的调整是否说明市场期待股指期货的亮相的同时，对于股票市场的短期走势也充满了忧虑。

从其他国家和地区的经验看，股指期货推出前后，股市的短期走势多是前涨后跌，但基本不改长期的走势。

对于我国股指期货推出后的股市走势，彭艳、蒋瑛琨①的观点具有一定的代表性，他们认为：股指期货推出的初期，我国股票市场的波动性可能加剧。并认为，在股指期货推出前，指数成分股很可能出现溢价，股指期货推出后，短期走势难以判断，但调整概率偏高。

面对渐行渐近的股指期货，学者的忧虑同样也很多。有学者指出了股指期货存在的六大潜在风险。② 第一，交易标的可操纵性。第二，在缺失融资融券或者卖空机制情况下，股指期货的推出会不会影响效率？第三，股指期货是否会重蹈权证的覆辙？第四，股指期货能不能降低市场的波动？第五，商品期货的经验多大程度上可供股指期货借鉴？第六，如何防范市场操纵？在这些风险中，有学者认为"股指期货最大的风险是在操纵下的逼空行情"③。并认为，"由于目前我国大盘蓝筹股中流通股数量不够，在境内上市比例远低于《证券法》所规定的发行量不得低于股本总量10%的规定，只占总股本的2%—3%左右，几百亿的市值撬动的往往是万亿以上的总市值，容易受到人为操纵。如果以目前工商银行的股价几个大机构联手进行操纵，只要5亿以上就够。当然，只操纵工商银行未必能左右沪深300指数，不过一旦大机构食髓知味地体验到操纵乐趣，以少量资金猛拉几只大盘股，那么，做空股指期货的投资者将失去生存之氧，窒息而亡"。甚至更有人大胆的猜测，"5.30"后的"二八"行情可能是机构的预演。

与此同时，投资者尤其是个人投资者，对于股指期货大多仍然很陌生。尤其是难以把握股指期货推出后，到底会怎样改变股票市场的运行规律，从而我国的资本市场发展面临了很多的不确定性。

在这种情况下，研究股指期货推出与我国股票市场的发展，以及股指期货推出后投资者的投资策略等相关问题，无疑具有非常重要的理论

---

① 彭艳、蒋瑛琨：《股指期货推出对A股市场影响及投资策略》，国泰君安证券，2006年10月。

② www.blog.sohu.com.cn。

③ 《每日经济新闻》2007年10月27日。

意义和现实意义。

第二节　文献综述

关于股指期货与股票的现货市场关系，国内外研究很多，内容也很丰富。这些内容包括：股指期货价格与所依附股票指数的相对波动情况、股指期货的引入给相应现货市场波动性带来的影响、股指期货价格与相应现货指数的领先—滞后关系、股指期货的引入给相应股票价格指数中成分股的系统风险产生的影响、股指期货的引入给相应股票价格指数中成分股的流动性产生的影响等。

根据本书的研究对象，这里我们将这些主要研究分为两部分。第一部分内容是股指期货对现货市场的影响，第二部分是股指期货与股市崩盘的关系。之所以采用这种分类方法，主要借鉴了李强（2007）[①] 关于股指期货对股票市场影响研究综述的思路。但我们与李强（2007）的分类仍有区别，例如李强（2007）是将上述的第一部分和第二部分作为一个整体来对待的，直接将股指期货对股票市场影响分为四部分，即股指期货对股票现货市场的影响、现货市场操盘手段的改变、对股票市场价格波动的影响和股指期货与股市泡沫。

1. 股指期货对股票现货市场的影响

股指期货对现货市场流动性的影响。Lockwood and Linn（1990）认为由于股指期货具有以小搏大、现金交割等优点，上市伊始成交量就与日俱增，芝加哥商业交易所在 1982 年推出 S&P500 股价指数后，短短 3 年时间就大幅超过纽约证券交易所现货股票成交量。[②] Kuserk 和 Cocke（1994）、Jegadeesh（1993）、李存修（1998）对美国、中国香港等股市进行的实证研究表明，开展股指期货交易后，由于吸引了大批套利者和套期保值者的加入，股市的规模和流动性都有较大的提高，且股市和期

---

① 李强：《股指期货对股票市场影响的研究综述》，《武汉金融》2007 年第 4期。

② 同上。

市交易量呈双向推动的态势。日本的研究报告指出，许多市场参与者除非发现市场有套利机会，否则多从事单纯的指数交易，尤其是市场波动幅度较大时。也有迹象显示，避险者也会参与投机交易，以免在快速波动的行情中错失良机，使得日本的指数期货交易量较现货市场大。

股指期货的功能。Avallo 通过分析意大利股指期货对意大利股票市场的影响，认为股指期货的引入可以减轻股票现货市场的波动，而且指出这种影响是及时的。从而认为股指期货的推行有利于提高相应的股票现货市场的效率。Yiuman Tse、Paramita Bandyopadhyay 和 Yang Pin Shen 研究比较了道·琼斯工业平均指数的三种衍生品 ETF、the floor-traded regular futures 以及 the electronically traded mini futures 的价格发现功能。他们认为股指期货有价格发现的功能有利于股票市场的稳定。Fremaullt（1991）指出指数套利有如下几个作用：风险从对冲者转移到投机者身上；及时弥补市场的不均衡状态；纠正股票价格和期货价格之间的不均衡关系；及时传导信息，从而消除信息不对称，稳定市场。通过套利，能够使两个市场联系起来，并达到一种均衡。套利还是一种财富的再分配，可以提高社会福利，有利于经济达到帕累托最优。

股指期货对投资者影响。Jegadeesh 和 Subrahmanyam（1993）一般认为股指期货市场的引入会导致投资者的分化，靠信息吃饭的投资者，由于掌握着一些内幕信息，愿意在股票市场投资，而得不到信息的投资者愿意投资在已经分散了非系统风险的期货市场投资。如果原先投资股票市场的投资者转移到期货市场上，这将会导致股票市场买卖价差的扩大。但是他们同样表明，由于股指期货市场的存在，使得做市商可以低成本对冲自己拥有股票的风险。他们通过研究标准普尔 500 只股票和非标准普尔 500 只股票来验证一些结论，发现在引入股指期货市场以后，股票市场的买卖价差扩大了，而且这种表现在标准普尔 500 只股票更为明显。排除股票价格、价格波动情况以及交易量对买卖价差的影响，通过控制价格、波动率以及交易量，发现标准普尔 500 只股票的价差还是明显增加了，而非标准普尔 500 只股票只发生轻微的变化，其中逆向选择对这种变化的贡献比较大。Cox（1976）认为股指期货交易可以增加市场中交易信息的传递，可以降低现货市场的波动；Brorsen（1991）认为由于机构投资者拥有相对丰富的人力、设备及信息来源，更能发挥所长，故在股指期货市场建立后，以散户为主的投资结构将会逐渐被资源较为丰富的法人机构所取代，而国外资金也因为有了避险以改变组合配置的工具，增加了投资该市场的兴趣，更愿意将资金投入该市场。因此，机构投资者投资比重将会提升。如中国台湾自2000年7月以后，各基金逐渐增加对期货市场的避险比率。Lockwood and Linn（1990）认为在面对外资进入股指期货市场进行套利及避险行为，及面对交易策略更多样化如跨市场交易时，使现货市场机构投资者数量倍增，能保持现货市场较为稳定的市况。Maberlyetal（1989）、Becketti and Roberts（1990）等认为在股指期货市场建立后，使投资策略工具多元化的同时，选择股指期货成分股与选择非成分股之间的差异会越来越大。由于股价指数成分股有较高的流动性及报酬率，使得现货市场股价指数成分股成为投资者的首选，人们的操盘手段和方法有了较大的变化。当年新加坡成立股指期货时，指数成分股立即成为市场上追逐的目标，而当时成分股的报酬率也较其他股票为高。I. Bng（2000）认为当到期日长时，期货价格对于非市场风险不敏感，无信息投资者可以理性假设期货价格的改变来自于产量的冲击，因此信息不对称情形不严重。但是越接近到期日，期货价格对于非市场风险越敏感，期货价格反映不出产量的冲击，期货价格波动不大。并且，期货能帮助投资者规避非市场风险，所以，投资者在现货部位愿意吸纳较多的非市场风险。从中国台湾的实践来看，当外资调整台湾投资比重，采用自由浮动系数计算时，占权重较大的个股总能吸引较多机构投资者的青睐。事实上，外资投入台湾股市也以权值及成交量较大的个股为参考。而在指数期货市场构建完成后，此趋势已日趋明显。

股指期货对股票市场价格波动的影响。这方面的研究还存在争议，大部分学者认为不会对现货市场造成影响，甚至还有利于现货市场的稳定。Santoni（1987）研究了1975—1986年S&P500指数的日和周数据，发现在1982年4月推出该股指期货前后指数变化的方差没有大的变化。

Freris（1990）、Rodaran（1990）的研究中考虑一种投资组合，发现在导入股指期货后，每日价格变异数仅略有增加但不显著；Gerety 和 Mulherin（1991）、Hodgson 和 Nicholls（1991）、Herbstetal（1987）、Baldauf 和 Santoni（1991）、Cheung 和 Ng（1991）等研究表明，指数期货的价格变化领先现货的情况确实存在，并对现货市场起指导作用；香港期货交易所及香港理工大学曾进行过专题研究，通过对 1994 年 1 月—1999 年 11 月恒生指数股指期货到期日与非到期日的数据进行波动分析，结果显示两者的价格波动没有区别。

另一部分学者认为，股指期货的推出，会加大股票现货市场的波动性。Damndaran（1990）通过对 S&P500 指数的研究，认为：指数成分股之波动有增大的趋势；Antoniou 和 Holmes Priestles（1995）以 1980 年 11 月—1991 年 10 月的日资料为样本，探讨 FT-SE100 股指期货在 1984 年 5 月开始交易前后，现货价格波动情况。结果为：股指期货上市之后，现货价格波动性增加了。但这种波动性增加造成的不利一面可被现货市场对市场信息的反映模式的有利一面所抵消。Fiss（1998）建构一个衡量波动性与信息流量的模型，在套利条件存在的情况下，推论出当股指期货市场的信息流量较多时，反应在现货市场的波动性必然增加。

2. 股指期货与股市崩盘的关系

1987 年 10 月美国股市暴跌，10 月 16 日一天就下跌 100 多点。1987 年 10 月 19 日，标准普尔 500 指数下跌了 22%，其指数期货下跌了 36%。这一天成为著名的"黑色星期一"。暴跌发生以后，美国政府、监管当局、交易所以及理论界都出版了各种报告分析其产生原因。其中由美国政府成立的布兰迪委员会（Brady Commission）给出的关于市场机制的报告，即著名的《布兰迪报告》，以及由美国股票现货市场监管单位证监会（SEC）给出的报告，将股市崩盘归罪于股指期货所带来的组合保险策略（Portfolio Insurance）和指数套利（Index Arbitrage）行为，以及引发的由计算机控制的程序交易（Program Trading）对股市的负面影响。由于 1987 年 10 月 19 日当日 S&P500 期货指数开盘价格就比现货价格低，实施组合保险策略的投资者卖出指数期货以降低持股比例，期货市场上的卖压使期货合约价格低于理论价格，计算机程序认为有套利机会，进而买进指数同时卖出股票，致使股市再度下跌，继而又触发了组合保险者在期货市场上的卖压，如此恶性循环，这种瀑布效应（Cascade Effect）终于使股市大跌。而且由程序交易引发的大量的交易指令造成抛盘远大于买盘，电脑交易系统来不及平衡处理，以至交易者看见的实际成交价及报价并不是真实的即时行情，而是几十分钟以前的价格。直至收盘，NYSE 的交易系统还积压了未处理委托单达 45 分钟之久。在股市一路下跌的情况下，交易者看得见价格，但抛不掉股票，更加剧了恐慌心理。

但也有很多人士认为，将股市崩盘归因于股指期货以及套利交易的证据太薄弱。持这种观点的包括芝加哥商品交易所提供的《CME 报告》，美国股指期货的监管单位——商品期货交易委员会提供的《CME报告》以及美国会计总署提供的《GAO 报告》等。这些研究报告驳斥股指期货交易引发崩盘是全球的普遍现象，没有股指期货的国家也未能幸免；Roll（1998）在 1987 年 10 月纽约股市大崩盘后，发现在 5 个有股指期货交易的国家，股市平均跌幅为 21%，较其他国家之平均 28% 低许多，显示期货交易不但不会助跌，反而会有止跌效果，其原因在于机构投资者比重增加。Antonios、Atonious 和 Iran Garrett 研究 1987 年 9 月 19 日和 20 日两天 FT – SE100 期货和现货之间价格联动关系出发来验证 FT – SE100 期货是否促进了 1987 年的股灾。他们综合了两个方向对股指期货和现货之间的关系的研究成果，并且消除了非同步交易在高频数据中出现的影响，建立了一个误差修正模型。与美国在平稳时期的两个市场的关系一致，他们发现期指领导指数的变化，而指数对期指只有微弱的反馈作用。而有人认为在 19 日股指期货对信息反映过度，从而将这次股灾归责于股指期货。而他们的结论是由于股票市场的流动性问题，而使套利交易无法顺利进行，这就导致两个市场的关系的断裂，从而形成了两个市场螺旋式的价格下跌。由于股票市场自身出现了问题，导致期货市场失效，而不是股指期货的引入带来了 1987 年的股灾。英、日两国政府报告亦指出，股市崩盘不应怪罪指数期货，反而认为指数期货不发达才导致股市重挫，因为所有卖压均来自股票市场，导致做市商无力托盘。因此，股指期货交易不仅没有助长股市下跌，反而减少了股市波动。

第三节 本书的主要内容及结构安排

本书共分为九章。

本章以2007年的股市调整为切入点，梳理了有关的文献，结合我国股指期货推出的实践及其可能对股市影响，指出了研究我国股指期货问题具有很好的理论意义和实践意义。

股指期货的理论基础是第二章的主要内容。在第二章中，我们从股指期货的含义和特点入手，在了解股指期货的产生与发展的基础上，阐述了股指期货的功能和作用，介绍了股指期货合约、股指期货的市场结构、交易流程、股指期货的套期保值交易和套利交易，为后面各章做理论上的准备。

从定价的角度研究股指期货是本书的一大特点。第三章中，我们介绍了股指期货的理论价格，分析了影响股指期货市场价格的主要因素，阐述了股指期货价格收敛于股票现货价格的原因。同时说明了股指期货定价中无风险利率的选择问题，以及采用连续复利的计算方式。重点介绍了股指期货的持有成本定价模型、股指期货的连续复利定价模型、现金—持有定价模型。在此基础上，还在上述模型中加入了逐日盯市的条件，并就"减缩"技巧进行了讨论。最后还就股指期货定价模型的应用及股指期货价格长期处于无套利区域之外即价格背离原因进行了分析。

"他山之石，可以攻玉。"为借鉴有关国家和地区发展股指期货的经验，第四章中我们重点回顾了美国、日本、韩国、中国香港地区和中国台湾地区发展股指期货市场的情况，并对我国内地发展股指期货提出了六方面的建议。一是加强法规制度建设和规范化管理，构建我国股指期货市场发展的支撑体系；二是合理设计股指期货合约，减少市场操纵行为对股指期货交易的影响；三是建立防范股指期货市场操纵行为的有效措施；四是结算会员和交易会员分离，建立多层次的风险管理体系；五是建立适时有效的期货市场保证金制度；六是加强投资者投资风险教育。

第五章是对我国股指期货及其制度安排的研究，结合股指期货推出应具备的前提条件和我国目前的有关情况，我们认为，我国已逐步具备了推出股指期货的一些重要条件。在这一章中，还重点介绍了我国股指期货合约、股指期货交易规则、股指期货交易细则，以利于对我国股指期货推出和发展情况的总体把握。

我国股指期货推出后对 A 股市场的影响，是一个现实而又重要的问题，更是大家关注的问题。在第六章中，我们将股指期货推出后对 A 股市场的影响区分为三个层次：第一个层次是对我国股票市场风险的影响，第二个层次是股指期货价格对股票市场波动性的影响，第三个层次是投资者投资策略影响。主要观点包括：一是我国股指期货价格领先于股票现货市场，对股票价格变动起到一定的引导作用；二是将改变单边格局，市场走势将更加理性和稳定；三是股票市场的"交易转移"规模可能有限；四是股票市场波动性加剧，市场操纵概率较低，但不排除可能性；五是投资品种多样化；六是可能导致现货市场价格失真和不公平行为增多；七是今后投资者关注焦点将主要集中在沪深 300 指数及其成分股上；八是改变投资者股市"死多头"的无奈与尴尬，可利用股指期货进行对冲交易，减少机构投资者的短线投机等。

第七章的研究对象是我国股指期货的风险管理。本章对股指期货的基本风险、股指期货的特有风险、我国开展股指期货交易所面临的特殊风险进行了分析，并对套期保值者、套利者和投机者各自承担的风险、期货经纪公司和监管者所面临的风险及其对策进行了研究。同时剖析了巴林银行倒闭案、1998 年香港金融保卫战等典型案例。在本章中，还对新近发生的美国次贷危机中股指期货的作用展开了分析，得出的结论是，在次贷危机中，股指期货对稳定市场起到了重要的积极作用。另外在借鉴国外股指期货风险控制经验的基础上，阐述了我国股指期货的宏观、中观和微观的风险管理，并认为中观风险管理最为关键。

第八章我们探讨了股指期货的操作策略与经验。在这里，阐述和分析了期货交易常见心理误区及应对技巧、投资股指期货的十大重要准则，从投资者的角度提出了股指期货的具体操作策略，包括大众投资者如何面对股指期货、股指期货的基础分析和技术分析的内容、股指期货三大要务，最后介绍了股指期货的投资经验与心得。

第九章是沪深 300 股指期货套期保值实证研究。详细介绍了沪深 300 股票指数及沪深 300 股指期货，按照开放式基金与封闭式基金特点的分类，选取 1 家封闭式基金、1 家开放式基金分别和沪深股指期货进行套期保值研究，以检验其套期保值效果。由于开放式指数基金同股指期货的标的物比较接近，所以在实证检验中套期保值效果比较好。同时发现，在实证研究中所构建的套期保值策略，使沪深 300 指数基金与沪深 300 股指期货投资组合的系统风险，得到最大化的分散和转移。可以认为，沪深 300 股指期货提供了规避系统性风险的有效手段。

第二章

股指期货的理论基础

第一节　股指期货概述

一　股指期货的含义和特点

所谓股票指数期货（Stock Index Futures）是一种金融期货，是以某种股票指数为基础资产的标准化的期货合约。买卖双方交易的是一定时期后的股票指数价格水平。在合约到期后，股指期货通过现金结算差价的方式来进行交割。股票指数交易的实质，是投资者将其对整个股票市场价格指数的预期风险转移至期货市场的过程，通过对股票趋势有不同判断的投资者的买卖，来冲抵股票市场的风险。

股指期货交易与股票交易相比，有很多明显的区别，具体表现如下：

1. 股指期货合约有到期日，不能无限期持有。

股票买入后正常情况下可以一直持有，但股指期货合约有确定的到期日。因此交易股指期货必须注意合约到期日，以决定是提前平仓了结持仓，还是等待合约到期进行现金交割。

2. 股指期货交易采用保证金制度。

在进行股指期货交易时，投资者不需支付合约价值的全额资金，只需支付一定比例的资金作为履约保证；而目前我国股票交易则需要支付股票价值的全部金额。由于股指期货是保证金交易，亏损额甚至可能超过投资本金，这一点和股票交易不同。

3. 在交易方向上，股指期货交易可以卖空。

股指期货交易既可以先买后卖，也可以先卖后买，因而股指期货交易是双向交易。而部分国家的股票市场没有卖空机制，股票只能先买后卖，不允许卖空，股票交易是单向交易。

4. 在结算方式上，股指期货交易采用当日无负债结算制度。

对于股指期货交易，交易所当日要对交易保证金进行结算，如果账户保证金不足，必须在规定的时间内补足，否则可能会被强行平仓；而股票交易采取全额交易，并不需要投资者追加资金，并且买入股票后在卖出以前，账面盈亏都是不结算的。

根据进入股指期货市场的目的不同，股指期货市场投资者可以分为三大类：套期保值者、套利者和投机者。

1. 套期保值者，是指通过在股指期货市场上买卖与现货价值相等但交易方向相反的期货合约，来规避现货价格波动风险的机构或个人。

2. 套利者，是指利用股指期货市场和股票现货市场（期现套利）、不同的股指期货市场（跨市套利）、不同股指期货合约（跨商品套利）或者同种商品不同交割月份（跨期套利）之间出现的价格不合理关系，通过同时买进卖出以赚取价差收益的机构或个人。

3. 投机者，是指那些专门在股指期货市场上买卖股指期货合约，即看涨时买进、看跌时卖出以获利的机构或个人。

股指期货主要用途体现在三个方面：

一是对股票投资组合进行风险管理。股票的风险可以分为两类，一类是与个股经营相关的非系统性风险，可以通过分散化投资组合来分散。另一类是与宏观因素相关的系统性风险，无法通过分散化投资来消除，通常用贝塔系数来表示。例如贝塔值等于 1，说明该股或该股票组合的波动与大盘相同，如贝塔值等于 1.3，说明该股或该股票组合波动比大盘大 30%，如贝塔值等于 0.7，则说明该股或该组合的波动比大盘小 30%。通过买卖股指期货，调节股票组合的贝塔系数，可以降低甚至消除组合的系统性风险。

二是可以利用股指期货进行套利。所谓套利，就是利用股指期货定价偏差,通过买入股指期货标的指数成分股并同时卖出股指期货,或者卖空股指期货标的指数成分股并同时买入股指期货,来获得无风险收益。套利机制可以保证股指期货价格处于一个合理的范围内,一旦偏离,套利者就会入市以获取无风险收益,从而将两者之间的价格拉回合理的范围内。

三是可以作为一个杠杆性的投资工具。由于股指期货保证金交易,只要判断方向正确,就可能获得很高的收益。例如,如果保证金为10%,买入1张沪深300指数期货,那么只要股指期货涨了5%,就可获利50%,当然如果判断方向失误,期指不涨反跌了5%,那么投资者将亏损本金的50%。

股指期货具有下列特点:

1. 跨期性。

股指期货是交易双方通过对股票指数变动趋势的预测,约定在未来某一时间按照一定条件进行交易的合约。因此,股指期货的交易是建立在对未来预期的基础上,预期的准确与否直接决定了投资者的盈亏。

2. 杠杆性。

股指期货交易不需要全额支付合约价值的资金,只需要支付一定比例的保证金就可以签订较大价值的合约。例如,假设股指期货交易的保证金为10%,投资者只需支付合约价值10%的资金就可以进行交易。这样,投资者就可以控制10倍于所投资金额的合约资产。当然,在收益可能成倍放大的同时,投资者可能承担的损失也是成倍放大的。

3. 联动性。

股指期货的价格与其标的资产——股票指数的变动联系极为紧密。股票指数是股指期货的标的资产,对股指期货价格的变动具有很大影响。与此同时,股指期货是对未来价格的预期,因而对股票指数也有一定的反映。

4. 高风险性和风险的多样性。

股指期货的杠杆性决定了它具有比股票市场更高的风险性。此外,股指期货还存在一定的信用风险、结算风险和因市场缺乏交易对手而不能平仓导致的流动性风险等。

二　股指期货的产生与发展

（一）股指期货的产生

股指期货是适应股票市场规避价格风险的需求而产生的。第二次世界大战后，以美国为代表的发达市场经济国家的股票市场取得了飞速发展，上市股票数量不断增加，股票市值迅速膨胀。与此同时培育了大批以信托投资基金、养老基金、共同基金为代表的机构投资者，但他们通过分散投资组合的风险管理只能降低和消除股票价格的非系统风险，而不能消除系统性风险。特别是进入 20 世纪 70 年代之后，西方各国出现经济滞胀，经济增长缓慢，物价飞涨，政治局势动荡，股票市场波动日益加剧，道·琼斯指数跌幅在 1973—1974 年的股市下跌中超过了 50%，因此随着机构投资者持有股票的不断增多，其规避系统性风险的要求也越来越迫切。由于股票指数基本上能代表整个市场股票价格变动的趋势和幅度，人们开始尝试着将股票指数改造成一种可交易的期货合约，并利用它对所有股票进行套期保值，规避系统风险，于是股指期货应运而生。

1977 年，堪萨斯城期货交易所（Kansas City Board of Trade, KCBT）向美国商品期货交易委员会（Commodity Futures Trading Commission, CFTC）提交开展股票指数期货交易的报告。

尽管 CFTC 对此报告非常重视，然而，由于美国证券交易委员会（SEC）与 CFTC 在谁来监管股指期货这个问题上产生了分歧，造成无法决策的局面。1981 年，新任 CFTC 主席约翰逊和新任 SEC 主席夏德达成"夏德—约翰逊协议"，明确规定股指期货合约的管辖权属于 CFTC。1982 年该协议在美国国会通过。同年 2 月，CFTC 批准了 KCBT 的报告。2 月 24 日，KCBT 推出了第一份股指期货合约——价值线综合指数（Value Line Composite Index, VLCI）合约；4 月 21 日，芝加哥商业交易所（Chicago Mercantile Exchange, CME）推出了 S&P500 股指期货；其后纽约期货交易所（New York Board of Trade, NYBOT）也迅速推出了 NYSE 综合指数期货交易。

（二）股指期货的发展

股票指数期货一经诞生就受到了市场的广泛关注，价值线综合指数期货推出的当年就成交了 35 万张，S&P500 指数期货的成交量更达到了 150 万张。1984 年，股票指数期货的交易量已占美国所有期货合约交易量的 20% 以上。

随着股指期货市场的不断发展，由于其买卖成本低、抗风险性强等优点，逐渐受到了投资者的追捧，不仅大大扩大了美国国内期货市场的规模，而且也引发了世界性的股指期货交易热潮。国外一些已开设期货交易的交易所竞相仿效，纷纷开办各具特色的股指期货交易，甚至连一些从未开展期货交易的国家和地区也往往将股指期货作为开展期货交易的突破口，从而形成了世界性的股指期货交易的热潮。悉尼、多伦多、伦敦、中国香港地区、新加坡等国家和地区也纷纷加入这一行列。

1983 年 2 月，悉尼期货交易所（Sydney Futures Exchange，SFE）以澳大利亚证券交易所普通股票价格指数（ASE）为基础，开办股票指数期货交易。

1984 年 1 月，多伦多期货交易所（Toronto Futures Exchange，TFE）开办多伦多证券交易所 300 种股票价格指数（TSE300）期货交易。

1984 年 5 月，伦敦国际金融期货交易所开办了金融时报 100 种股票价格指数（FT-SE100）期货交易。

1986 年 5 月，香港期货交易所开办恒生指数期货交易。

1986 年 9 月，新加坡国际货币交易所开办日经 225 股票价格指数期货交易。

1988 年 9 月，东京证券交易所和大阪证券交易所分别开办东证股票价格指数（TOPIX）期货交易和日经 225 股票价格指数期货交易。

在股指期货的发展过程中，股指期货曾经历了一个短暂的低迷期。1987 年 10 月 19 日，美国华尔街股市大崩溃，道·琼斯指数单日暴跌 508 点，下跌 22.6%，从而引发全球股市重挫的金融风暴。股票指数期货一度被认为是股市暴跌的"元凶"之一，使得股票指数期货的发展在那次股灾之后进入了停滞期。

进入 20 世纪 90 年代之后，股指期货应用的争议逐渐消失，投资者的投资行为更为理智，越来越多的国家和地区推出新的股指期货，股指期货又恢复了蓬勃发展的势头，配合全球金融市场的国际化程度的提高，股指期货的运用更为普遍。在发展中国家，股指期货成为开设金融衍生品的首选，在这一过程中这些国家普遍选择了以股指期货作为开发金融期货期权产品的突破口首先推出，然后再开发股票期权、股指期权、利率期货等其他金融衍生产品。这种做法已经成为新兴市场发展金融衍生品交易的一条共同路径。马来西亚于 1995 年 11 月推出了吉隆坡综合指数期货合约；韩国于 1996 年 6 月开设了 KOPSI200 股指期货；1998 年 7 月，中国台湾的台湾国际金融交易所推出了台湾股票市场的第一个金融衍生品种——台证综合股指期货。前苏联和东欧地区的俄罗斯、匈牙利、波兰等国家和地区及南美洲的巴西、智利等国家和地区也相继开办了股指期货交易，并取得了相当程度的发展。

除了以上列举的这些国家和地区之外，在欧洲、北美和亚太三地区中，还有许多其他国家和地区也分别于 20 世纪 80 年代末和 90 年代初开设各自的股票指数期货交易。目前世界上股票指数期货交易最为活跃的当推美国、日本和新加坡。股指期货作为金融衍生品的一种，已成为发达国家股票市场上最活跃的交易品种和不可或缺的风险管理工具，股指期货交易也被誉为 80 年代"最激动人心的金融创新"。

近年来股指类衍生品在全球衍生品中所占比重见表 2-1 所示。

表 2-1　　　近年来股指类衍生品在全球衍生品中所占比重

年份	股指类衍生品合约数量（百万手）	金融衍生品合约数量（百万手）	全球衍生品合约数量（百万手）	股指类衍生品占全球衍生品比例（%）
2006	4453.95	10763.93	11859.27	37.56
2005	4080.33	9141.16	9973.82	40.91
2004	3779.40	8152.69	8864.71	42.63
2003	3959.17	7478.46	8137.63	48.65
2002	2791.18	5684.88	6217.28	44.89
2001	1498.15	3966.10	4382.44	34.19

资料来源：根据 FIA 数据整理。

在股指期货蓬勃发展的同时，股指期货呈现出一些新的特点和发展趋势，主要表现在：交易量不断呈上升趋势；品种不断创新，出现了满足中小投资者需求的股指期货品种（如 CME 的 E-Mini S&P500），以高科技类股指为标的的股指期货品种（如 CME 的 NASDAQ100，KCBT 的 ISDEX），以全球不同经济区指数为标的股指期货品种（如欧洲地区的指数产品 Eurotop100）。许多国家已经形成了较为完善的股票衍生品体系，包括股票期货、期权以及以本国的多个代表性指数为标的的股票指数期货、期权市场体系。与此同时，市场竞争日益激烈，不少国家或地区的交易所纷纷上市以其他国家或地区的股票指数为标的的期货合约，如新加坡交易所（SGX）上市了泰国、马来西亚、中国香港地区、中国台湾地区、日本的股票指数期货合约；美国的 CME，不仅交易日经指数、台湾股指期货，还交易欧洲股价指数期货（Eurotop）。另外，随着信息技术的飞速发展，全球电子化交易网络形成，如 CME 在 1997 年推出的 E-Mini S&P500 指数电子平台 24 小时交易，容许交易者从一个终端进行多个市场的期货交易。伴随着股指期货交易的电子化、国际化趋势，为了提高交易效率、降低交易成本、获取规模经济和范围经济、增强自身综合竞争力，各国的此类交易所纷纷走上了整合的道路，股指期货市场出现了整合趋势，在这方面一些主要的事件有：1992 年伦敦国际金融期货交易所（LIFFE）与伦敦期权市场进行合并，成立伦敦国际金融期权期货交易所（仍简称为 LIFFE），1996 年 9 月更进一步与伦敦商品交易所（London Commodity Exchange，LCE）实行合并。1999 年，法国期货交易所（MATIF）、巴黎金融期货交易所（PFFE）、巴黎期权市场（MONEP）等四家交易所及三家清算所实施了大规模的合并行动，成立了巴黎交易所公司（Paris Bourse SA），使法国的期货交易与清算完全融为一体。除此之外，德国法兰克福证券交易所（FSE）与德国期货交易所（DTB）、瑞典斯德哥尔摩证券交易所与瑞典衍生产品交易所、香港联交所与香港期货交易所、美国纳斯达克（NASDAQ）与美国证券交易所及费城证券交易所都纷纷进行了并购与整合。此外，世界范围内的股指期货市场还表现出市场参与者日益机构化的趋势，在股指期货市场的交易者当中，银行、基金、保险、证券公司等金融机构及机构投资者而非个人交易者日益成为在这一市场中占据主导地位的交易者。股票市场上的巨大风险及这些金融机构投资者所掌握的庞大的资金和证券资产组合为其大规模运用股指期货进行套期保值及投机、套利等交易活动提供必要性和现实条件。与此同时，由于股指期货这种金融衍生产品交易的高度复杂性和风险性对交易者的金融专业知识、实践经验、风险承受能力等方面提出了严格的要求，也使得单个投资者有效参与这一市场的难度大大提高。因此，市场参与者日益机构化的现象在股指期货等金融衍生产品市场上尤为突出。

（三）中国股指期货的推出

在中国，如果不考虑新中国成立前的情况，则中国内地正规的股票交易发端于成立于 1990 年 11 月 26 日的上海证券交易所和成立于 1990 年 12 月 1 日的深圳证券交易所，尽管起步晚，但发展速度相当快。在股价暴涨暴跌时，自然有人想起股指期货的避险作用。最初将设想付诸行动的是海南省政府。1993 年 1 月，海南证券交易中心开始筹备股指期货交易，同年 3 月，正式推出深圳股指期货交易。在此期间，海南期货交易所也在积极筹备股指期货交易，并于同年 4 月正式开始交易。海南证券交易中心推出了深圳综合指数和深圳 A 股指数两种期货合约，并按国际惯例建立保证金制度，允许买空卖空双向操作。然而，海南证券交易中心推出的深圳 A 股指数合约的交易几乎无人问津，即使是深圳综合指数合约的交易，也基本上集中在当月合约上，只有在临近月末时，次月的交易量才逐渐增加。1993 年下半年开始治理整顿，由于海南开设股指期货交易本身属于地方越权审批行为，在当时治理整顿的宏观经济环境下，自然成为治理整顿对象。有关方面认为股指期货交易加大了市场投机性，不利于股市的健康发展和股民的成熟，于是决定关闭海南证券交易中心的股指期货交易，并于 9 月底全部平仓，至此海南期货交易所在交易清淡中停止了股指期货交易。然而，1994 年 1 月 5 日，海南证券交易中心理事会在没有得到有关部门批准的情况下，又自行决定恢复了股指期货合约交易。中国证券监督管理委员会发觉后，迅即于

1月18日责令海南证券交易中心"停止股指期货交易,并向国务院证券委员会和中国证券监督管理委员会作检查"。海南证券交易中心于当月21日停止了股指期货交易并写了检讨书。1994年3月23日中国证券监督管理委员会为此专门发出了《对海南证券交易中心违反国务院有关规定开展指数期货交易进行批评的通报》。1994年5月16日,国务院办公厅转发国务院证券委员会《关于坚决制止期货市场盲目发展若干意见请示》的通知,在这个通知中专门提到:"一律不得开展国内股票指数和其他各类指数的期货业务。"

随着中国股票市场规模的不断扩大和机构投资者的成长,市场对规避股市单边巨幅涨跌风险的要求日益迫切,无论是投资者还是理论工作者,对推出股指期货以规避股市系统性风险的呼声越来越高。

2006年9月8日,中国金融期货交易所在上海期货大厦内挂牌成立。这是中国内地成立的第四家期货交易所,也是中国内地成立的首家金融衍生品交易所。该所将上市金融期货品种,首先将上市沪深300股指期货。2006年10月23日,中国金融期货交易所发布《关于沪深300指数期货合约及相关细则公开征求意见的通知》。同年10月30日,中国金融期货交易所启动股指期货仿真交易,以完善股指期货合约、规则与系统测试,深化对投资者的教育活动。2007年6月27日,《中国金融期货交易所交易细则》出台;2007年10月22日,中国金融期货交易所批准10家期货公司为首批会员单位。这次批准的会员单位分别为:全面结算会员:国泰君安期货经纪有限公司、南华期货经纪有限公司;交易结算会员:浙江新世纪期货经纪有限公司、银河期货经纪有限公司、厦门国贸期货经纪有限公司、经易期货经纪有限公司、格林期货经纪有限公司;交易会员:黑龙江省天琪期货经纪有限公司、瑞达期货经纪有限公司、重庆先融期货经纪有限公司。

2007年10月27日,中国证监会主席尚福林在出席中国金融衍生品大会时表示:中国股指期货在制度上和技术上的准备已基本完成,推出股指期货产品的时机正日趋成熟。同年11月5日,中国金融期货交易所正式全面启动会员申请工作,也预示着股指期货市场最重要的金字塔式会员架构进入最后搭建阶段。同年 11 月 12 日，中国金融期货交易所批准 12 家期货公司为第二批会员单位。这次批准的会员单位分别为：交易结算会员：长江期货经纪有限公司、东吴期货有限公司、无锡国联期货经纪有限公司、江苏弘业期货经纪有限公司、上海久恒期货经纪有限公司、上海良茂期货经纪有限公司、深圳市平安期货经纪有限公司、北京首创期货经纪有限责任公司、中信建投期货经纪有限公司；交易会员：浙江大越期货经纪有限责任公司、浙江新华期货经纪有限公司、上海中财期货经纪有限公司。这一切表明，股指期货在中国的推出已经越来越近。

三 股指期货的功能和作用

一般来说，期货交易的功能有两个：一是价格发现功能，一是套期保值功能。作为金融期货的一种，股指期货也具有这两个功能。此外，股指期货还具有资产配置、活跃股票市场、增加市场流动性的作用。

（一）价格发现功能

所谓价格发现功能，是指利用期货市场公开竞价交易等交易制度，形成一个更能反映股票真实价值的股票价格。股指期货市场和其他形式的期货交易一样，是一个完全由供求法则决定的自由市场。它将众多影响供求关系的因素集中在交易场内，并且通过公开竞价的方式，将诸多因素转化为一个统一的、有权威的交易价格。股指期货价格具有预期性、连续性和权威性，能够对股票市场未来走势作出预期反应，在一定程度上较准确地反映未来整个股票市场价格总体水平。期货市场之所以具有发现价格的功能，一方面在于股指期货交易的参与者众多，价格形成当中包含了来自各方的对价格预期的信息，另一方面在于，股指期货具有交易成本低、杠杆倍数高、指令执行速度快等优点，投资者更倾向于在收到市场新信息后，优先在期市调整持仓，也使得股指期货价格对信息的反应更快。

（二）风险规避功能

股指期货的风险规避是通过套期保值来实现的，套期保值是指投资者买进或卖出与现货数量相等交易方向相反的期货合约，以期在未来某一时间通过卖出或买进期货合约补偿因现货市场价格变动所带来的实际损失。套期保值功能给股票投资者提供了转移股票价格风险、进行套期保值的工具。投资者可以通过在股票市场和股指期货市场反向操作达到规避风险的目的。在对未来股市走势无法把握的情况下，为了防止股票下跌的风险，股票持有者或购买人可出售或购买股指期货合约，进行套期保值。其方法是：股票持有者若要避免或减少股价下跌造成的损失，可在期货市场上卖出股指期货，即做空头。假如股价如预料那样下跌，空头所获利润可用于弥补持有股票资产因股市下跌所造成的损失。如果投资者想在未来某一时间购买某种股票，为避免将来股市上涨导致的成本增加风险，可在期货市场买入股指期货，即做多头。若股价上涨，则多头所获利润可用以抵补将来购买股票所增加的成本。股指期货套期保值功能，会增加股票市场参与者的投资工具，带动或促进股票现货市场交易的活跃，并减轻集中性抛售对股票市场造成的恐慌性影响，对平均股价水平的剧烈波动起到缓冲作用。没有股指期货时，机构投资者对投入股票市场的资金是相对保守的，原因是在没有避险工具的股票市场，回避系统性风险的唯一措施是卖出股票，同时，因仓位较重，机构投资者还面临流动性风险。有了股指期货后，当出现系统性风险时，机构投资者可通过卖出股指期货锁定收益，不仅回避了系统性风险，而且降低了流动性风险的困扰。这样，不仅原来风险偏好较高的机构投资者会加大投入股市的资金，而且还会吸引一些原来滞留在股票市场之外的厌恶风险的资金进入股票市场，原因就是股指期货是一种避险工具，利用股指期货进行套期保值能够帮助机构投资者有效降低和回避系统性风险及流动性风险。套期保值功能是股指期货诞生的原动力，它将分散在股票现货市场各角落的系统风险和信用风险，通过股指期货市场重新分配，使套期保值者以极小的代价、占用较少的资金实现有效的风险管理。

（三）资产配置功能

股指期货的资产配置功能是指股指期货的做空机制，可使得投资者的投资策略更加多样化，原来股票市场单向投资模式将转变为双向投资模式。原来熊市中机构资金流出股票市场转投债券或其他领域的宏观投资模式，将被牛市中投资股票、熊市中投资股指期货或股指期货套利投资模式所取代。此外，通过卖出一定量的股指期货合约，可以有效改变组合资产的风险收益特征，这为基金设计适合不同风险偏好特征群体的产品提供了可能。

可见，一方面，股指期货推出后，偏好风险和厌恶风险的机构投资者都会加大股票投资力度。而机构投资规模的加大必将促进投资组合策略和风险管理技术的发展。股指期货与现货市场之间的套利机会，将使股票市场和期货市场的资金流动性明显增加，市场资金使用效率将大大提高，交易成本得以降低，便于机构投资者进行组合投资和理性交易，有利于培育机构投资者，促进证券市场的规范发展。另一方面，股指期货的推出使股市走势高度活跃，可以吸引大量投资或投机性社会资金投入股市，促使成交量不断增加、股市规模不断扩大，这将使我国资本市场的功能得到进一步的完善。

四 国际上主要的股指期货

继堪萨斯城期货交易所（Kansas City Board of Trade）1982 年 2 月推出了价值线综合指数（Value Line Composite Index，VLCI）期货合约之后，芝加哥商业交易所（CME）于同年 4 月推出了 S&P500 指数合约，纽约证券交易所（NYSE）于同年 5 月推出了 NYSE 指数期货，1984 年 4 月芝加哥期货交易所（CBOT）推出了主要市场指数（MMI）期货，这是美国主要的指数期货。

继美国之后，1983 年 2 月悉尼期货交易所（SFE）推出了普通股指数期货（AII Ordinaries），1984 年 5 月伦敦国际金融期货交易所（LIFFE）推出了金融时报 100 种股票价格指数期货（FT-SE100）。

在亚太地区，香港期货交易所（HFE）、新加坡国际金融交易所（SIMEX）也分别于 1986 年 5 月、1986 年 9 月推出了恒生指数期货（HSI）交易和日经 225 股票价格指数期货（Nikkei225）交易，20 世纪 90 年代后期，韩国、印度、泰国、马来西亚等新兴市场国家和地区也推出了股指期货。

目前世界上大约有一百多家期货交易所推出了股指期货，其中最具权威性及代表性的股指期货合约主要有：标准普尔 500 种指数期货合约、金融时报 100 种指数期货合约、纽约证券交易所股票指数期货合约、日经 225 指数期货合约、香港恒生指数期货合约及美国主要市场指数期货合约等。

国际上主要股指期货合约见表 2－2 所示。

表 2－2　　　　　　　　　国际上主要股指期货合约

国家和地区	指数期货合约	开设时间	开设交易所
美国	价值线综合指数期货（VLI）	1982 年 2 月	堪萨斯城期货交易所（KCBT）
	标准普尔 500 指数期货（S&P500）	1982 年 4 月	芝加哥商品交易所（CME）
	纽约证券交易所综合指数期货（NYSE）	1982 年 5 月	纽约期货交易所（NYEE）
	主要市场指数期货（MMI）	1984 年 4 月	芝加哥期货交易所（CBOT）
	日经 225 指数期货（Nikkei225）	1990 年 9 月	芝加哥商品交易所（CME）
	欧洲顶尖指数期货（Eurotop）	1992 年 10 月	纽约商品交易所（COMEX）
加拿大	多伦多 50 指数期货（Toronto50）	1987 年 5 月	
英国	金融时报 100 指数期货（FT-SE100）	1984 年 5 月	伦敦国际金融期货交易所（LIFFE）
法国	法国证券商协会 40 指数期货（CAC40）	1988 年 6 月	法国期货交易所（MATIF）
德国	德国股指期货（DAX）	1990 年 9 月	德国期货交易所（DTB）
瑞士	瑞士股指期货（SMI）	1990 年 11 月	
荷兰	阿姆斯特丹股指期货（EOEI）	1988 年 10 月	阿姆斯特丹金融交易所（FTA）
	泛欧 100 指数期货（Eurotop100）	1991 年 6 月	荷兰期货交易所（EOE）
西班牙	西班牙股指期货（IBEX35）	1992 年 1 月	西班牙衍生品交易所（MEF-FRV）
瑞典	瑞典股指期货（OMX）	1989 年 12 月	
奥地利	奥地利股指期货	1992 年 8 月	
比利时	比利时股指 20 期货（BEL20）	1993 年 9 月	
丹麦	丹麦股指期货（KFX）	1989 年 12 月	
芬兰	芬兰股指期货（FOX）	1988 年 5 月	

国家和地区	指数期货合约	开设时间	开设交易所
日本	日经 225 指数期货（Nikkei225）	1988 年 9 月	大阪证券交易所（OSE）
	东证综合指数（TOPIX）	1988 年 9 月	东京证券交易所（TSE）
新加坡	日经 225 指数期货（Nikkei225）	1986 年 9 月	新加坡国际金融交易所（SIM-EX）
	摩根世界指数期货（MSCI）	1993 年 3 月	新加坡国际金融交易所（SIM-EX）
	印度 S&P CNY Nifty 指数	2000 年 9 月	新加坡交易所衍生品交易有限公司（SGX-DT）
中国香港	恒生指数期货（HIS）	1986 年 5 月	香港期货交易所（HFE）
韩国	韩国 200 指数期货（KOPSI200）	1996 年 6 月	韩国期货交易所（KFE）
中国台湾	台湾综合指数期货（TX）	1998 年 7 月	台湾期货交易所（TAIMEX）
澳大利亚	普通股指数期货（All Ordinaries）	1983 年 2 月	悉尼期货交易所（SFE）
新西兰	新西兰 40 指数期货（NISE40）	1991 年 9 月	

资料来源：杨星：《股指期货》，广东经济出版社 2002 年版。

第二节　股指期货合约

一　股指期货合约的构成

股指期货合约是期货交易所统一制定的标准化协议，是股指期货交易的对象。

一般而言，股指期货合约中主要包括下列要素：合约标的、合约价值与乘数、最小变动价位、每日价格波动限制、合约月份、交易时间、最后交易日、保证金比率、最终结算价和交割方式等内容，这些构成要件有机地结合在一起，为股票现货市场的价格发现和规避风险提供了优良的管理工具。

二　股指期货合约的主要内容

（一）合约标的

即股指期货合约的基础资产，比如沪深 300 股指期货的合约标的即为沪深 300 股票价格指数。

（二）合约价值与乘数

合约价值等于股指期货合约市场价格的指数点与合约乘数的乘积。在股指期货交易中，合约价值是以一定的货币金额与标的指数的乘积来表示的，这一定的货币金额就是乘数，乘数是在合约设计时事先规定的。期货市场以合约标的指数的点数来报出它的价格。例如，在 CBOT 上市的主要市场指数期货合约规定，交易单位为 250 美元与主要市场指数的乘积。因而若期货市场报出主要市场指数为 410 点，则表示一张合约的价值为 102500 美元。而若主要市场指数上涨了 20 点，则表示一张合约的价值增加了 5000 美元。

在制定有关合约价值与乘数的设计方案时，首先考虑合约价值大体要定在多高水平上，然后再根据标的指数的数值推算出乘数的大小。在确定合适的合约价值水平时主要考虑的因素有二，一是合约的流动性，二是交易成本。一般而言，合约的价值水平与其流动性成反比例关系，即合约价值越高，其流动性越差。其原因是合约价值过高就会把众多中小投资者排斥在股指期货市场之外，而且随着合约价值的增高，每份合约的潜在风险也越高，从而使一部分投资者望而却步。就交易成本而言，若合约价值太低，则投资者进行同样的套期保值或套利活动的成本就会加大，从而影响市场交易者的积极性，因此合约价值也不应定得太低。目前世界各国股指期货合约的价值从几万美元到几十万美元不等，但大多数处于 10 万到 20 万美元之间。

（三）最小变动价位

股票指数期货的最小变动价位（即一个刻度）通常也以一定的指数点来表示，是股指期货交易中买入价与卖出价的最小差额。如 S&P500 指数期货的最小变动价位是 0.05 个指数点。由于每个指数点的价值为 500 美元，因此，就每张合约而言，其最小变动价位是 25 美元，它表示交易中价格每变动一次的最低金额为每张合约 25 美元。

在实践中为方便报价操作，最小变动价位通常取 1 个或几个指数点，而在 1 个单位指数点的乘数定得较大的情况下也可以取 1 个指数点的分值。

（四）每日价格波动限制

每日价格波动限制又称每日最大涨跌幅限制，或涨跌停板。规定每日价格波动限制的目的是为了防止由于价格过度波动对期货市场造成冲击。每日价格波动限制幅度应确定在一个适当的水平，若幅度太宽起不到限制风险的作用，交易者面临的风险太高，幅度太小则容易出现经常涨跌停的市场休克现象，破坏市场运行的连续性。另外对投机者而言，幅度太小会严重影响其交易的积极性，而一个缺乏适度投机的股指期货市场将出现流动性差、市场阻滞的情况。

（五）合约月份

合约月份是指合约到期的月份，西方股指期货合约一般按季划分，即合约月份为3、6、9、12月，如价值线综合指数期货、S&P500指数期货、纽约证交所综合指数期货等都是如此。由于我国股市受政策消息面影响较大，较长时间后的股价指数难以预测，因此，合约期限最远宜限制在3个月以内。可以采用每个月份都可交割，但只能做当月、次月和隔月的合约交易，待条件成熟后再推出更长期限的交易。

（六）交易时间

因为期货现货两个市场具有联动性，所以两个市场的交易时间要尽可能同步进行，这样既有利于套期保值者及套利者的交易活动，也有利于期货价格紧跟现货价格，增加市场的稳定性。但是，为避免市场操纵者在开市之初操纵开市价格影响期市，美国许多交易所在1987年股灾之后规定期市稍早于股市开市。另外，从期货市场的收市时间看，多数国家较现货市场推迟一段时间。其好处是可以降低现货市场收市时的波幅，以及在现货市场收市后为投资者提供对冲工具。

（七）最后交易日

最后交易日是指在到期月份中进行交易的最后一天。对于最后交易日，不同的交易所其规定不尽相同。S&P500指数期货合约的最后交易日为合约月份的第三个星期日；价值线综合指数期货合约的最后交易日为合约月份的最后一个营业日；纽约期货交易所综合指数期货合约的最后交易日是合约月份最后一个营业日的前两天。

（八）结算价格

结算价格是股指期货合约到期时用以计算交易者最终盈亏的价格。关于最后结算价的确定，目前流行的大致有以下三种：第一，按最后交易日或其前一个交易日股票现货市场的收盘价计算；第二，按最后交易日之后股票现货市场第一个交易日的开盘价计算；第三，按最后交易日股票现货市场每五分钟价格的算术平均值计算。在这方面可以借鉴恒指期货的做法，即以最后交易日当天现货市场每五分钟恒生指数全天的平均价作为最后结算价。与采用收盘价或开盘价的方法相比，这样安排的好处是可以给试图影响操纵最后结算价者设置尽可能多的障碍，提高市场的公平性，从而吸引更多的投资者参加股指期货市场的交易。

（九）合约交易保证金

在股指期货交易中，为了确保履约，维护交易双方的合法权益，实行保证金制度。保证金是客户履行合约的财力保证，凡参与股指期货交易，无论买方还是卖方，均需按所在交易所的规定缴纳保证金。关于股指期货合约初始保证金水平的确定，目前国内大多倾向于用相对比例的方法，即保证金按合约价值的一定比例确定。其依据是，国外金融期货保证金大多定为合约价值的 10% 左右。但实际上 10% 这一比例水平是股指期货创办初期一些交易所实行的办法，目前除了极少数如日本的日经225、东证综合指数期货（TOPIX）之外，绝大多数的股指期货都采用了规定一个固定金额的方法。如芝加哥商品交易所 S&P500 的初始保证金为 5000 美元，纽约期货交易所 NYSE 为 5000 美元，LIFFE 的 FT-SE100 为 2500 英镑，等等。中国香港的恒指期货也采取此种方法，经过多次调整之后目前每份恒指合约的初始保证金为 41250 港元。这种做法的好处是初始保证金的金额固定，不必随每日标的指数的波动而不停变动，因而更便于操作。

（十）交割方式

股指期货交易采用现金交割方式。在现金交割方式下，每一未平仓合约将于到期日结算时得以自动平仓，也就是说，在合约的到期日，空方无需交付股票组合，多方也无需交付合约总价值的资金，只是根据交割结算价计算双方的盈亏金额，通过将盈亏直接在盈利方和亏损方的保证金账户

之间划转的方式来了结交易。以现金结算是股票指数期货交易不同于其他
期货交易的一个重大特色。现金交割与当日无负债结算在本质上是一致的，
差别在于两点：其一，结算价格的计算方式不同；其二，现金交割后多空
双方的头寸自动平仓，而当日无负债结算后双方的头寸仍然保留。由于交
割结算价是根据当时的现货价格按某种约定的方式计算出来的，因而股指
期货的交割使股指期货价格与现货价格在合约到期日趋合。

三　国外主要股指期货合约内容介绍（见表 2 - 3 所示）

表 2 - 3 国外主要股指期货合约内容

标的名称	S&P500 标准普尔 500 指数期货	Dow Jones Industrial Average 道·琼斯平均工业 指数期货	NASDAQ 100 纳斯达克 100 指数期货	FT-SE100 英国金融时报 指数期货
交易所	CME	CBOT	CME	LIFFE
商品代码	SP	DJ	ND	FT-SE100
最小变动价位	0.1 点（＄25）	1 点（＄10）	0.5 点（＄50）	0.5 点 （5 英镑）
合约价值	＄250 * SP	＄10 * DJ	＄100 * ND	10 英镑 * FT- SE 100
交易月份	三,六,九,十二	三,六,九,十二	三，六，九，十二	三，六，九，十二
最后交易日	合约月份第三个星期四	合约月份第三个星期四	合约月份第三个星期四	合约月份第三个星期四
标的名称	E-mini S&P500 迷你标普 500 指数期货	E-mini DJ 迷你道指期货	E-mini NASDAQ 100 迷你纳斯达克 指数期货	Nikkei225
交易所	CME	CBOT	CME	SIMEX
商品代码	ES	YM	NQ	SSI
最小变动价位	0.25 点（＄12.5）	1 点（＄5）	0.5 点（＄10）	5 点 （JPY2500）
合约价值	＄50 * SP	＄5 * YM	＄20 * NQ	JPY500 * SSI
交易月份	三,六,九,十二	三,六,九,十二	三，六，九，十二	三，六，九，十二
最后交易日	合约月份第三个星期四	合约月份第三个星期四	合约月份第三个星期四	合约月份第二个周五的前一个营业日

资料来源：和讯网。

第三节　股指期货的市场结构和交易流程

一　股指期货的市场结构

股指期货市场的组成包括投资者、期货公司、交易所、监管机构、自律组织以及相关服务机构等。

（一）投资者

投资者是股指期货市场的主体，不仅是股指期货市场赖以存在的基础，也是股指期货市场所服务的对象。从交易性质来看，可分为套期保值者、套利者和投机者，三者缺一不可。

（二）期货公司

期货公司是指依法设立的、接受投资者委托、按照投资者指令、为投资者进行期货交易并收取交易手续费的中介组织。其交易结果由投资者承担。进行股指期货交易，一般通过期货公司完成。期货公司作为股指期货交易的中介机构，在股指期货市场中的作用主要体现在以下几个方面：

1. 期货公司接受投资者委托从事股指期货交易，拓展了市场参与者的范围，扩大了市场的规模，节约了交易成本，提高了交易效率，增强了股指期货市场竞争的充分性，有助于形成权威、有效的期货价格；

2. 期货公司有专门从事信息搜集及行情分析的人员为投资者提供咨询服务，有助于提高投资者交易的决策效率和决策的准确性；

3. 期货公司拥有一套严密的风险控制制度，可以较为有效地控制投资者交易风险，实现期货交易风险在各环节的分散承担。

（三）交易所

交易所是为股指期货交易提供场所、设施、服务和交易规则的机构。中国金融期货交易所是经国务院同意，中国证监会批准，由上海期货交易所、郑州商品交易所、大连商品交易所、上海证券交易所和深圳证券交易所共同发起设立的股份制交易所。我国股指期货是在中国金融期货交易所挂牌交易的。

（四）监管机构

期货市场是受政府监管的。例如美国的期货市场受商品期货交易委员会（CFTC）监管。我国国内期货市场和股指期货的监管机构是中国证监会。监管机构的主要职责表现在以下几方面：制定期货交易法规，颁布管理条例；管理和监督期货交易所的行为；对市场参与者进行有效的管理与监督；制定仲裁和索赔处理的总体规则。

（五）自律组织

主要由期货业协会组成。作为行业自律组织，如中国期货业协会，对于行业自律和从业人员管理发挥积极作用。

（六）相关服务机构

股指期货交易还涉及其他一些服务机构，例如为保证投资者的资金安全，我国还成立了中国期货保证金监控中心。此外，还有保证金存管银行、信息服务商等相关服务组织。

二　股指期货的交易流程

一个完整的股指期货交易流程包括开户、下单、结算、平仓或交割四个环节。

（一）开户

客户参与股指期货交易，需要与符合规定的期货公司签署风险揭示书和期货经纪合同，并开立期货账户。

（二）下单

指客户在每笔交易前向期货公司下达交易指令，说明拟买卖合约的种类、方向、数量、价格等的行为。

（三）结算

结算是指根据交易结果和中国金融期货交易所有关规定对会员或客户的交易证金、盈亏、手续费及其他有关款项进行计算、划拨的业务活动。

（四）平仓或交割

平仓是指客户通过买入或者卖出与其所持有的股指期货合约的品

种、数量相同但交易方向相反的合约，以此了结期货交易的行为。股指期货合约采用现金交割方式。在最后交易日收市后，交易所以交割结算价为基准，划付持仓双方的盈亏，了结所有未平仓合约。

第四节　股指期货的套期保值交易

一　股指期货套期保值的目的

（一）风险最小化

套期保值的一个基本用途就是规避风险。一般情况下，期货价格与现货价格由于受相同因素影响，变动方向也是一致的。投资者通过在期货市场建立与现货市场方向相反的头寸，通常都能达到套期保值的目的。

（二）收益最大化

从某种意义上说，套期保值可看做是期货合约与现货合约的价差交易。那么，套期保值的目标更多的是为了从基差变化的过程中获取最大的收益。比如，对基差进行投机。

在这个意义上套期保值的目的为风险最小化与收益最大化的综合。

二　股指期货套期保值应遵循的一般原则

（一）品种相同或相近原则

该原则要求投资者在进行套期保值操作时，所选择的期货品种与要进行套期保值的现货品种相同或尽可能相近；只有如此，才能最大限度地保证两者在现货市场和期货市场上价格走势的一致性。

（二）月份相同或相近原则

该原则要求投资者在进行套期保值操作时，所选用期货合约的交割月份与现货市场的拟交易时间尽可能一致或接近。

（三）方向相反原则

该原则要求投资者在实施套期保值操作时，在现货市场和期货市场的买卖方向必须相反。由于同种（相近）商品在两个市场上的价格走势方向一致，因此必然会在一个市场赢利而在另外一个市场上亏损，盈亏相抵从而达到保值的目的。

（四）数量相当原则

该原则要求投资者在进行套期保值操作时，所选用的期货品种其合约上所载明的商品数量必须与现货市场上要保值的商品数量相当；只有如此，才能使一个市场上的赢利（亏损）与另一市场上的亏损（赢利）相等或接近，从而提高套期保值的效果。

三 股指期货套期保值基本原理

股指期货套期保值和其他期货套期保值一样，其基本原理是利用股指期货与股票现货之间的类似走势，通过在期货市场进行相应的操作来管理现货市场的头寸风险。套期保值之所以能规避价格风险，是因为期货市场上存在以下基本经济原理：

第一，同种商品的期货（或股指期货）价格走势与现货（标的指数）价格走势一致；

第二，现货市场与期货市场的价格随期货合约到期日的临近而趋于一致（最后结算价）；

第三，商品（或投资组合）套期保值是用较小的基差风险替代较大的现货价格风险。

因此，投资者只要在股指期货市场建立与股票现货市场相反的持仓，则在市场价格发生变化时，他必然会在一个市场上获利而在另一个市场上亏损。通过计算适当的套期保值比率可以达到亏损与获利的大致平衡，从而实现保值的目的。

在这里，投资者需要注意的是，在实际交易中，盈亏正好相等的完全套期保值往往难以实现，一是因为期货合约的标准化使套期保值者难以根据实际需要选择合意的数量和交割日；二是由于受基差风险的影响。在这里，需要指出，基差就是某一特定地点某种商品的现货价格与同种商品的某一特定期货合约价格间的价差，即基差＝现货价格－期货价格。基差有时为正（此时称为反向市场），有时为负（此时称为正向市场），因此，基差是期货价格与现货价格之间实际运行变化的动态指标。基差的变化对套期保值的效果有直接的影响。从套期保值的原理不难看出，套期保值实际上是用基差风险替代了现货市场的价格波动风险，因此从理论上讲，如果投资者在进行套期保值之初与结束套期保值之时基差没有发生变化，就可能实现完全的套期保值。因此，套期保值者在交易的过程中应密切关注基差的变化，并选择有利的时机完成交易。同时，由于基差的变动比期货价格和现货价格的变动相对稳定一些，这就为套期保值交易提供了有利的条件；而且，基差的变化主要受制于持有成本，这也比直接观察期货价格或现货价格的变化方便得多。

四　股指期货套期保值的操作

利用股指期货进行保值的步骤如下：

第一步，金融风险的估计与套期保值目标的确定。

在进行套期保值交易之前，需要进行价格走势预测和分析，对可能出现的基差值进行估算，以便合理地进行相应的套期保值交易。具体包括：估计价格涨跌的趋势以及程度；估计套期保值股票价格可能出现的涨跌幅度；预计可能损失的百分比数量，即以价格涨跌趋势的百分比乘以套期保值股票价格涨跌的百分比；预计该交易的损失总额，即对价格变动可能带来的损失总额进行计算，通常是用现货市价计算的期货价格总额乘以预计损失的百分比；计算保值费用，即保证金利息、基差变量、佣金等费用。

第二步，建立期货交易部位。

在对金融风险进行充分估计的基础上，交易者根据自己在现货市场中的交易情况，通过买进或卖出期货合约，建立一个与现货合约相应的期货交易部位。在建立这一交易部位时，交易者应特别重视期货部位的建立要与现货合约均等和相反。

第三步，进行合约对冲，并进行结算，实现套期保值。

在期货合约到期之前，交易者可以通过建立另一个与先前所持交易部分相反的部位来对冲持仓部位，两个部位的合约价值、合约月份等必须一致。交易者根据自己在现货市场所处地位，在期货市场买进或卖出期货合约，并在该合约到期前，再通过卖出或买入与持仓合约价值、交割月份等相同的另一手合约以对冲其持仓合约，结束套期保值交易。

在股指期货交易中，投资者主要可以运用三种方法进行股指期货套期保值操作。

（一）锁定股票动态收益的卖出套期保值

已经拥有股票的投资者，如证券投资基金或股票仓位较重的机构等，在对未来的股市走势没有把握或预测股价将会下跌的时候，为避免股价下跌带来的损失，卖出股指期货合约进行保值。一旦股票价格真的下跌，投资者可以从期货市场上卖出股指期货合约的交易中获利，以弥补股票现货市场上的损失。

（二）锁定股票建仓成本，进行买入套期保值

当投资者已经看好大势并且判断大盘短期内将出现较大的上涨，由于前期大势低迷期间将股票市场上的资金转投到其他领域，短期内流动资金紧张，没有足够的资金立刻大规模地建仓，此时可以利用股指期货以少量的资金先进行锁定建仓成本的买入套期保值，等大量资金到位后再逐渐分批买入股票池中的股票，同时逐渐分批平仓卖出股指期货合约，从而达到降低投资组合中股票建仓成本的目的。

（三）交叉套期保值

当为某一现货进行套期保值时，若没有刚好相对应的、同品种标的的期货合约时，可用另一种具有相同价格发展趋势的标的期货合约为该现货商品进行套期保值。这种套期保值方式，可以使套期保值者灵活地选择期货合约，为与之相对应和具有内在联系的现货进行套期保值。交叉套期保值的原则是：买进涨幅大的期货合约，卖出涨幅小的期货合约。

第五节 股指期货的套利交易

一 股指期货套利的含义和目的

股指期货套利交易是指，交易者利用市场上两个相同或相关资产暂时出现的不合理价格关系，同时进行一买一卖的交易，当这种不合理的价格关系缩小或消失时，再进行相反的买卖，以获取无风险利润的交易行为。

股指期货套利交易的目的是在股指现货和期货合约间或不同的股指期货合约间建立正反两个方向的头寸，其实质是对基差或合约的价差进行投机。

二 股指期货套利的基本原理

股指期货套利是针对股指期货与股指现货之间、股指期货不同合约之间的不合理关系进行套利的交易行为。股指期货合约是以股票价格指数作为标的物的金融期货和约，期货指数与现货指数维持一定的动态联系。但是，有时期货指数与现货指数会产生偏离，当这种偏离超出一定的范围时（无套利定价区间的上限和下限），就会产生套利机会。如果股票指数期货被大大高估，例如9月1日股票指数为1300点，而9月股指期货是1500点，那么套利者可以借款130万元，买入指数对应的一揽子股票，同时卖出1500点的股指期货合约10张（假设每张合约乘数为100元/点）。假设每年利息6%，且股票指数对应成分股不发红利，那么1个月借款130万元的利息是6500元（130万元×6%/12 = 6500元）。到9月末股指期货合约到期的时候，假设股票指数变为1400点，那么该套利者现货股票可获利10万元［130万元×（1400/1300）－130万元 = 10万元］，而股指期货到期是按现货价格来结算的，其价格也是1400点，那么10张股指期货合约同样可以获利10万元［（1500－1400）×10×100 = 10万元］。这样套利者扣除6500元利息后还可以获利9.35万元。

反之，如果 9 月 1 日的股指期货价格是 1200 点，那么套利者可以买入 10 张股指期货合约，同时借券卖空 130 万元的股票，并约定支付券商利息 1 万元。假设期货到期时指数为 1400 点，那么套利者现货卖空亏损了 10 万元，加上利息 1 万元，共亏了 11 万元。但他在股指期货上赢利了 20 万元 [（1400 - 1200）× 10 × 100 = 20 万元]，盈亏相抵，他还是赚了 9 万元。因此，只要股指期货价格偏离了合理的范围，就可以进行套利。

三　股指期货套利操作

根据不合理价格关系的来源，套利可分为期现套利、跨期套利、跨品种套利、跨市场套利。

（一）期现套利

期现套利又叫做指数套利（Index Arbitrage），是指投资者同时交易股指期货合约和相对应的一揽子股票的交易策略，以谋求从期货、现货市场同一组股票存在的价格差异中获利。现货指数和期货指数之间理论上应该存在一种固有的平价关系，但实际上，期货价格指数常受多种因素影响而偏离其合理的理论价格。一旦这种偏离出现，就会带来套利机会。套利者随时监测着现货和期货市场，看理论期货价格和实际期货价格间的差额是否足以获取套利利润。当现货指数被低估而某个交割月份的期货合约价格被高估时，按照指数编制方法买入一揽子现货股票，同时在期货市场上开仓建立该期货合约的空头头寸，当现货和期货价格收敛时，可以在现货头寸和期货头寸同时平仓了结交易。相反，若现货指数被高估而某个交割月份的期货合约价格被低估时，按照指数编制方法通过融券卖空一揽子现货股票，同时在期货市场上开仓建立该期货合约的多头头寸，当现货和期货价格趋于收敛时同时平仓，获利了结。指数套利在运作上应先计算股指期货的理论价格，其次计算套利的成本、套利区间与利润，再制定具体策略。

（二）跨期套利

跨期套利（Calendar Spread Arbitrage）是利用同一市场不同交割月

份的期货交易价格的偏差进行套利，如 3 月合约与 6 月合约间的套利。跨期套利是套利交易中最普遍的一种交易方式，跨期套利按操作方向的不同又可分为多头跨期套利（牛市套利）、空头跨期套利（熊市套利）和蝶式套利。

1. 多头跨期套利

多头跨期套利从价差的角度看，投资者看多股市，认为较远交割期的股指期货合约涨幅将大于近期合约的涨幅，或者说较远期的股指期货合约跌幅将小于近期合约的跌幅。从价值判断的角度看，认为远期的股指期货的价格应高于当前远期的股指期货的交易价格，当前远期的股指期货的价格被低估，因此做多头跨期套利的投资者会卖出近期的股指期货，并同时买入远期的股指期货。例如，2005 年 11 月 30 日，在 CBOT 交易的 3 月交割道指期货的价格为 10887 点，6 月交割的道指期货价格为 10920 点，价差为 33 点。由于之前 3 月、6 月合约的价差一般稳定在 65—70 点左右，看多股市的投资者认为 3 月、6 月合约的价差将增大，即恢复到正常的 65—70 点水平。于是投资者可采取牛市套利操作，选择同时卖出一份 3 月合约，并买入一份 6 月合约。至 2005 年 12 月 16 日，3 月、6 月合约的价差果然恢复到 70 点水平，此时 3 月合约价格为 10922 点，而 6 月合约的价格则变为 10992 点。套利者欲兑现这部分收益，则可按 10922 点买入一份 3 月合约，并按 10992 点卖出一份 6 月合约，实现平仓。在整个套利过程中套利者每做一对合约的跨期套利可获利 37 点，由于在 CBOT 交易的道指期货的现金乘数为 25 美元，套利者获利 925 美元。

2. 空头跨期套利

空头跨期套利与多头跨期套利相反，即看空股市，认为较远交割期合约的跌幅将大于近期合约，或者说远期的股指期货合约涨幅将小于近期合约涨幅。换言之，即认为较远交割期合约与较近交割期合约的价差将变小。在这种情况下，远期的股指期货合约当前的交易价格被高估，做空头跨期套利的投资者将卖出远期的股指期货，并同时买入近期的股指期货。例如，恒指期货 2006 年 3 月和 6 月合约的价差一般在 − 30 点左右。2005 年 12 月 2 日，套利者观察到此时 3 月合约的价格为 15295 点，6 月合约的价格为 15271 点，价差为 -24 点。该套利者认为 6 月合约的价格被高估，3 月、6 月合约的价差将来会恢复至 -30 点左右的正常水平，于是决定采取熊市套利——同时买入一份 3 月合约，并卖出一份 6 月合约。果然在两个交易日后，3 月合约的价格为 15052 点，6 月合约的价格为 15023 点，价差为 -29 点。套利者认为此时价差已趋合理，欲兑现套利收益，则可按 15052 点卖出一份 3 月合约，并按 15023 点买入一份 6 月合约，实现平仓。在整个套利过程中套利者每做一对合约的跨期套利可获利 5 点，由于恒指期货的现金乘数为 50 港元，套利者获利 250 港元。

3. 蝶式套利

蝶式套利是两个方向相反、共享中间交割月份的跨期套利的组合，即同时进行三个交割月份的合约买卖，通过中间交割月份合约与前后两交割月份合约的价差的变化来获利。当投资者认为中间交割月份的股指期货合约与前后两交割月份合约价格之间的价差将发生变化时，会选择采用蝶式套利。

但无论采取哪种操作模式，其本质均是对不同交割期的合约同时进入低买高卖，即同时买入价值被低估的合约而卖出价值被高估的合约。跨期套利能否获得收益取决于投资者的判断（无论是对股指走势的判断或是对合约价值是否低估的判断）是否正确，如果套利者的判断有误，则可能在"套利"过程中遭遇亏损。然而与直接根据对股市走势的判断进行投机不同的是，跨期套利由于实际投资的是价差，因此风险要远小于投机。

（三）跨市场套利

跨市场套利是指在不同的交易所同时买进和卖出相同交割月的同种或类似的股指期货合约，以赚取价差利润的套利方式，又称市场间价差。尤其是当同一股指期货合约在两个或更多的交易所进行交易时，由于区域间的时区差别和地理差别，各合约间存在一定的价差关系。例如，日经 225 指数期货合约分别在大阪证券交易所（OSE）、新加坡交易所（SGX）和芝加哥商业交易所（CME）上市交易，三种期货合约的标的资产都是日经 225 指数，但合约乘数、报价单位及交易时间不尽相同。其中，大阪证券交易所上市的日经 225 指数期货合约，以日元报价，合约乘数为 1000 日元/指数点。新加坡交易所和芝加哥商业交易所则既有日元报价的日经 225 指数期货合约，又有美元报价的日经 225 指数期货合约；日元报价的期指合约，合约乘数为 500 日元/指数点，美元报价的期指合约，合约乘数为 5 美元/指数点。而且在芝加哥商业交易所开仓买卖的日经 225 指数期货合约，可以在新加坡交易所对冲平仓，而新加坡交易所的开始交易时间与大阪证券交易所的开市时间不一样，这就为三个交易所的日经 225 指数期货合约的套利提供了机会和方便、快捷的交易通道。

（四）跨品种套利

跨品种套利指的是利用两种不同但相关联的指数期货产品之间的价差进行交易。这两种指数之间具有相互替代性或受同一供求因素制约。跨品种套利的交易形式是同时或几乎同时买进和卖出相同交割月份但不同种类的股指期货合约。例如道·琼斯指数期货与标准普尔指数期货、迷你标准普尔指数期货与迷你纳斯达克指数期货之间等都可以进行套利交易。由于不同品种对市场变化的敏感程度不同，套利者根据对它们发展趋势的预测，可以选择多头套利或空头套利。例如：套利者预期 S&P500 指数期货合约的价格上涨幅度将大于纽约证券交易所综合股票指数期货合约的价格上涨幅度时，买进 S&P500 指数期货合约，卖出纽约证券交易所综合股票指数期货合约；而当套利者预期纽约证券交易所综合股票指数期货合约的价格上涨幅度将大于 S&P500 指数期货合约的价格上涨幅度时，则卖出 S&P500 指数期货合约，买进纽约证券交易所综合股票指数期货合约。

第三章

股指期货的定价研究

第一节　股指期货定价的理论基础

一　股指期货的理论价格

股指期货的理论价格可以借助基差的定义进行推导。根据定义，基差＝现货价格－期货价格，也即基差＝（现货价格－期货理论价格）－（期货价格－期货理论价格）。前一部分可以称为理论基差，主要来源于持有成本（不考虑交易成本等）；后一部分可以称为价值基差，主要来源于投资者对股指期货价格的高估或低估。因此，在正常情况下，在合约到期前理论基差必然存在，而价值基差不一定存在。事实上，在市场均衡的情况下，价值基差为零。

所谓持有成本是指投资者持有现货资产至期货合约到期日必须支付的净成本，一般而言，持有成本分为四大类：储存成本、保险成本、运输成本、融通成本。储存成本包括完善设施的仓储成本。仓储成本显然适用于小麦之类的实体商品，但也同样适用于金融交易工具，如证券储存在银行的保险库内就有仓储成本。对于许多储存的商品，往往要进行保险，就有了保险成本。期货合约交割可能涉及的电话费、电传费等为运输成本。融通成本就是借贷资金所发生的所有成本，它是持有成本中最重要的部分，通常都远远大于储存成本、保险成本、运输成本，所以股指期货的定价模型中主要考虑的是融通成本而把其他的成本忽略不计。同时，因为持有股票现货者在持有期内能够得到一定的收益，所以持有成本表现为因融资购买现货资产而支付的融资成本减去持有现货资产而取得的收益。以 F_t 表示股指期货的理论价格，S_t 表示现货资产的市场价格，r 表示融资年利率，y 表示持有现货资产而取得的年收益率，$\triangle t$ 表示距合约到期的天数，在单利计息的情况下股指期货的理论价格可以表示为：

$$F_t = S_t \times [1 + (r - y) \times \triangle t/360] \qquad (3.1.1)$$

举例说明：假设目前沪深 300 股票指数为 1800 点，一年期融资利率 5%，持有现货的年收益率 2%，以沪深 300 指数为标的物的某股指期货合约距离到期日的天数为 90 天，则该合约的理论价格为：1800 × [1 + (5% - 2%) ×90/360] =1813.5 点。

在现实的市场中，因为每个人面临的融资利率不同，不同的参与者所付出的融通成本并不是完全相同的，因此每个市场参与者都有自己心目中的合理期货价格。但理论上为了研究方便，融资利率是以短期信贷工具或是货币市场工具的利率来进行计算，也就是所谓的无风险利率。考虑到股指期货定价中将会很多次用到无风险利率，我们会在接下来的内容中专门对无风险利率这个概念做一个界定。

二 影响股指期货市场价格的主要因素

影响股指期货价格变动的主要因素有以下几个：

第一，期货合约多空供求关系。股指期货交易是衍生金融工具，本身没有具体的实物资产相对应，因此，它的价格变化受期货市场合约供求关系的影响很大。当空头供大于求时，期货合约价格下跌；反之，当多头供大于求时，期货合约价格就上升。

第二，股市经济周期。在期货市场上，价格变动实际是基于现货市场股市大盘变动的，而股市大盘变动情况受经济周期的影响，在经济周期的各个阶段，都会出现随之波动的价格上涨和下跌现象。股指期货合约的价值等于股市指数乘以一个价格指数，其标的指数是对股市指数的预期，而这种预期也是以股市显示指数为基础的。

第三，期货政策因素。政府制定的期货政策和措施会直接对期货市场价格产生影响，政府如果认定期货市场发展过度，就会对期货市场进行引导，增加期货市场的门槛和限制，有效地抑制其发展，直接表现就是期货合约价格大幅波动。

第四，投资者/投机者的心理因素。心理因素是交易者对市场的信心程度，即人气。股指期货投资者/投机者的心理因素不是对期货市场的信心，而是对未来股票市场的信心。当投资者/投机者对未来股票市场看好时，即使当时的股市指数不高，股指期货价格也会上涨；当投资者/投机者对未来股票市场不看好时，即使当时的股市指数比较高，股指期货市场价格也会下跌。

第五，其他因素。如通货膨胀率、利率变动等都会或多或少地影响期货市场的价格。

三　期货价格与现货价格的关系

期货定价的理论基础是期货价格收敛于现货价格。随着期货合约交割月份的逼近，期货价格收敛于现货价格，当达到交割期限时，期货的价格等于或非常接近于现货的价格，也即是说股指期货的基差将会随着期货交割日的来临而趋于零值。对于股指期货而言，合约的价格总是以自己标的物的现货价格为基础的，不可能出现与股票现货价格完全脱节的情况。我们可以从以下两个原因来解释这种收敛性：

第一，因为随着交割日的逐渐接近，持有现货的成本会逐渐下降，股票现货价格与股指期货价格之间的价差日益缩小。所谓持有成本，是相对于期货合约的卖方而言的，本来他做现货卖出马上就可以得到现金，但因为是期货他必须持有一段时间，由此而产生的各种成本也就是持有成本。

第二，因为在股票现货市场与股指期货市场间存在着大量的套利行为，正是这种套利行为的存在，使得股指期货的价格收敛于现货价格。为了说明这个原因，首先，假定在交割期间期货价格明显高于现货价格。这就明显存在一个套利的机会：卖空期货合约，买入资产，进行交割，这必定会赢利，该赢利额等于期货价格高于现货价格的那部分。一旦交易者发现这一套利机会，期货的价格就会下降。其次，假定在交割期间期货的价格明显低于现货价格。打算获得该标的资产的交易者将会发现，购买期货合约然后静等空头方交割资产对自己更为有利。一旦交易者进行如此操作，期货的价格就会上升。股指期货合约是以现金结算的，故按最后交易日结束时的价格进行盯市，并将所有头寸了结，最后交易日的结算价格是标的资产现价的收盘价。这就保证了期货价格收敛于现货价格。

　　一般情况下，市场上股指期货价格高于股票现货价格或股指期货价格随合约到期日的增加而增加，这也就是所谓的正向市场。在正向市场上，股指期货价格最终会下降到股票现货价格的水平，或者，股票现货价格最终会上升到股指期货价格的水平，二者合二为一。但也存在着股票现货价格高于股指期货价格或交割月份较近的合约的价格高于交割月份较远的合约价格，我们称这种市场为逆转市场或反向市场。该市场的出现有两个原因：第一，近期对股票现货的需求非常迫切，远大于近期供给量；第二，预计将来股票现货的供给会大幅度增加。总之，反向市场的出现是由于人们对股票现货商品的需求过于迫切，股票现货价格再高也在所不惜，从而造成股票现货价格剧升，交割较近的股指期货合约价格也随之上升，交割较远的合约则因未来供给将在量上增加的预测，价格相对平稳。这种价格关系并非意味着持有现货没有持有成本的支出，只要持有现货并存储到未来某一时期，持有成本的支出是必不可少的。只不过在反向市场中，由于市场对现货及近期期货需求迫切，购买者愿意承担、吸收全部持有成本而已。在反向市场上，随着时间的推进，股票现货价格与股指期货价格如同在正向市场上一样，会逐步接近趋同，到交割月份收敛一致。

　　总之，因为股指期货价格是未来某一时间上的价格，随着股指期货合约到期日的临近，股指期货价格就会趋向于股票现货交割价格。如果临近合约到期时，股指期货价格与股票现货价格出现超过交易成本的价差时，交易者必然会抓住机会进行套利交易，使两者价格趋向一致。也就是说，随着期货合约到期日的临近，期货价格必然会收敛于现货价格。

四　无风险利率

人们通常将政府发行的国债的收益率视做无风险利率。实际上，这里所谓的"无风险"仅仅是指不存在信用风险或违约风险。例如，购买美国财政部发行的短期国库券、中期国债和长期国债便属于无风险投资，因为联邦政府对其所承担的还本付息的义务没有违约的可能。在国会批准的前提下，财政部可通过提高税率或开征新的税种来增加政府的收入以清偿美国政府的债务；而美联储作为最后的贷款人也可随时通过印制更多的钞票来支持美国政府的信誉。但如果仅仅考虑到有价证券没有违约风险，是不能满足无风险这个条件的，这是因为在有价证券投资中所涉及的主要风险除了信用风险外还包括了市场价格风险（利率风险）。鉴于此，无风险利率应该指的是有确定的收益且无违约风险的资产所产生的收益率。

因而从这个更严格的定义出发进行分析，我们可以得出一个结论，即短期国库券和中长期国债的收益率并非对于所有投资者而言都是无风险利率。假定某个投资者购买了 20 年的长期国债，但他的持有期却只有 6 个月，在这种情况下购买长期国债对于投资者来说也是有风险的，但这不是信用风险或违约风险，而是价格（利率）风险，即投资者现在不能确知该债券在 6 个月持有期结束时的市场价值，因为任何未预期到的利率水平的变化都会引起长期国债的市价发生变动。所以，广而言之，任何到期期限长于投资者持有期限的国债的收益率都不能算做无风险利率。

换一个例子，假定某个投资者预期的投资期限仍为 6 个月，但这次他购买的是 91 天期的财政部国库券。同样，投资者在购买国库券时不能确定知道其 6 个月投资的收益率，因为在购买国库券时他不知道 91 天后的市场利率是多少。换句话说，他在 91 天后对原有投资进行展期时，对这项再投资将获得的收益率没有把握。这时投资者面临的是再投资风险。所以，一般而论，任何到期期限短于投资者持有期限的国库券的收益率也不能算做无风险利率。

至此我们知道，只有当政府发行的短期国库券或中长期债券的期限正好等于投资者预期将要投资的期限，这样得到的收益率才可算为无风险利率。但是为了简化模型，我们在股指期货定价中一般都假定无风险利率是事先确定的。

五 连续复利[①]

由于在对金融远期、金融期货、金融期权等衍生工具进行定价时，所使用的利率均以连续复利来计算。习惯于以一年、半年或其他方式计算复利的读者对这种计算方式可能会有些陌生。下面我们对其做一些简单介绍。

假设数额 A 以年利率 R 投资了 n 年。如果利率按 1 年计算复利 1 次进行计算，则该投资的最终价值可以表示为：

$$A (1+R)^n \tag{3.1.2}$$

如果按 1 年计算复利 m 次进行计算，则该投资的最终价值可以表示为：

$$A (1+\frac{R}{m})^{mn} \tag{3.1.3}$$

若设 A = 100，R = 10%，n = 1（即我们考虑投资期限为 1 年的情形）。如果每年计复利 1 次，由公式（3.1.2）可知，1 年后 100 美元的本利和为：

$$100 \times 1.1 = 110 \text{（美元）}。$$

如果每年计算复利 2 次，则为：$100 \times 1.05^2 = 110.25$（美元）

如果每年计算复利 4 次，则为：$100 \times 1.025^4 = 110.38$（美元）

当复利的计息次数 m 趋于无穷大时，即计息周期无限缩短时的实际利率就称为连续复利，即

---

① 叶永刚、黄河、王学群等编著：《股票价格指数期货》，武汉大学出版社2004 年版。

$$\lim_{m \to \infty} A\left(1 + \frac{R}{m}\right)^{mn} = Ae^{Rn} \qquad (3.1.4)$$

因此，如果按连续复利计息，数额 A 以年利率 R 投资 n 年后，其最终价值为：

$$Ae^{Rn} \qquad (3.1.5)$$

这里 e 是一个常数，e = 2.71828。在前面的例子中，A = 100 美元，R = 10%，n = 1，若以连续复利计息，则 100 美元在 1 年后的价值为：$100e^{0.1} = 110.52$（美元）。这个数值和每日复利计息得到的结果是一致的。实际上，可以证明，数额 A 以年利率 R 投资 n 年后，由连续复利计息得到的投资最终价值和由每日复利计息得到的结果是非常近似的。因此，在实践中，通常认为连续复利计息与每日复利计息是等价的。

值得一提的是，式中 n 表示的是投资的年限，适用于自然数的情况。实际上，通过一些简单的数学推导即可得出，这些式子也适用于 n 为任何正实数的情况。例如以年利率 R 投资 5 元钱，如果按连续复利计息，1.34 年以后其价值为 $5e^{1.34R}$，而 1 个月后其价值则为 $5e^{\frac{R}{12}}$，1 天以后其价值为 $5e^{\frac{R}{365}}$。

由（3.1.2）式我们还可以知道，对一笔以年利率 R 按连续复利计算的投资 n 年的资金，其结果是本金乘以 e^{Rn}；而一笔以年利率 R 按连续复利贴现 n 年的资金，则其结果是那笔资金与 e^{-Rn} 的乘积。

假设 R_1 是连续复利的利率，R_2 是与之等价的每年计复利 m 次的利率，由（3.1.3）式和（3.1.5）式，我们有：$A\left(1 + \frac{R_2}{m}\right)^{mn} = Ae^{R_1n}$ 或 $\left(1 + \frac{R_2}{m}\right)^{m} = e^{R_1}$

从而，我们可以得到：

$$R_1 = m\ln\left(1 + \frac{R_2}{m}\right) \qquad (3.1.6)$$

或
$$R_2 = m\left(e^{\frac{R_1}{m}} - 1\right) \qquad (3.1.7)$$

通过（3.1.5）式，我们可以将每年计复利 m 次的利率转换为连续复利的利率，而通过（3.1.6）式，我们又可以将连续复利的利率转换为每年计复利 m 次的利率。

假设有每半年计复利 1 次、年利率为 10% 的一笔投资，由式 (3.1.6) 知，其等价的连续复利的年利率为：2ln（1 + 0.05）= 0.09758，即年利率为 9.758%。

第二节　股指期货的持有成本定价模型

一　持有成本定价模型的发展

1973 年，Black 和 Scholes[1] 开创性论文《期权定价与公司债务》的发表标志着金融衍生证券定价理论的诞生。自 1982 年 2 月股指期货上市交易以来，股指期货的定价理论自然成为人们关注的对象，1983 年 Cornell 和 French[2] 发表论文《税收与股指期货定价》给出了完美市场情况下远期的持有成本定价模型。

$$F_t = S_t e^{r(T-t)} - (K/r) \left[e^{r(T-t)} - 1 \right] \qquad (3.2.1)$$

其中，F_t 为到期日是 T 的远期在 t（t < T）时刻的价格；S_t 为在 t 时刻的股票指数；K 为每期连续支付的红利率（常数）；r 为连续复利率。

Cornell 和 French 在上述完美市场定价模型的基础上，引入随机利率、变动红利、简单税收体系等放宽假设条件得到了相应的定价模型。Blake（1990）[3], Figlewski（1987）[4], Fink 和 Feduniak（1988）[5], Fur-

---

①　Black, F. &Scholes, M. The pricing of options and corporate liabilities. *Journal of Political Economics*, 1973, 81: 637—654.

②　Cornell, B. & French, K. R. Taxes and the pricing of stock index futures. *Journal of Finance*, 1983, 38 (3): 675—694.

③　Blake, S. C. *Financial market analysis.* McGraw‐Hill, New York. 1990.

④　Figlewski, S. The interaction between derivative securities on financial instruments and the underlying cash markets: an overview. *Journal of Accounting, Auditing and Finance*, 1987, 2 (3): 299—318.

⑤　Fink, R. E. & Feduniak, R. B. *Futures trading: concepts and strategies.* New York Institute of Finance, (Simon and Schuster), New York. 1988.

bush（1989），Gould（1988），Petzel（1989）[1]，Silk（1986）[2]，Solnik（1988）[3]，Stoll（1987）[4]，Stoll 和 Whaley（1988a[5]，1988b[6]，1993），Stucliffe（1997）[7] 等应用的股指期货持有成本定价模型是：

$$F_t = S_t \ (1 + r - d) \tag{3.2.2}$$

其中，d 为股息红利率，r 为无风险利率。

1995 年，Sultan、Hogan 和 Kroner 给出了简单持有成本模型：

$$F_t = S_t \ (1 + r) \ - D \tag{3.2.3}$$

其中，D 是在交割期内一次性支付的股息红利。

而 Lawrence Galitz 则给出了期货持有成本法则和期货简单的持有成本定价模型，即在股票指数中的不同股票股息红利不同时支付的情况下，股价指数期货定价为：

$$F_t = S_t \ (1 + rt) \ - \sum_{i=1}^{N} D_i \ (1 + rt_{i,D}) \tag{3.2.4}$$

其中，F_t 为到期日是 T 的股指期货在 t 时刻的理论价格；S_t 为 t 时刻的股票指数；r 为无风险利率（常数）；N 为股票指数中的股票个数；

---

① Petzel, T. E. *Financial futures and options*: *a guide to markets*, *applications and strategies*. Quorum Books, New York. 1989.

② Silk, R. Hong Kong index futures market. *Asian Monetary Monitor*, 1986, 10 (4)：1—13.

③ Solnik, b. *International Investments*. Addison – Wesley, Reading, Massachusetts. 1988.

④ Stoll, H. R. Portfolio trading. *Journal of Portfolio Management*, 1987, 14 (4)：20—24.

⑤ Stoll, H. R. , &Whaley, R. E. Stock index futures and options: economic impact and policy issues. *Journal of International Securities Markets*, 1988, 2 (spring)：3—18.

⑥ Stoll, h. R. &Whaley, T. E. Futures and options on stock indexes: economic purpose, arbitrage, and market structure. *Review of Futures Markets*, 1988, 7 (2)：224—248.

⑦ Sutcliffe, Charles M. S. *Stock Index Futures*: *Theories and International Evidence* (2rd ed.). International Thomson Business Press, 1997.

D_i 为购买期货持有策略实施期中第 i（i＝1，2，…，N）只股票所支付的股息红利；$t_{i,D}$ 为第 i 只股票自支付股息红利至交割日的期间（占一年的多少部分）。

1997 年 Kolb 较系统地给出了期货持有成本法则和期货简单的持有成本定价模型，但没有针对股指期货进行深入的探讨及给予拓展和推广。本书将会在给出完美市场下股指期货定价公式后再考虑在不完美的市场下股指期货的定价问题。

二 完美市场的假设条件和完美市场下股指期货的持有成本定价模型

为了方便讨论，我们先假设股指期货市场是完美市场，在完美市场中分析股指期货的定价，然后逐渐放宽假设，进入相对比较切合实际的市场环境中研究股指期货持有成本定价模型。

（一）完美市场的假设条件①

所谓完美市场，是指一个没有交易成本而且可以完全自由交易的市场，在这个市场中，不存在套利机会，没有任何的市场摩擦或障碍。具体的基本假设条件如下：

（1）市场是完全的，也即是说，对市场可能出现的各种情况，市场总是具备足够多数量的"独立的"金融工具来进行完全的套期保值，从而转移风险。如果不具备足够多的此类金融工具，那么市场是不完全的；

（2）市场不存在交易成本；

（3）没有税收；

（4）没有股息红利；

（5）没有初始保证金；

（6）准许卖空和买空；

（7）无风险利率 r 为常数；

---

① 张学东：《股价指数期货理论与实践研究》，中国社会科学出版社 2005 年版。

（8）可以以无风险利率无限制地借贷，且自由借贷的利率相等；

（9）盯市操作只在第 T 期（到期日）进行；

（10）采用盯市制度，即按照市场价格的变动随时结算盈亏的交易方式；

（11）股票指数合约的各要素规定没有变化。

除了特别说明之外，上述基本假设条件（1）—（11）都满足时，就是完美市场。

（二）完美市场下股指期货的持有成本定价模型

在对期货的持有成本以及合理价值进行分析时，我们知道股指期货的合理价格应当满足：期货价格 = 现货价格 + 持有成本。即当前 t 时刻，期货价格必须等于基础商品的现货价格加上该商品由目前至期货合约交割日之间的持有成本：

$$F_t = S_t \ (1 + C) \tag{3.2.5}$$

其中，F_t 为 t 时刻股指期货合约的价格；S_t 为 t 时刻的股价指数价格，也就是现货价格；C 为在目前 t 时刻到 T（期货合约到期日）时刻的持有成本，表示为现货价格的百分比率。

如果期货价格不满足式（3.2.5），也即是说 $F_t > S_t \ (1 + C)$ 或者 $F_t < S_t \ (1 + C)$，在完美市场条件下，投资者可以很容易地进入市场进行套利活动。例如，当 $F_t > S_t \ (1 + C)$ 时，投资者可借入资金买入现货，同时卖空期货，然后持有现货至期货合约到期日而交割期货空头头寸进行套利。因为买入现货与现货的持有成本都可借入资金，这笔交易可以在不需投资的情况下赚取无风险利润。而当 $F_t < S_t \ (1 + C)$ 时，通过反向操作就可以得到无风险利润。由于套利者的介入，使得期货价格必须满足式（3.2.5），这就是期货的定价公式。

在完美市场中，由于持有成本中的储存成本、保险成本、运输成本与融通成本相比微不足道，所以在股指期货的定价中我们只考虑融资成本而把其他成本忽略掉。这样就得到了下面的定价公式：

$$F_t = S_t \times \ (1 + r) \tag{3.2.6}$$

其中，F_t 为 t 时刻股指期货合约的价格；S_t 为 t 时刻的股票指数价格；r 为无风险利率（常数）或从 t 时刻到交割时刻 T 的融通成本百分率。

例如，假设当前 S&P500 的股票指数价格为 400，而无风险利率为 10%，则此时股指期货的合理价格就应该为 $F_t = 400 \times (1 + 10\%) = 440$。

三　不完美市场条件下股指期货定价模型

从完美市场的基本假设（1）—（11）可以看出，在现实的市场中，至少有以下不完美的因素会干扰公式（3.2.6）的准确性。第一，股息红利的支付；第二，交易成本的影响，包括交易税收、佣金等；第三，资金融通的借贷利率通常不同；等。由于这些不完美因素的影响，上述股指期货的定价公式就需要某些调整以更客观地刻画实际状况。下面我们将根据影响定价的不同因素对股指期货定价公式进行相应的调整。

（一）股票支付股息红利

除了不满足完美市场假设条件（4）之外，满足完美市场（1）—（11）其他假设条件，则考虑不同情况下的股息红利支付，有下面几种定价公式。

1. 如果持有期间股息红利率为 d，而其他条件不变，则股指期货的定价公式为：

$$F_t = S_t (1 + r - d) \qquad (3.2.7)$$

其中，F_t 为 t 时刻股指期货合约的价格；S_t 为 t 时刻股票指数价格；r 为无风险利率（常数）；d 为股息红利率。

2. 如果持有期间股票股息红利是在交割期一次性支付，而其他条件不变，则股指期货的定价公式为：

$$F_t = S_t \times (1 + r) - D \qquad (3.2.8)$$

其中，F_t 为 t 时刻股指期货合约的价格；S_t 为 t 时刻股票指数价格；r 为无风险利率（常数）；D 为一次性支付的股息红利。

3. 如果股票指数中的成分股不同股息红利不同时支付，而其他条件不变，则股指期货的定价公式为：

$$F_t = S_t (1 + r) - \sum_{i=1}^{N} D_i (1 + r_{i,D}) \qquad (3.2.9)$$

其中，F_t 为 t 时刻股指期货合约的价格；S_t 为 t 时刻股票指数价格；D_i 为购买期货持有策略实施期中第 i（i = 1, 2, …, N）只成分股所支付的股息红利；$r_{i,D}$ 为自第 i 只成分股股息红利至期货交割日的投资利率。

4. 如果持有期间股票指数中的不同股票股息红利不同时支付，而其他条件不变，则股指期货的定价公式为：

$$F_t = S_t (1 + rt) - \sum_{i=1}^{N} D_i (1 + rt_{i,D}) \qquad (3.2.10)$$

这个定理是 Lawrence Galitz（1998）给出的股价指数期货定价模型。其中，F_t 为 t 时刻股指期货合约的价格；S_t 为 t 时刻股票指数价格；r 为无风险利率（常数）；N 为股票指数中的股票个数；D_i 为购买期货持有策略实施期中第 i（i = 1, 2, …, N）只股票所支付的股息红利；$t_{i,D}$ 为第 i 只股票自支付股息红利至交割日的期间（占一年的多少部分），t 为从当前到交割日的期间（占一年的多少部分）。

这个公式考虑了实行购买期货持有策略实施期间不同股票不同时支付股息红利的情况。如果股票指数中包括的成分股数量相对较少（例如 CAC40 指数的情况），则必须使用这一公式。

5. 如果成分股个数较多的指数（如 S&P500）中的成分股股息在一年中分布较均匀时，可将分别支付的股息红利近似看为一种持续支付的股息收益，而其他条件不变，则股指期货的定价公式为：

$$F_t = S_t [1 + t (r - d)] \qquad (3.2.11)$$

其中，F_t 为 t 时刻股指期货合约的价格；S_t 为 t 时刻股票指数价格；r 为无风险利率（常数）；d 为股息红利年收益率。

6. 如果持有期间股息红利在交割期一次性支付，而其他条件不变，则股指期货的定价公式为：

$$F_t = S_t (1 + tr) - D \qquad (3.2.12)$$

其中，F_t 为 t 时刻股指期货合约的价格；S_t 为 t 时刻的股票指数价格；r 为无风险利率（常数）；D 为一次性支付的股息红利。

（二）存在交易成本

1. 在实际市场中，我们需要考虑交易成本的问题，如交易指令的执行需要支付经纪人的佣金、交易所规定的费用及市场卖价与买价之间的差值等，这些成本是不可忽视的。为了讨论方便，假定现货市场中有交易成本，期货市场中的交易成本忽略不计，并且将交易成本折算成交易金额的某个固定的百分比率 k_c。除了不满足完美市场假设条件（2）之外，满足完美市场（1）—（11）其他假设条件，则股指期货的定价公式为：

$$S_t (1+k_c)(1+r) \geq F_t \geq S_t (1-k_c)(1+r) \quad (3.2.13)$$

其中，F_t 为 t 时刻股指期货合约的价格；S_t 为 t 时刻股票指数价格；r 为无风险利率（常数）；k_c 为现货市场交易成本。

因为不管是买入股票组合卖出期货套利或者买入期货卖出股票组合套利，均存在股票交易成本，所以股指期货的理论价格为一个上下边界，在这个边界内不存在套利机会，也即是说只要股指期货价格落入这个上下边界，那么它就达到了无套利均衡状态。

2. 尽管股指期货交易成本较现货交易成本低，但在现实投资世界中交易成本却是一个不容忽略的重要因素，所以我们还必须考虑期货市场有交易成本的情况下股指期货的定价问题。同样，除了不满足完美市场假设条件（2）之外，满足完美市场（1）—（11）其他假设条件。

根据无套利均衡原理，我们先利用正向套利策略来确定股指期货定价区间的上界，然后利用反向套利策略得到定价区间的下界，则股指期货的定价公式为：

$$[S_t + (C_{SL} + C_{FN})](1+r) \geq F_t \geq [S_t - (C_{SN} + C_{FL})](1+r)$$

$$(3.2.14)$$

其中，F_t 为 t 时刻股指期货合约的价格；S_t 为在 t 时刻股票指数价格；r 为无风险利率（常数）；C_{SL} 为股票多头的交易成本；C_{SN} 为股票空头的交易成本；C_{FL} 为期货多头的交易成本；C_{FN} 为期货空头的交易成本。

由公式（3.2.14）可知，如果 $C_{SL} = C_{SN} = C_{FL} = C_{FN} = 0$，则股指期

货理论价格的上下边界相等，且 $F_t = S_t \times (1 + r)$ 是完美市场下股指期货的定价公式。在低买高卖的理性或常规投资活动中，一般有 $C_{FL} < C_{FN} \ll C_{SL} < C_{SN}$，交易成本越大，股指期货理论价格上下边界的距离就越大。当我们考虑交易成本时，就只能给出股指期货价格的上下边界，在此上下边界内不存在套利机会。

（三）借贷利率不同

如果除了不满足完美市场假设条件（8）并且考虑交易成本，而完美市场（1）—（11）其他假设条件均满足的话，股指期货的定价公式也必须作调整。在完美市场中，任何人都可以按无风险利率无限制地借贷，且自由借贷的利率相等。可是实际情况并非如此，一般而言，对于投资者，借款利率都高于贷款利率。在前面的研究中，我们都假设借贷利率相同，如果借款利率与贷款利率不同，则假设借款利率为 r_B，贷款利率为 r_L，且 $r_B > r_L$。由于式（3.2.14）中股指期货价格的上边界依靠正向套利策略来界定，此策略涉及借款，所以上边界必须根据借款利率调整。同理，由于式（3.2.14）中股指期货价格的下边界依靠反向套利策略界定，所以下边界必须根据贷款利率调整。股指期货的定价公式为：

$$[S_t + (C_{SL} + C_{FN})] (1 + r_B) \geq F_t \geq [S_t - (C_{SN} + C_{FL})] (1 + r_L)$$

$$(3.2.15)$$

其中，F_t 为 t 时刻股指期货合约的价格；S_t 为 t 时刻股票指数价格；r_B 为借款利率；r_L 为贷款利率；C_{SL} 为股票多头的交易成本；C_{SN} 为股票空头的交易成本；C_{FL} 为期货多头的交易成本；C_{FN} 为期货空头的交易成本。

（四）综合考虑以上影响因素

根据以上研究，如果我们综合考虑了股息红利、交易成本、借贷利率等因素，利用持有成本模型计算出来的股指期货合约理论价格将形成一个区间，合约价格若落在这个区间内，则没有任何套利机会。股指期货的套利可按股指期货合约价格是被高估还是被低估分为正向套利策略和反向套利策略两种。①

1. 正向套利策略推导出股指期货合约定价区间上限

所谓正向套利策略，简单来说就是投资者先借入资金买入现货，然后卖出一份期货合约，并持有现货直至期货合约交割日那天进行交割。当指数期货合约价格被高估时，投资者可以立即进行正向套利以获得无风险利润，直到套利机会消失为止，所以利用正向套利策略，并考虑交易成本，可推导出无套利区间上界（upper boundary），即套利交易能产生正的无风险利润，则套利交易过程中的所有现金流量之现值须超过交易成本 $C_{fl} + C_{sl}$。

$$\frac{F_t - S_T - C_{f2}}{(1+r)^{T-t}} + \frac{-S_t \times (1+r_B)^{T-t} + S_T + D - C_{S2}}{(1+r)^{T-t}} > C_{fl} + C_{sl}$$

(3.2.16)

调整后得到：

$$F_t > S_t \times (1+r_B)^{T-t} - D + C_{fl}(1+r)^{T-t} + C_{f2} + C_s(1+r)^{T-t} + C_{s2}$$

$$= S_t \times (1+r_B-d)^{T-t} + C_{fl}(1+r)^{T-t} + C_{f2} + C_s(1+r)^{T-t} + C_{s2}$$

(3.2.17)

其中：F_t 为 t 时刻股指期货合约的价格；S_t 为 t 时刻股票指数价格；S_T 为期货合约到期日 T 时刻的股价指数；F_T 为期货合约到期日 T 时刻的合约价格，其价格应等于当时股价 F_T；r 为无风险利率；r_B 为借款利率；d 为股利收益率；D 为 t 时刻至到期日 T，持有股票现货所发放的现金股利至到期日 T 之复利总和 $\left[D = \sum_{t=1}^{T} \frac{d_t}{p} \times w \times (1+r)^{T-t} \right.$，$d_t$ 为 t 时刻个别股票发放的每股现金股利；p 为 t 时刻个别股票的股价；w 为 t 时刻个别股票占指数权重]；C_{fl} 为期初建立期货合约空头部位的交易成本；C_{f2} 为平仓期货合约空头部位的交易成本；C_{sl} 为期初建立现货投资组合多头部位的交易成本；C_{s2} 为平仓现货投资组合多头部位的交易成本。

---

① 徐国祥、檀向球：《指数期货合约定价模型及其实证研究——对恒生指数期货合约定价的实证分析》，中国科技论文在线，http://www.paper.edu.cn。

2. 反向套利策略推导出股指期货合约定价区间下限

反向套利是与正向套利相反的一种套利策略，它需要投资者买入期货直到期货交割日。当股指期货合约价格 F_t 被低估时，利用反向套利策略，并考虑交易成本，可推导出无套利区间之下限（lower boundary）。同样，反向套利策略产生的现金流量现值至少须大于交易过程中所产生的成本 $C_f + C_s$。

$$\frac{S_T - F_t - C_{f4}}{(1+r)^{T-t}} + \frac{-S_T - D + S_t \times (1+r)^{T-t} - C_{s4}}{(1+r)^{T-t}} > C_{f3} + C_{s3}$$

(3.2.18)

调整后得到：

$$F_t < S_t \times (1+r)^{T-t} - D - C_{f3} (1+r)^{T-t} - C_{f4} - C_s (1+r)^{T-t} - C_{s4}$$

$$= S_t \times (1+r-d)^{T-t} - C_{f3} (1+r)^{T-t} - C_{f4} - C_s (1+r)^{T-t} - C_{s4}$$

(3.2.19)

其中：C_{f3} 为建立期货多头部位的期初交易成本；C_{f4} 为平仓期货多头部位的交易成本；C_{s3} 为建立现货投资组合空头部位的期初交易成本；C_{s4} 为平仓现货投资组合空头部位的交易成本。

这样我们就得到了考虑交易成本的股指期货合约合理定价区间为：

$$[S_t \times (1+r-d)^{T-t} - C_{f3} (1+r)^{T-t} - C_{f4} - C_s (1+r)^{T-t} - C_{s4},$$

$$S_t \times (1+r_b-d)^{T-t} + C_{f1} (1+r)^{T-t} + C_{f2} + C_s (1+r)^{T-t} + C_{s2}]$$

(3.2.20)

只要股指期货合约价格介于下限和上限之间，即使与纯理论价格有价差，对投资者来说仍不具有套利机会，因为在考虑交易量之后，没有正的套利利润。

第三节 股指期货的连续复利定价模型

一 完美市场下股指期货的连续复利定价模型

如果满足完美市场所有（1）—（11）的假设条件，那么在考虑连续复利的情形下，股指期货最简单的定价模型为：

$$F_t = S_t \times e^{r(T-t)} \qquad\qquad (3.3.1)$$

有关连续复利我们在本章第一节中已经详细介绍。在式（3.3.1）中，F_t 为 t 时刻股指期货合约的价格；S_t 为 t 时刻股票指数价格；r 为无风险利率。

二　不完美市场下股指期货的连续复利定价模型

（一）考虑股息红利支付时期货的连续复利定价模型

在连续复利情形下，在 t_1 时刻支付固定股息红利 D 的股指期货的定价公式为：

$$F_t = [S_t - D \times e^{-r(t_1-t)}] \times e^{r(T-t)} \qquad\qquad (3.3.2)$$

如果股息红利刚好在交割期一次性支付 D 时，式（3.3.2）就有了以下形式：

$$F_t = S_t \times e^{r(T-t)} - D \qquad\qquad (3.3.3)$$

在连续复利情形下，如果股息红利是按照固定股息红利率 d 支付，则股指期货的定价公式为：

$$F_t = [S_t \times e^{-d(T-t)}] \times e^{r(T-t)} \qquad\qquad (3.3.4)$$

如果股息红利从 t 时刻到 T 时刻期间的 s（$t \leqslant s \leqslant T$）时刻随机支付 D_s，那么在连续复利的情形下，股指期货的定价公式为：

$$F_t = S_t \times e^{r(T-t)} - D_t \qquad\qquad (3.3.5)$$

其中 $D_t = \sum_{s=t}^{T} D_s \times e^{r(T-t)}$。

（二）考虑交易成本时期货的连续复利定价模型

如果只考虑现货市场的交易成本，而不考虑期货市场的交易成本，在 t 时刻到 T 时刻期间的 s（$t \leqslant s \leqslant T$）时刻随机支付 D_s，则股指期货的定价公式为：

$$[S_t \times e^{r(T-t)} - D_t]\,(1 + k_c) \geqslant F_t \geqslant [S_t \times e^{r(T-t)} - D_t]\,(1 - k_c)$$

$$\qquad\qquad (3.3.6)$$

其中 $D_t = \sum_{s=t}^{T} D_s \times e^{r(T-s)}$，$F_t$ 为 t 时刻股指期货合约的价格；S_t 为 t 时刻股票指数价格；r 为无风险利率（常数）；k_c 为现货市场交易成本。

如果在连续复利情况下，考虑现货市场和期货市场的所有交易成本，在 t 时刻到 T 时刻期间的 s（t≤s≤T）时刻随机支付 D_s，则股指期货的定价公式为：

$$[S_t + (C_{SL} + C_{FN})] \times e^{r(T-t)} - D_t \geq F_t \geq [S_t - (C_{SN} + C_{FL})] \times e^{[r(T-t)]} - D_t$$

$$(3.3.7)$$

其中 $D_t = \sum_{s=t}^{T} D_s \times e^{[r(T-s)]}$，$F_t$ 为 t 时刻股指期货合约的价格；S_t 为 t 时刻股票指数价格；r 为无风险利率（常数）；C_{SL} 为股票多头的交易成本；C_{SN} 为股票空头的交易成本；C_{FL} 为期货多头的交易成本；C_{FN} 为期货空头的交易成本。

（三）考虑借贷利率不同时期货连续复利定价模型

在考虑借贷款利率不同的情形下，假设借款利率为 r_B，贷款利率为 r_L，且 $r_B > r_L$，在 t 时刻到 T 时刻期间的 s（t≤s≤T）时刻随机支付 D_s，现货市场有交易成本，期货市场无交易成本，那么股指期货的连续复利定价公式为：

$$[S_t \times e^{r_B(T-t)} - D_B] (1 + k_c) \geq F_t \geq [S_t \times e^{r_L(T-t)} - D_L] (1 - k_c)$$

$$(3.3.8)$$

其中，$D_B = \sum_{s=t}^{T} D_s \times e^{r_B} \times (T-s)$，$D_L = \sum_{s=t}^{T} D_s \times e^{r_L} \times (T-s)$，$F_t$ 为 t 时刻股指期货合约的价格；S_t 为 t 时刻股票指数价格；k_c 为现货市场交易成本。

（四）连续复利定价模型的简化形式

由于上述连续复利定价公式过于复杂，在实际操作中存在一定的难度，所以为了简化股指期货的连续复利定价公式我们只考虑股利支付并认为红利是连续支付的，并不考虑交易成本和借贷款利率不同这两个因素。如果我们考虑股息红利是以一定的收益率 d 来支付的，则该指数组合的期货的理论价格应当为：

$$F_t = S_t \times e^{(r-d)(T-t)} \qquad (3.3.9)$$

其中，F_t 为股指期货的理论价格；S_t 为指数现货价格；r 为以连续复利计算的无风险利率；d 为红利收益率；T 为期货合约到期的时刻

（年）；t 为现在的时刻（年）。

如果分析者对于计算红利收益率不感兴趣，可以估计指数中股票组合将要收到的红利金额总数及其时间分布。这时股票指数可看成是提供已知收入的证券，其价格为：

$$F_t = (S_t - I) \times e^{r(T-t)} \qquad (3.3.10)$$

其中：I 为指数合约有效期间所得收益的现值。这个方法对日本、法国、德国的指数很有效，因为在这些国家股息红利的支付的时间相对集中。

第四节　现金—持有定价模型与逐日盯市

一　现金—持有定价模型

虽然持有成本定价模型给出了股指期货内在的理论价格，但我们可以采用一种更直观的方式来对股指期货进行定价。考虑以下在交割日期之前实施的策略①：

（1）买入一个能复制股票指数的股票组合（其组合比例与股指结构相同，总价值等于股指的面值）；

（2）通过抵押借款为买入证券融资；

（3）卖出一份股指期货；

（4）持有股票组合直到最后交易日，并将所收到的任何股息用于投资；

（5）在期货合约交易结束时立即卖出股票组合；

（6）对期货合约进行现金结算；

（7）用卖出股票和期货结算所得款项偿还借款。

因为股票组合是用现金买入并持有至期货合约的到期日的，所以这是一种现金—持有套利操作。在现金—持有套利操作中，投资者借入资金以买入股票组合并用出售股票组合的款项偿还借款，目的是为了防止

① ［英］洛仑兹·格利茨：《金融工程学》（修订版），经济科学出版社 1998年版。

股票组合受到市场波动的影响。例如，如果股市在实施现金—持有策略时下跌了，则卖出股票的款项可能不够偿还借款。但在这种情况下，期货合约就会有所获利了。如果所买卖股票的种类和数额选择得当，则现金—持有操作与期货合约一道形成了一个无风险组合，并且可以用来确定期货合约的公正价格，其公式为：

$$F_t = I_0 \ (1 + r_B t) \ - \sum_{i=1}^{N} DIV_i \ (1 + r_B t_{i,d}) \tag{3.4.1}$$

其中，F_t 为股票指数期货的理论价格；I_0 为实施现金—持有策略时的指数；r_B 为借款利率（以小数表示）；t 为现金—持有策略实施的期间（占一年的多少部分）；N 为股票指数中股票只数；DIV_i 为现金—持有策略实施期中第 i 只股票所支付的股息；$t_{i,d}$ 为自第 i 只股票支付股息至交割日的期间（占一年的多少部分）。

式（3.4.1）考虑了在实行现金—持有期间不同股票不同时支付股息的情况，如果股指中包含的成分股数量相对较少时（例如 CAC40 指数的情况），则必须使用这一公式。这是因为股息的流入比较"起伏不平"，而不是一条平稳的流量。

对于范围非常广、成分股股息在一年中分布较均匀的指数（例如标准普尔 500 指数）而言，有时可以将分别支付的股息近似看成一种持续支付的股息收益，而将期货公正价格的公式简化为：

$$F_t = I_0 \ [1 + t \ (r-d)] \tag{3.4.2}$$

其中，d 为股息年收益率；t 为现金—持有策略实施的期间（占一年的多少部分）；但是，在使用股指期货对股票进行保值的过程中，存在一些实际的问题，这些问题有时会导致在计算出的期货价格和实际期货价格之间出现差异。

二 现金—持有定价模型的局限性

股指期货复制整个股票市场的波动，并且易于交易，因此，它为证券组合管理人提供了对投资组合进行重新调整的一个灵活而有效的工具。将现金多头头寸（即收息存款）与相应数量的股指期货相结合，亦可有效地将现金转化为股票；反过来，将股票多头头寸与期货空头头寸相结合，亦可将股票转化为现金。但要确保按式（3.4.1）和式（3.4.2）计算的公正价格符合实际期货相当困难，其影响因素主要为以下几个：

1. 股票指数组合的建立。大多数用做股指期货标的的股票指数都包含几十只甚至几百只的股票，要建立一个能够"复制"股票指数的股票组合存在困难。

2. 跟踪误差。许多交易者使用样本指数内的部分股票来对股指期货套期保值，以期在较少交易的情况下，抓住股票指数的相当部分成分股。尽管这样做的确能降低交易成本，但它会带来一种跟踪误差，即股票组合的价值不一定与股票指数的波动完全相关。

3. 交易成本。由于需要进行大量的交易，并且交易是双向收费，因为首先要买入股票组合，然后在现金—持有期结束时又要将其卖出，所以交易成本较高。

4. 股票价格与指数水平之间的时滞。即使在电子自动实施股票交易的市场中，要同时完成全部的交易也是很困难甚至不可能的。即使有可能在同一时间完成所有的交易，股票指数通常是以成分股的最近交易卖出价为基础计算的，而买入股票的成本则按当前卖出价确定。如果行市变动很快，在这两种价格之间有可能存在相当的不同。如果在建立现金—持有头寸的过程中行市发生了变化，则上述情况会导致一种价格风险。

5. 指数构成的变化。股票指数的构成可能在现金—持有期内发生变化，这可能是因为配股、资本重组、某些公司规模缩小或不再存在，或者某些公司的发展。如果发生指数构成变化，必须进行新的交易以使所持有的股票组合与股票指数保持一致。

6. 股息。由于股票的股息是预先估计的，并且是在一年的不同时间支付，即使是像标准普尔 500 指数那样范围广泛的指数，在每年 1—2 月、4—5 月、7—8 月和 10—11 月期间也会出现强劲的股息高峰。因而在一年的不同时间，实际持有成本可能有很大差别，尤其是对于范围较窄的股指及在高额股息支付之前。这意味着对股指期货进行套期保值最多也只能是一种近似的学问，而不是精确的科学。

所有上述实际困难的结果，是带来了一个公正价格的范围，而不是一个单一的价格。当交易成本很高、股息的不确定性很大、市场波动较频繁、市场效率较低时，这一价格范围就会扩大。使得真实市场价格与理论价格保持一致的力量，是套利者获得无风险利润的可能性。如果这种可能性由于过高的交易成本或市场无效率而被降低甚至不存在，则市场价格就会偏离理论价格。尽管标准普尔500指数是包含成分股最广的股票指数之一，在实际中，它的实际期货价格和理论价格却显示了最密切的关系。这得益于类似纽约股票交易所"指定指令运转"（DOT）系统之类的计算机化指令执行系统以及其他一些因素。它们降低了交易成本，并使套利性现金—持有策略所需要的成百次交易更易执行。标准普尔500指数期货的价格通常位于其理论值 ±0.5% 之内。

三　逐日盯市与"减缩"技巧

实际上持有成本定价模型、连续复利定价模型以及现金—持有定价模型都是一个远期合约的定价模型，它们都是在不考虑逐日盯市所产生的影响这个前提下得出来的结论。然而，逐日盯市恰恰就是期货交易的最重要特征，它可能导致在期货合约生效期间的每一个营业日末，期货交易者的保证金账户可能出现反映期货交易损益的现金流动。考虑到这个因素，从严格意义上说，套利并非是完全没有风险的，我们将以下面的例子来说明这个问题。

我们先假定不存在逐日盯市的程序。假定股指现货价格为360美元，1年期股指期货的价格为400美元，市场上的无风险利率为10%（年利率）。假定计息频率是1年复利1次，根据没有股息红利、不考虑交易成本的持有成本模型，这份股指期货合约的价格应该为：

$$F = \$360 + \$360 \times 10\% = \$396$$

由于 $F > S + W$，所以存在着套利机会。套利者可借入36000美元在现货市场上购入100份现货，与此同时在期货市场上出售一份1年期的股指期货合约。1年后期货合约到期，不管股票指数的市场价格处于什么样的水平, 套利者都可以赚取 400 美元的无风险利润 (参见表 3 – 1)。

表 3 – 1   F > S + W 时的套利

	套利者的资产组合	现金流动状况
交易日	按 $400 的价格出售期货合约 按无风险利率借入资金 购买期货合约项下的基础资产	无现金流动 + $36000 – $36000
	净现金流动	0
到期日	期货合约逐日盯市的 累积损益 (不计复利)	如果 S_T = $340, 期货合约赢利 $6000; 如果 S_T = $400, 期货合约净收益为 0; 如果 S_T = $420, 期货合约亏损 $2000。
	履行期货合约规定的交割义务 (若期货合约在这之前已经平仓, 则在现货市场上出售基础资产)	如果 S_T = $340, 履行交割后的收益为 $34000; 如果 S_T = $400, 履行交割后的收益为 $40000; 如果 S_T = $420, 履行交割后的收益为 $42000。
	归还借款的本息 (1 年计息 1 次)	– $39600
	净现金流动	+ $400

现在引入逐日盯市的程序, 并改变一个交易条件, 即在第二个交易日末, 股票指数的期货价格从 400 美元上升到 440 美元 (当日的收盘价或结算价), 并在该年的其余交易日里一直保持这个价格水平。

从事现金—持有套利的套利者因持有期货缺头寸 (即卖出期货合约) 而蒙受了损失。假定初始保证金是存入等额的国库券或银行信用证, 但现在套利者不得不存入现金以满足追加保证金的要求, 这样就发生了 4000 美元的现金流出。在年利率为 10% 的市场条件下, 就给套利者造成了 400 美元的利息开支 (假如 4000 美元的追加保证金是借入的) 或机会成本 (假如这 4000 美元是自有资金), 结果原先毫无风险稳赚的 400 美元顷刻之间化为乌有。

很显然, 每个营业日末对保证金账户按当天的结算价进行清算的程序实际上也构成了一种风险。然而逐日盯市对套利过程所产生的财务影响可通过 "减缩" 技巧来加以有效控制, 即在现金—持有套利过程中,

出售的不是一份期货合约, 而是根据期货合约的现值 $\left[\dfrac{1}{1 + r\% \times \dfrac{T}{365}}\right]$ 来

确定卖出合约的数量，并在合约的有效期内，一直按照这个原则调整期货头寸。这样，随着时间的推移，贴现因子逐渐变大，到了期货合约到期的那一天，套利者的期货的缺头寸正好等于一份合约。

由此可见，通过"减缩"期货合约的数量，套利者可消除由逐日盯市程序可能引起的资金外流的利息费用或机会成本所构成的风险。从期货定价过程来看，"减缩"技巧的运用可以使逐日盯市程序对期货的价格产生很少的影响，甚至完全没有影响。

然而，在现实的期货市场上，套利者发现在实际使用"减缩"技巧的过程中会碰到一些问题。首先，期货合约并不是无限可分的；其次，日复一日的连续"减缩"和调整期货合约的数量会增大交易成本；最后，市场利率也经常会发生随机性的变动。

市场利率的随机变动对套利者构成了风险，但只要它与期货价格涨跌的概率大致相等，那么，从长期看，因利率上升与利率下降所形成的现金损益最终将会相互抵消，从而达到基本平衡。尽管如此，潜在的套利者还是应该知晓逐日盯市的风险，并掌握"减缩"技巧，特别是在期货合约的有效期比较长而市场利率水平又比较高的情况下更应该如此。

所以，在对股指期货的定价中，我们可以忽略逐日盯市对期货定价过程的影响。实际上，只要利率是已知的，而且期货合约具有无限的可分性，那么，使用"减缩"技巧便能有效地将期货合约转变成远期合约，期货价格与远期价格因此也将大致相等，也就是说，此时对股指期货定价可以直接采用持有成本定价模型或其他定价模型，而不必采用"缩减"技巧。

第五节　股指期货定价模型的应用及价格背离

一　股指期货定价模型的应用[①]

为了更好地说明股指期货定价模型，本节将会用一个实例来演示股

[①]　徐国祥、檀向球：《指数期货合约定价模型及其实证研究——对恒生指数期货合约定价的实证分析》，中国科技论文在线，http：//www.paper.edu.cn。

指期货定价问题。我们在前面分析了，如果假设股息收益率为 d，无风险利率为 r，并且考虑复利的形式，那么股指期货的理论价格为式 (3.3.9)，我们考虑了市场限制下的股指期货合约定价的合理区间为式 (3.2.20)。下面我们将以某年 1 月 2 日至下一年 6 月 20 日恒生指数 (HSI)、最近一个月到期的恒生指数期货合约收盘价 (HSI1) 和最近两个月到期的恒生指数期货合约收盘价格 (HSI2) 为研究对象，探讨指数期货合约的定价问题。

为此，先对模型中涉及的参数进行测定。

r：资本市场上资金存款利率，等于市场无风险利率，这里采用香港证券市场数据 10%；

r_B：资本市场上借款利率，这里采用香港证券市场数据 15%；

d：股利收益率，这里采用 t 时刻恒生指数公司网站公布的数据；

C_{f1}：期初建立期货合约空头部位的交易成本，恒生指数期货合约建立空头部位的交易成本为 91.5 元/张，折算成指数点位为 91.5/50 = 1.83；

C_{f2}：平仓期货合约空头部位的交易成本，恒生指数期货合约平仓空头部位的交易成本为 91.5 元/张，折算成指数点位为 91.5/50 = 1.83；

C_{S1}：期初建立现货投资组合多头部位的交易成本，一张恒生指数期货合约的价值约 50 万元，建立与其对应的现货部位的交易成本为 2250 元（香港证券市场股票现货交易佣金为 0.25%，股票现货交易印花税为 0.2%），折算成指数点位为 2250/50 = 45；

C_{S2}：平仓现货投资组合多头部位的交易成本，一张恒生指数期货合约的价值约 50 万元，建立与其对应的现货部位的交易成本为 2250 元（香港证券市场股票现货交易佣金为 0.25%，股票现货交易印花税为 0.2%），折算成指数点位为 2250/50 = 45。

C_{f3}：建立期货合约多头部位的期初交易成本，恒生指数期货合约建立多头部位的交易成本为 91.5 元/张，折算成指数点位为 91.5/50 = 1.83；

C_{f4}：平仓期货合约多头部位的交易成本，恒生指数期货合约平仓多头部位的交易成本为 91.5 元/张，折算成指数点位为 91.5/50 = 1.83；

C_{S3}：建立现货投资组合空头部位的期初交易成本，一张恒生指数期货合约的价值约 50 万元，建立与其对应的现货部位的交易成本为 2250 元（香港证券市场股票现货交易佣金为 0.25%，股票现货交易印花税为 0.2%），折算成指数点位为 2250/50 = 45；

C_{S4}：平仓现货投资组合空头部位的交易成本，一张恒生指数期货合约的价值约 50 万元，建立与其对应的现货部位的交易成本为 2250 元（香港证券市场股票现货交易佣金为 0.25%，股票现货交易印花税为 0.2%），折算成指数点位为 2250/50 = 45。

1. 理想状态下定价模型的期货合约定价

表 3 – 2　　　　　理想状态下 HSI1 定价模型预测精度统计表

HSI1 预测相对偏差	观察交易天数	比例（%）
大于 1%	40	11.2
在 0.5% 至 1% 之间	117	32.8
在 0 至 0.5% 之间	200	56.0

（预测相对偏差 = | HSI1 预测值/HSI1 实际值-1 | ）

表 3 – 3　　　　　理想状态下 HSI2 定价模型预测精度统计表

HSI2 预测相对偏差	观察交易天数	比例（%）
大于 1%	144	40.34
在 0.5% 至 1% 之间	111	31.09
在 0 至 0.5% 之间	102	28.57

（预测相对偏差 = | HSI2 预测值/HSI2 实际值-1 | ）

从表 3 – 2 可以看出，理想状态下 HSI1 定价模型的预测精度比较高，其中预测相对偏差大于 1% 的占 11.2%，在 0.5% 至 1% 之间的占 32.8%，在 0 至 0.5% 之间的占 56.0%。

从表 3 – 3 可以看出，理想状态下 HSI2 定价模型的预测精度也比较高，但比最近一个月到期的指数期货合约定价预测精度要差一点，其中预测中相对偏差大于 1% 的占 40.34%，在 0.5% 至 1% 之间的占 31.09%，在 0 至 0.5% 之间的占 28.57%。

由于指数期货合约的实际买卖操作中还有一笔较高的交易费用，为此还必须考察基于各种市场限制下的指数期货合约定价。

2. 考虑市场限制的指数期货合约定价

表 3-4　　考虑市场限制条件下 HSI1 定价模型预测精度统计表

HSI1 预测偏差类型	观察交易天数	比例（%）
HSI1 在预测上限和预测下限之间	301	84.31
HSI1 大于预测上限	3	0.840
HSI1 小于预测上限	53	14.85

表 3-5　　考虑市场限制条件下 HSI2 定价模型预测精度统计表

HSI2 预测偏差类型	观察交易天数	比例（%）
HSI2 在预测上限和预测下限之间	232	64.98
HSI2 大于预测上限	1	0.28
HSI2 小于预测下限	124	34.73

先看一下在考虑市场限制条件下的 HSI1 定价情况。从表 3-4 可以看出，考虑市场限制条件下的 HSI1 定价模型的预测精度相当高，有 84.31% 交易日的 HSI1 合约收盘价落在预测下限和预测上限之间，有 14.85% 交易日的 HSI1 合约收盘价小于预测下限，产生反向套利机会，而只有 0.84% 交易日的 HSI1 合约收盘价大于预测上限。

再看一下在考虑市场限制条件下的 HSI2 定价情况。从表 3-5 可以看出，考虑市场限制条件下的 HSI2 定价模型的预测精度也比较高，有 64.98% 交易日的 HSI2 合约收盘价落在预测下限和预测上限之间，有 34.73% 交易日的 HSI2 合约收盘价小于预测下限，产生反向套利机会，而只有 0.28% 交易日的 HSI2 合约收盘价大于预测上限，产生正向套利机会。

二　股指期货的价格背离①

由于无时不在的价格运动，在短期内股指期货价格突破无套利区域的上限或下限是完全正常的，实际上这为无风险套利提供了机会。虽然在理论上无风险套利行为将迅速促使价格回复到无套利均衡状态，但在实践中，股指期货价格长期处于无套利区域之外的情况并不少见。这种现象我们称之为股指期货的价格背离。

造成股指期货价格背离的原因并不复杂，简而言之，这是套利行为受到限制、不能充分发挥作用的结果。这些限制主要表现在以下几个方面：

1. 市场成熟程度限制

如果是在一个新兴的资本市场，市场参与者的投资水平还处于初级阶段，各种检测套利机会的技术手段比较落后，对错误价格信息的反应程度较慢，因而常常忽略了市场存在的无风险套利机会。即使在一个发达的资本市场，在股指期货推出的初期，因为投资者对新产品的熟悉需要一定的过程，人们也常常会忽略市场存在的无风险套利机会。美国在推出股指期货的最初几年就是这样。中国的资本市场是一个典型的新兴市场，股指期货又是中国金融市场上第一个金融衍生产品，存在市场成熟程度限制是无可厚非的。

2. 套利参与规模限制

中小投资者因为缺乏强大的技术支持及雄厚的资金实力，无法按照股指期货的构成比例购买一揽子股票，这使得他们无法参与无风险套利进程。部分机构投资者具有积极参与无风险套利的意识，也拥有适当的技术手段，但是由于资金调动的时滞和自身能力的限制，在短期内，可能无法凝聚足够平衡市场价格的力量。只有套利交易的资金大到一定程度，才能使价格回归到均衡状态。因为中国的资金借贷市场不够发达，机构融资手段不足，套利规模限制问题在中国非常突出。

---

① 郭洪钧：《股指期货的定价问题》，《上海财经大学学报》2007 年 6 月第 9 卷第 3 期。

3. 套利交易成本限制

即使投资者在技术、资金等方面有能力进行套利操作，庞大而难以控制的交易成本也可能使投资者望而却步。交易成本体现在两个方面：狭义交易成本和广义交易成本。狭义的交易成本，指交易手续费，这是比较容易控制的部分；但广义的交易成本，即在套利操作期间的非预期价格变动导致的成本上升，这是难以控制的部分。例如，当投资者发现了套利机会，开始实施套利操作时，也许购买构成指数的第一只股票时有很大的套利空间，但当购买到第 100 只股票时，价格已经面目全非了，套利空间没有了，甚至将产生亏损。这也被称为因交易时滞问题产生的套利风险。

19 世纪 80 年代中期，因为计算机技术的普及，华尔街曾经广泛采用"程序交易"（Program Trading）进行股指期货的套利活动，自动买卖构成股票指数的一揽子股票。"程序交易"解决了交易的时滞问题，但是带来了意想不到的恶果。1987 年 10 月 19 日，即著名的"黑色星期一"，美国华尔街遭遇股灾，道·琼斯工业指数一天暴跌近 25%，随之引发了全球性的金融风暴。在这次暴跌中，那些旨在股指期货市场和现货市场跨市套利的"程序交易"，在股指期货下跌时自动而盲目地大量抛空股票，加速了股市暴跌，故被认为是造成股灾的"元凶"之一。股灾过后，纽约证券交易所对"程序交易"进行了很多限制。中国还没有形成类似"程序交易"的有关机制，而且由于它历史上的污点，这种机制的引入必然是慎之又慎的。因此短期内还不能解决因时滞带来的交易成本问题。

4. 证券交易制度限制

在影响无风险套利的交易制度中，最主要的制度限制是卖空限制。所谓卖空限制，就是在有些证券市场，或在证券市场发展的某些阶段，不允许投资者卖出并不拥有的股票。期货市场因为可以卖空，因而价格的上下运动是自由的，非常灵活，但股票市场若存在卖空限制，则价格向上运动是灵活的，向下运动却产生了一定的刚性。在历史上，股票卖空曾经长期遭到禁止，例如，直到 1994 年 1 月 3 日，卖空在中国香港地区还是犯罪行为；在澳大利亚，直到 20 世纪 80 年代中期以前卖空仍是禁止的；在瑞典，直到 1991 年 8 月仍然禁止卖空；在马来西亚，直到 1996 年 9 月 30 日仍然禁止卖空；在芬兰，直到 1995 年 5 月 22 日还没有卖空机制；在德国，银行借给客户股票用于卖空也是不允许的。卖空限制使股票市场的价格长期被高估，相应的，股指期货的价格则会长期被低估。

第四章

发展股指期货市场的经验及借鉴

第一节　美国股指期货市场的发展及启示

股指期货虽然是金融期货市场中较晚产生的品种，但却是 20 世纪 80 年代金融创新过程中出现的最重要、最成功的金融工具之一。

一　美国股指期货的发展过程

20 世纪 70 年代，西方各国受石油危机的影响，经济发展十分不稳定，利率波动剧烈，导致股票市场价格大幅波动，市场投资者迫切需要一种能够有效规避风险、实现资产保值的金融工具。在这种背景下，股指期货应运而生。美国股指期货的发展大致经历了如下四个发展阶段：

第一阶段：产品初创和起步发展期（1982—1985 年）

由于股指期货是新兴发展产物，且交易本身具有较强的专业性，所以刚推出时，交易规模不大，对宏观经济的影响程度较小，关心的人也不多。

自堪萨斯城期货交易所推出价值线综合指数期货之后，投资者除了选择以往进出股市的传统方式——挑选某个股票或某组股票之外，还可以进行以下操作：第一，复合式指数基金（Synthetic Index Fund），即投资者可以透过同时买进股指期货及国债的方式，达到买进成分指数股票投资组合的同样效果；第二，运用指数套利（Return Enhancement），套取几乎没有风险的利润。这是由于股指期货推出的最初几年，市场效率较低，常常出现现货与期货价格之间基差较大的现象，对交易技术较高的专业投资者，可通过同时交易股票和股指期货的方式获取几乎没有风险的利润。

第二阶段：发展为动态交易工具期（1986—1987 年）

股指期货经过几年的交易后市场效率逐步提高，运作较为正常，逐渐演变为实施动态交易策略得心应手的工具。主要包括以下两个方面：第一，通过动态套期保值（Dynamic Hedging）技术，实现投资组合保险（Portfolio Insurance），即利用股指期货来保护股票投资组合的跌价风险；第二，进行策略性资产分配（Asset Allocation）。期货市场具有流动性高、交易成本低、市场效率高的特征，恰好符合全球金融国际化、自由化的客观需求，尤其是过去 10 年来，受到资讯与资金快速流动、电脑与通信技术进步的冲击，如何迅速调整资产组合已成为世界各国新兴企业和投资基金必须面对的课题，股指期货和其他创新金融工具提供了解决这一难题的一条途径。

第三阶段：股指期货的改革期（1988—1990 年）

1987 年 10 月 19 日美国华尔街股市一天暴跌近 23%，从而引发全球股市重挫的金融风暴，即著名的"黑色星期一"。虽然事过十余载，对为何造成恐慌性抛压，至今众说纷纭。股指期货一度被认为是"元凶"之一。很多人认为，股票价格下跌时，股指期货交易导致了股票价格决定机制的紊乱。事实上，更多的研究报告指出，股指期货交易并未明显增加股票市场价格的波动性。美联储主席格林斯潘以及包括诺贝尔奖得主莫顿·米勒在内的专家认为，宏观经济基本面欠佳以及股票市场本身存在缺陷才是股灾发生的原因。

为防范股票市场价格的大幅下跌，包括各证券交易所和期货交易所均采取了多项限制措施。如纽约证券交易所规定道·琼斯 30 种工业指数涨跌 50 点以上时，即限制程式交易（Program Trading）的正式进行。期货交易所则制定出股指期货合约的涨跌停板限制，借以冷却市场发生异常时的恐慌或过热情绪。这些措施在 1989 年 10 月纽约证券交易所的价格"小幅崩盘"时发挥了异常重要的作用，股指期货自此再无不良记录，也奠定了 20 世纪 90 年代股指期货发展更为繁荣的基础。

第四阶段：蓬勃发展阶段（1991 年至今）

进入 20 世纪 90 年代之后，股指期货应用的争议性逐渐消失，投资者的投资行为更为明智，发达国家和部分发展中国家相继推出股指期货交易，配合全球金融市场的国际化程度的提高，股指期货的运用更为普遍。

2001 年"9·11"事件爆发后，面对这样一场突如其来的灾难，全世界都陷入巨大的恐慌之中，金融市场危机四伏。此时，股指期货的"风险管理"特性越来越显得重要。

股指期货的发展还引起了其他各种非股票的指数期货品种的创新，如以消费者物价指数为标的的商品价格指数期货合约、以空中二氧化硫排放量为标的的大气污染期货合约、以电力价格为标的的电力期货合约等。可以预见，随着金融期货的日益深入发展，这些非实物交收方式的指数类期货合约交易将有着更为广阔的发展前景。

二 美国主要股指期货合约介绍

（一） S&P500 股指期货

标准普尔公司是美国最大的一家证券研究机构，它于 1923 年开始编制股票价格指数。1957 年它选择 500 种股票，采用高速计算机，将这些股票的总市值作为分子，以 1941—1943 年股价市值的平均值作为分母相除，编织成一种股票价格综合指数，即 S&P 500 指数。S&P 500 指数是全球的基金经理用来判断他们在美国市场的收益状况的风向标，在指数基金中大约涉及 7000 亿美元的资产。S&P 500 股指期货是以 S&P 500 指数为标的物的期货合约，是美国最受欢迎的和最成功的一只股票指数期货。

表 4 - 1　　　　　　　　　标准普尔 500 种股票指数期货合约

交易所名称	芝加哥商品交易所
股票指数的计算	以纽约证券交易所上市的 500 家公司股票，采用股票市值加权平均法计算
合约规模	500 美元乘以该指数。例：指数为 200.00 点，则该合约价格为 100000 美元（500 × 200.00）
最小变动价位	0.05 指数点（每张合约 25 美元）
交易时间	8：30—15：15（芝加哥时间）
合约月份	3、6、9、12 月
最后交易日	每个合约月份的第三个星期四
保证金存款	每张合约 5000 美元

资料来源：季冬生、魏建华、应展宇等：《股指期货：中国金融市场新品种》，中国时代经济出版社 2000 年版。

（二）纽约证券交易所综合指数期货合约

NYSE（纽约证券交易所）综合指数是一种用市值加权法编制的指数，也是美国目前涵盖股票最广的指数，它涵盖了在纽约证券交易所（NYSE）进行交易的所有股票。到 1998 年 12 月底为止，在 NYSE 交易的普通股达到了 3114 只，总市值达到 10.9 万亿美元。其中包括：1639 家工业股、1136 家金融股、287 家公用事业股和 52 家交通运输股。尽管该指数是由如此之多的股票组成，真正对该指数起决定作用的还是那些指数中市值大的股票，它们的价格变动对该指数的变动有着举足轻重的影响。

表 4 - 2　　　　　　　　纽约证券交易所综合指数期货合约

交易所名称	纽约期货交易所
股票指数的计算	以纽约证券交易所上市的 1500 多种股票，采用以股票市值为权数的加权平均法计算
合约规模	500 美元乘以该指数。例：指数为 95.00 点，则该合约价格为 47500 美元（500 × 95.00）
最小变动价位	0.05 指数点（每张合约 25 美元）
交易时间	10：45—16：15（美国东部时间）
合约月份	近期 3、6、9、12 月
最后交易日	每个合约月份的第三个星期五
保证金存款	每份合约 5000 美元

资料来源：季冬生、魏建华、应展宇等：《股指期货：中国金融市场新品种》，中国时代经济出版社 2000 年版。

三 美国股指期货市场的监管

(一) 三级管理体制

美国的金融期货市场管理体制分为政府监管机构、行政协调组织、期货交易所自我监管的三级管理体制。该体制的目标是：实行统一的金融期货监管制度，建立监管、协调及操作完整有序的金融期货市场结构；统一市场法规，建立一套合理、公正、完善、可行的金融期货交易准则；统一金融期货交易程序，控制市场价格涨落幅度，提供准确的价格信息；统一管理金融期货市场的风险，防止期货交易中的市场垄断、假冒、欺诈及不公平竞争等妨碍市场效率的行为。

1. 政府监管

美国政府设立商品期货交易委员会作为全国统一期货市场的最高权力机构，受政府部门直接领导，拥有独立的决策权。它的任务有：通过对包括金融期货在内的所有商品期货进行审核和监督，以保证交易人员及其日常交易行为的合法性，并防止垄断和欺诈等行为的发生，从而维护竞争机制，使期货市场能够正常运行。它所拥有的权力包括：监管、管理和指导各期货交易所及行业组织；制定与期货交易有关的各项法规；管理期货市场上各交易主体的交易行为；各种交易机构的注册、审核和批准。

2. 美国期货行业的自我管理

美国期货行业的自我管理主要是由半官方、半民间组织对期货市场行为进行监管。

(1) 全美期货协会 (NFA)，是一个非营利性的会员制行业性协会组织，是美国唯一的期货行业自律组织。其主要工作有：①登记。负责商品期货交易委员会 (CFTC) 规定的期货经纪商资格登记。②执行法规。NFA 内部制定了一系列的规则，如经纪公司和自营经纪人对用户业务关系准则、会员财务活动规则、会计和交易报告制度等，在实施前需要 CFTC 的特别批准文件。③仲裁。④审计与监督。⑤宣传和教育。

(2) 期货产业协会 (FIA)，是美国的一个期货民间组织，其主要

业务包括每日期货合约成交量及未平仓合约的正式统计、双月刊的 FIA
业务报告以及一年一度的期货业大展，此外还提供相关的教育及推广
服务。

（3）全国期货顾问协会。它成立于 1980 年，其目的与一般民间组
织相同，提供统计数据、推广及代表工作。

3. 期货交易所的自我监管

期货交易所内部的自我监管，是美国期货市场监管中最重要的
一环。

美国各交易所实行的规则，主要包括保证金制度、会员之间发生纠
纷时的调节制度、对经纪商的最低资金限额要求、完备的交易记录和交
易程序、客户订单管理、内部惩罚制度等。以芝加哥期货交易所为例，
其内部管理活动主要体现在五个方面：审计、调查、财务监督、市场监
察、报告研究。通常还包括对违反期货交易法规和国家有关法律的机构
及个人进行行政处罚或追究其民事、刑事责任。

（二）法律法规

从美国整体的法律体系来看，股指期货并未作为单独的法律监管对
象，相反它是包含在金融期货乃至商品期货交易的监管之中的。因此，
我们要讨论股指期货交易法律法规，就要先从美国期货交易的立法
入手。

美国是世界上现代期货交易的发源地，也是当今世界上期货交易最
发达的国家，它在健全和完善期货交易立法方面走过了较长的历程。从
其发展来看，美国最早的期货交易规章制度源于期货交易所。1921 年 8
月，美国政府颁布了第一个全国性的管理期货交易的法规——《期货
交易法》，但颁布不久即被美国最高法院裁定违宪而被取消。1922 年，
国会应各州呼吁，重新起草了新的期货交易法——《谷物期货交易
法》，并获通过。这是美国第一部正式的全国统一的期货法律，它标志
着期货市场进入法制化轨道。1936 年，美国国会对《谷物期货交易法》
进行较大修改，并更名为《商品交易所法》。该法强化了政府的管理权
限，首次明确设立了专门监管期货交易的政府机构——商品交易所委员

会（CEC），并赋予它审批、管理期货市场的一系列具体权限。1974年，美国修订了1936年《商品交易所法》，并通过《商品期货交易委员会法》，从而为美国现代期货交易法规和监管模式的成熟奠定了基础。该法授权成立独立的商品期货交易委员会（CFTC），该委员会于1975年4月成立。《商品期货交易委员会法》赋予商品期货交易委员会监管期货交易的管辖权，同时明确，各州政府不得再颁布与期货交易有关的法律法规。已存在的州立法一律无效，从此形成了中央统一管理期货市场的权威。该法的颁布实施，标志着美国期货交易的"三级管理体制"的形成。此后，《商品期货交易委员会法》又经过了1978、1982、1986年等几次修改，形成了目前的《商品期货交易法》。以下我们将对美国期货交易中的一些涉及股指期货交易的法律法规作一些重点介绍。

1. 股指期货合约的认定

股指期货合约的认定，以期货合约为标的的买卖必须在获准的"合同市场"上进行交易，否则即为非法。但该法并未对期货合约进行明文定义。因此，判断何种合约是期货合约，便成为美国期货主管机关——商品期货交易委员会的重要职能。认定期货合约的因素应有：契约格式及标准化内容，客户不期待商品的实际交收，客户须有多头头寸或空头头寸并以保证金作为担保。

然而，股指期货合约的交易带有更大的投机性和交易风险，这一方面源于它所采用的现金交割制度，即在交割时不必进行实际的股票交付，而只需支付现金即可，这就使得投资者参与股票市场而不必拥有股票。另一方面源于股指期货合约交易的高杠杆作用。在美国，投资股票应缴纳不低于交易额50%的保证金，而进行股指期货投资所需的保证金数额仅是交易额的10%而已，从而使交易获取收益及遭受损失的可能性都大大增加了。

根据美国期货交易所法，申请证券指数期货合约获准，应满足下列条件：

（1）合约的结算或交割是用现金和除了证券转让和接受以外的其

他方式进行。但依 1982 年商品期货交易法生效日实施的 1933 年证券法的第 E 条或 1934 年证券交易法第三条（a）款第 12 项规定应受豁免权的除外；

（2）合约的交易不应轻易地受到这种合约价格操纵的影响，也不应能被轻易地用于操纵合约担保证券的价格、此种证券的期权价格及证券指数和某种证券的价格。

（3）这一组证券或这一证券指数应主要由互不关联的发行者发行的证券组成，并被大量发行，及能反映所有公开交易证券、债券或其市场的情况，并能与该计量单位相比较。

2. 对过度投机行为的规范

由于股指期货交易的投机性很强，因此这里有必要考察美国对过度投机的立法。美国规范过度投机行为主要是通过《商品期货交易法》，表现为：

（1）通过对期货合约交易量和持仓头寸的限制来抑制过度投机。

①过度投机的判断标准是：期货合约的买卖导致了突发的或是不合理的价格波动，并且这种价格波动对洲际商品贸易造成了非法和不必要的负担。

②抑制过度投机的途径：一是由商品期货交易委员会以细则、条例或裁定的形式对可能产生过度投机的期货品种的交易量作出限制，二是针对具体的期货合约交易限制持仓头寸。

③商品期货交易委员会有权根据交易的不同情况作出不同的交易量限制、持仓头寸限制以及不同的交易限制。

此外，该法还规定，在同一营业日内，如果交易者的交易量超过了商品期货交易委员会规定的交易量限制，也属非法行为。

（2）过度投机应承担的法律责任。

《商品期货交易法》第四条 a（5）规定，任何人违反了交易量限制或持仓头寸限制，均被认为是违反本法的行为，将承担相应的法律责任。由于过度投机所侵害的主要是期货市场运行的正常秩序，因此其法律责任主要是刑事责任和行政责任。但因过度投机给他人造成财产损失时，亦应承担损害赔偿的民事责任。该法通过对过度投机者处以刑罚、损害赔偿和建立市场禁入制度，对过度投机行为加以规范。①

四 美国股指期货市场成功经验

（一）制定和完善股指期货交易的立法和监督体制

美国的期货交易法律法规是比较完善的，它是从商品期货交易开始进行立法的，经过多年的摸索和不断的修改而逐步形成了现行的一套完备的法律体系。美国的一系列关于期货交易的法律对期货交易所的设立、期货结算的程序、交易规则、期货合约的设立方式、违法行为的构成及处罚等问题都作了详尽具体的规定。

另外，在监管体制上我们可以更多地借鉴美国的"三级监管体制"。美国股指期货的产生和发展历史告诉我们，必须明确对金融期货尤其是股指期货进行监管的监管者，这将有利于合约交易的有效管理。我国应加强政府监管能力和执法水平，还应该在政府的指导下尽快地建立起一个全国性的期货行业协会，进行行业自律，并在此基础上加强期货从业人员的自律意识，避免各种犯罪行为的发生。这种内外部的双重监管层次将为股指期货交易的进行创造出一个良好的环境。

（二）完善和规范交易市场

要推出股指期货就首先要发展和完善商品期货交易市场，以及规范股票现货市场。美国股指期货交易就是推出于金融期货品种不断顺应市场避险要求的一个比较成熟的时期。在当时，美国的股票市场相当发达且规范，是一个以投资者而不是投机者为主的市场。另外，以机构投资者为主体的市场要求创造有效的避险品种，直接促使了股指期货交易的推出。因此，我国现在如果考虑推出股指期货交易，当务之急就是大力发展期货交易市场，积极制定各项法律法规，以确保期货交易市场的秩序和控制期货交易中容易产生的风险。

---

① 季冬生、魏建华、应展宇等：《股指期货：中国金融市场新品种》，中国时代经济出版社 2000 年版。

（三）股票指数的选取和编制要恰当

美国主要的股指期货品种分别在不同的交易所中进行交易。每个品种的股票指数的编制都采用了不同的成分股采样和计算方法，因而各具特色。而且它们对同时期美国股票市场的反应也不尽相同，可以满足不同的投资者对所持有股票的避险要求。例如，价值线指数的成分股多达1685种，而且采用了几何平均法计算，因而更能反映小公司的变动，所以在多头市场中价值线指数往往比我们熟知的标准普尔500指数，甚至NYSE综合指数上升得还快；而在空头市场中它往往也比其他的股票指数下跌得快。就我国目前的情况而言，最少要推出两到三个品种的股指期货为宜，这样能够使各自独立的股指期货品种之间展开竞争，从而满足投资者多样化的避险选择。

第二节　日本股指期货市场的发展及启示

与欧美国家相比，日本股指期货交易出现得较晚，到20世纪80年代中后期才推出，比美国晚了约十年。但凭借其强大的经济实力，日本的股指期货交易一经诞生便获得了迅速发展。

一　日本股指期货的发展过程

在世界金融趋势发展下，日本国内经济体制相对成熟、金融市场不断发展，使得日本政府终于意识到发展股指期货的必要性和迫切性。迫于国内外的压力，大藏省于1985年6月修改了《证券交易法》，为股指期货交易的产生创造了条件。1988年3月大藏省又一次修改证券交易法，允许进一步扩展期货和期权交易。

日本股指期货市场的发展经历了三个阶段：

第一阶段：股指期货的诞生阶段（20世纪80年代初期—1987年）

日本于20世纪80年代初期即已开放了其证券市场，允许境外投资者投资其境内股市。但是，其股指期货合约却被新加坡国际金融交易所（SIMEX）抢先上市。1986年9月3日，日经225指数期货在新加坡国际金融交易所交易，吸引了美国和欧洲的机构投资者利用 SIMEX 的日经 225 股指期货合约对其投资于日本的股票进行套期保值。这些外国机构投资者完全摆脱了日本大藏省的管理，在外国交易所利用外国的合约买卖日本股票市场的资产。而日本管理部门不允许本国基金经理利用 SIMEX 的日经 225 指数期货从事股指期货交易，因而日本金融机构相对来讲处于不利地位。鉴于此，日本于 1987 年 6 月 9 日推出了第一只股指期货合约——50 种股票期货合约，受当时证券交易法禁止现金交割的限制，该合约采取现货交割方式，以股票指数所代表的一揽子股票作为交割标的。

第二阶段：逐步完善的过渡阶段（1988—1993 年）

在 1987 年的股市暴跌中，由于当时的 50 种股票期货合约实行现货交割，在股市达到跌停板之后，股指期货交易也失去了应有的套期保值作用，而在 SIMEX 交易的境外投资者却能够继续交易期货合约来对冲风险，国际金融市场提供了一种绕过日本证券市场管制的方式。经此事件后，1988 年日本金融市场管理当局批准了大阪证券交易所关于进行日经指数期货交易的申请。批准大阪证券交易所进行股指期货交易的主要动机无疑是保证股指期货交易在日本管理者的管理下进行。1988 年 5 月，日本修改《证券交易法》，允许股票指数和期权进行现金交割，当年 9 月大阪证券交易所开始了日经 225 指数期货交易。

日本股指期货交易的产生是日本相关法律的制定、修改等政府行为的结果。早在 1986 年 12 月，大藏省证券局就向证券交易审议会提出"关于证券期货市场的完善"的研究报告，并在 1987 年 5 月 20 日证券交易审议会大会上获得通过。这个报告不仅呼吁开展股指期货交易，而且强调开展股指期货交易的必要性。1988 年，日本对《证券交易法》进行修改，允许以现金来结算股指期货，并制定了《金融期货交易法》。1988 年 9 月 3 日，大阪证券交易所（OSE）开始日经 225 指数期货交易，同日东京证券交易所（TSE）也开始了东证股价指数（TOPIX）期货交易。为了防止突发事件，股指期货的首次交易选择在星期六，这样只有半天交易，风险相当小。在上市的 3 日中，成交量和成交额均有突出的表现：日经 225

指数期货的成交额为 33000 亿日元，东证股价指数期货达到 16700 亿日元，两家合计的成交额约为 50000 亿日元，是东京证券交易所现货股票市场成交额的 8.2 倍。

在开始进行日经 225 指数期货交易和东证股价指数期货交易之前，大阪证券交易所和东京证券交易所就分别开始对这两种交易品种的上市做准备。大阪证券交易所为了提升日经 225 股价指数的知名度，1988 年 6 月由大阪证券交易所和野村证券交易所等派出 12 人到纽约、苏黎世、伦敦等地，邀请欧美金融期货有关交易商参加交易。大阪证券交易所的理事长山内先也亲自率领部下到东京向人寿保险公司、信托投资公司等机构投资者宣传日经 225 指数期货，力促他们参与交易。东京证券交易所为了推广东证股价指数期货而展开了有力的宣传，不仅在各证券公司的店面张贴广告，而且在各地铁站设置了“股价指数期货准备室”，于 1988 年 3 月开始作交易系统检查，以期证券公司的职员能尽快熟悉交易，并反复模拟交易以避免发生错误。东证股价指数期货交易是一个电脑系统买卖交易，而非手势的传统交易。[①]

第三阶段：股指期货走向成熟（1994 年至今）

1994 年，日经 300 指数期货的出现标志着日本股指期货市场的进一步发展。由于日经 225 指数期货在计算时采用东京证券交易所第一板块上市的 225 种股票，对其股价以近乎单纯平均的形式进行指数化，在这些股票中，包含了一些小股盘，对这些小股盘，以一点点买卖就可大大地推进平均股价，这样可以很容易地操纵指数，易于扰乱市场。为了解决这一问题，大阪证券交易所根据大藏省指示，经过反复研讨，开发出了新的对现货市场影响较小的日经 300 指数期货以取代日经 225 指数期货，并于 1994 年 2 月 14 日起开始交易。此后，日本股指期货市场正式走向成熟。1997 年 12 月 5 日，大阪证券交易所废除传统的交易厅，全面采用计算机交易。东京证券交易所于 1999 年 11 月 4 日开始采用计算机交易。

---

① 以上两段引自赵曙东《股指期货投资》，江苏人民出版社 2002 年版。

二 日本主要股指期货合约介绍

日本开展股指期货交易的证券交易所目前只有大阪、东京两家证券交易所，其主要品种分别为日经平均股价指数（日经225）和东证股价指数（TOPIX）。目前，东京证券交易所的股指期货的交易品种还有：东证电力机械指数、东证运输机械股价指数和东证银行业股价指数等。大阪期货交易所在 1984 年 2 月开始了日经 300 股指期货交易。这两家证券交易所的股指期货交易量在 1991 年达到顶峰，共计 2332 万个合约。

表 4 - 3   TOPIX 股价指数期货合约规格与日经 225 股价指数期货合约规格比较

合约种类	TOPIX 股价指数期货合约	日经 225 股价指数期货合约
交易所名称	东京证券交易所	大阪证券交易所
合约规模	10000 日元乘以 TOPIX 指数	1000 日元乘以日经 225 指数期货价格
交易时间	平时：上午 9：00 至 11：15	平时：上午 9：00 至 11：15
	下午 13：00 至 15：15	下午 13：00 至 15：15
	公休日：上午 9：00 至 11：15	公休日：上午 9：00 至 11：15
	下午 13：00 至 15：00	下午 13：00 至 15：00
	最后交易日比平时早 15 分钟收盘	最后交易日比平时早 15 分钟收盘
标价	1 个百分点（10000 日元）	10（10000 日元）
合约月份	3 月、6 月、9 月、12 月。最长交易期限为一年三个月	3 月、6 月、9 月、12 月。最长交易期限为一年三个月
结算日	合约月份的 10 日	合约月份的 10 日
最后交易日	该交易限月中结算日的前 3 个营业日	该交易限月中结算日的前 4 个营业日
结算方法	对冲，未对冲合约通过最终结算指数进行差额结算	对冲，未对冲合约通过最终结算指数进行差额结算
每日价格波动限制	上一交易日结算价的正负 3%	上一交易日结算价的正负 3%
保证金	约定金额的 9%（现金为 3% 以上）	约定金额的 9%（现金为 3% 以上）
	交易维持保证金为 6%	交易维持保证金为 7%
	最低保证金金额为 600 万日元	最低保证金金额为 600 万日元

资料来源：杨星主编：《股指期货》，广东经济出版社 2002 年版。

三 日本股指期货市场的监管

在日本，股指期货交易受《证券交易法》的制约。1987 年 11 月 26 日，金融制度调查会、金融期货专门委员会、外汇审议会以及金融期货专门部发表了《整顿金融期货交易》的共同报告。1988 年 5 月 31 日，《金融期货交易法》颁布，同时公布了经部分修订后的《证券交易法》，这标志着日本股指期货市场监管法规的完善。日本的股指期货市场的监管也采取政府、行业、交易所的三级监管体系，只是在每一级的作用大小、形式上和美国等国家有所不同。

（一）政府管理

日本有完善、健全的法律体系作为政府监管股指期货市场的手段，保证了政府监管的有效性和权威性。这个法律体系包括国家级法律、部门法规以及地方性法规。过去，股指期货市场的直接主管部门是大藏省。大藏省负责审定在交易所交易的股指期货衍生产品，在审定衍生产品时，大藏省主要考察衍生产品设计对现货市场的影响程度，以及衍生产品交易是否引发市场操纵行为。并通过颁发种类繁多的业务许可证或许可证来进行有效管理。1998 年日本"金融大爆炸"以来，政府监管方面出现了很大的变化。首先，机构改革后，股指期货市场从 2001 年 1 月开始由金融厅（Financial Services Agency，FSA）直接主管。金融厅属于内阁办公室的外设部门，是从原来的财政厅（即大藏省）独立出来的，专门管理金融证券市场。它下设的证券交易监管委员会（Securities & Exchange Surveillance Commission，SESC）就是政府对股票及其衍生产品交易，包括股指期货交易，进行专职监管的直接权力机构。实际上，这个部门早在 1992 年就已经存在了，当时归财政厅管辖。它负责对证券及其衍生产品交易行为是否公平、公正、公开进行监管。但是，证券交易监管委员会不能直接对违规行为进行处分，因为其权限是有限的。其次，监管方式的改革。日本金融厅的监管方式以职能监管为主，即各职能部门按照监管业务的性质进行设置，如总务企划局负责法律事务、总体协调、外部联系等综合性工作，检察局主要负责现场检察工作，监督局负责非现场检察工作等。在职能分工的基础上，再依照行业细分设置课室，对不同性质和类型的金融机构进行分业监管。同时，各局均设有总务课，专门负责检察与监督的协调工作和信息沟通，如对银行、证券、保险的综合监督与检察，先由有关课与课、局与局之间进行沟通，自上而下，最后由金融厅长官进行裁定。由此可见，改革之后的日本金融监管体制比较注意监管的协调性和统一性。目前日本政府对股票指数期货市场的监管内容有以下几方面：

1. 营业监管。由于日本的股指期货交易是在证券交易所里进行的，所以政府对该市场的营业监管就是对交易所的监管。金融厅依法拥有对交易所的开办、会员的资信、业务、财务状况的检察权和交易员资格的审批权，对上市合约品种的决定权和否决权，对清偿机构的指定权，以及在必要时采取紧急行动的权力等。

2. 交易行为管制。这主要包括对价格操纵行为的管制和内幕交易行为的管制两方面。认为操纵价格有损公平原则，因此日本的《证券交易法》规定，有价格操纵行为者将被处以3年以下徒刑或300万日元以下的罚金，另外还要承担赔偿损失的责任。内幕交易是内部人员利用其职务和地位获得尚未公开的会对投资者的投资行为产生重要影响的公司重要信息，去谋求个人利益的行为。日本对内幕交易行为的管制体现在三个方面：第一，对市场信息获得的管制。日本《证券交易法》规定，处于有可能获得上市公司等的业务方面未公开的重要信息的特殊人员，在其获得信息未公开之前，不得进行相关交易，并规定违反禁令者将被处于6个月以下徒刑或50万日元以下罚款。第二，买卖交易的市场管理。市场管理的职责就是监督买卖交易按照法令和交易所的规定正常进行，在价格形成和下单中有不自然情况发生时通知管理领导人，必要时以公文形式表明监管方的态度，防止不公正交易的发生。第三，买卖交易的审查。买卖交易审查是针对已成立的买卖交易，调查其交易的执行情况和价格形成情况，审查是否有不公正的价格形成、违反法令和交易所规则的行为。当审查过程中发生疑问时，可要求该会员提供买卖内容的报告，必要时还可进行当面调查。审查结果发现有违规行为时，可对该会员进行处分。

　　3. 信息披露管理。信息披露的管理包括对发行市场、流通市场、外国企业在日发行证券、持有大量股票等方面的信息披露情况的处理。从1999年9月起，实施新的《上市有价证券发行公司适时披露规则》，按照该规则，对发行公司披露有关信息提出了更具体、更严格的要求。由于跨国公司的发展，企业活动越来越呈现出集团化、全球化的趋势，为了使投资者更好地了解企业的实际情况，包括子公司等在内的企业集团的有关信息（合并信息）显得更加重要。因此，1998年修改后的《证券交易法》规定，将过去以个别公司为主的信息披露改为以合并基准为主的披露，从2000年3月起引入合并主体的财务报表制度，同时，将与子公司有关的信息也追加规定为需要披露的重要事实，并扩大了合并对象子公司以及关联公司的范围。①

　　（二）行业管理

　　对日本股指期货市场进行行业管理的是一些民间组织，如日本证券业协会等。这些民间组织对会员提供非法律约束和非正式的业务咨询服务，在政府监管和交易所自我管理之间架起了"上令下达，下情上传"的桥梁。近些年来，随着日本股指期货管理体制的完善，政府统治性监管的放松，行业管理不断得到加强。日本股指期货市场的行业管理虽然不具备美国行业协会组织"行业自治、协调和自我管理"的职权，但是它在一定程度上解决了"归口管理"下各交易所之间协调的困难。

　　（三）交易所的自我管理

　　由于日本政府对交易所的管理实现特许制，交易所的设立必须报经大藏省批准，连上市公司取消资格、交易所因紧急情况停市也要报经大藏大臣许可，因而交易所的规章制度往往被政府法令所替代，故交易所的自我管理相对于其他欧美国家来说较为被动。

---

　　①　引自赵曙东《股指期货投资》，江苏人民出版社2002年版。

四　日本股指期货市场发展的启示

（一）加强法规制度环境建设，确保股指期货市场发展的法律保障

日本股指期货市场的发展经验表明，法规制度环境建设是股指期货市场持续稳定发展的根基所在。缺乏明确的法律制度的保障，过多以行政指令指导和监管市场，将造成期货市场的盲目发展和市场运行的非规范化。不适合市场要求的法律法规，往往成为期货市场发展的主要障碍。因此，加强法规制度建设和规范管理，构建我国股指期货市场发展的支撑体系，是保证我国股指期货市场发展的关键。

（二）采取有效措施，防范股指期货市场的市场操纵行为

市场操纵行为是对期货市场秩序的极大伤害，也是对市场投资者普遍利益的严重侵犯。因此，采取有效措施，防范股指期货市场市场操纵行为是保持股指期货市场稳定的重要举措。监管部门应加强市场监察，及早发现可能扭曲市场价格的各种交易行为和交易状况，并针对这些交易行为或交易状况采取各种措施，确保市场各种功能的实现。另外，要加强股票市场和股指期货市场跨市场的信息共享和协调管理。

（三）继续推进金融创新，充分发挥股指期货的作用和功能

我国即将推出的沪深300股指期货的合约成本偏大，也没有完整的产品系列。我国可以推出股指期权、指数基金等一系列指数产品来吸引不同类型的投资者，借此增强市场的流动性和活跃程度。

第三节　韩国股指期货市场的发展及启示

在亚洲"四小龙"里，韩国开设股指期货交易的时间相对较晚，仅略早于中国台湾。其最早的股指期货合约为1996年5月推出的KOS-PI 200股指期货合约，此后才相继推出股指期权及外汇、利率、国债期货等其他金融衍生交易。尽管韩国起步较晚，但因为政府的高度重视、有力推动及精心策划，其股指期货市场得到极其迅速的发展，目前已超过新加坡和中国香港，成为亚洲规模最大的股指期货市场。

一　韩国股指期货的发展过程

韩国发展股指期货市场大体上有四个阶段。

第一阶段：发展股指期货的准备阶段

在 20 世纪 80 年代中期，韩国证券交易所（KSE）就已经开始探讨建立衍生金融产品市场的可能性。1989 年，韩国综合股票价格指数（KCSPI, Korea Composite Stock Price Index）第一次达到了 1000 点，但不久以后股指开始下跌。由于市场具有波动性，需要一个有效地控制风险的工具。于是，KSE 成立了一个委员会，专门研究金融市场是否已经具备条件推出交易所上市的金融衍生品。委员会通过对市场规模、价格波动性、避险需求、标准化要求以及市场自由化程度对长期和短期利率、汇率和股指的影响进行的研究，认为股指期货最接近于所必须满足的条件。同时，委员会对推出股指期货和股指期权的可能性进行了研究，认为期货的价格对于标的资产价格的变化更为敏感，且交易成本较低，同时期货的初始保证金、维持保证金以及逐日盯市的制度安排更有利于风险控制，委员会决定在推出股票衍生品方面按照先推出股指期货，然后再推出股指期权以及个股期权的顺序进行。

第二阶段：制定股指期货市场的政策

在确定了首先推出股指期货以后，委员会开始着手确立制定股指期货市场的基本指导政策。委员会认为，股票、股指期货和股指期权共同组成了一个市场，他们通过价格发现机制、市场参与者和交易战略紧密联系在一起。也就是说，基础现货市场和衍生品市场并不是两个分离的、不同的市场，而是一个市场。因此，KSE 在确立指导原则时，优先考虑的是最大限度降低期货市场可能对基础现货市场的负面作用。同时也强调期货期权市场的运作与基础现货市场的运作保持连续性和协调性，使制度框架符合国际惯例。所以，交易交割规则也参照了基础现货市场规则的制定。

第三阶段：确立股指期货市场的投资原则

在市场的参与方面，确立了股指期货市场的主要参与者以机构投资者为主的原则，并且对外国投资者全面放开股指期货的交易，逐步取消外资参与 KCSPI 200 指数期货交易的限制。韩国于 1992 年 1 月开始允许外国投资者直接购买股票，但外资持有韩国上市公司股权总额不得超过 10%，1995 年 7 月扩大至 15%，到 1996 年底，外资已经持有占市值13% 的股份。逐步放开对国外投资者参与股指期货交易的限制，对于稳定外资信心、稳定股市以及增强 KSE 在国际上的竞争能力都起到了推动作用。

第四阶段：实施稳定市场措施

KSE 建立了一些及时的稳定措施以保证基础现货市场和衍生品市场的稳定运作。将期货合约的日价格波动幅度限制在了前一交易日收盘价的 5%。同时引入了所谓的"断路器"机制，即引用了新的计算机交易系统，可以对于在前一交易日收盘价基础上波动 5% 或者更多且波动持续时间超过 1 分钟以上的期货交易，自动停止交易 5 分钟，这样可以对期货市场予以实时监控，从而减少市场剧烈的波动。

根据期货交易量的特点以及韩国股指期货的发展路径，韩国期货市场初期为 1996 年 5 月 3 日到 2000 年 3 月 2 日，发展期为 2000 年 3 月 3 日到 2003 年 4 月 8 日，成熟期为 2003 年 4 月 9 日到 2005 年 12 月 1 日。

表 4-4 **韩国推出股指期货的时间表**

时间	推出股指期货的步骤
1987 年 11 月	修改《证券交易法》，为交易所建立股指期货市场铺平了道路
1993 年 6 月	政府授权交易所在 1996 年建立股指期货市场；交易所公布了引入 KCSPI 200 指数期货的时间表
1993 年 10 月	交易所成立股指期货与期权市场组织委员会，并继续开发指数期货和期权市场
1994 年 6 月	交易所开始发布 KCSPI 200 指数
1995 年 3 月	KCSPI 200 指数期货交易的电脑系统开发完毕
1995 年 4 月	分成三阶段的 KCSPI 200 指数期货模拟交易开始，到 1995 年 12 月结束
1995 年 12 月	韩国通过《期货交易法》
1996 年 3 月	KCSPI 200 指数期货的交易章程和交易规则得到了监管部门的批准，监管部门批准 48 家证券公司从事与指数期货相关的活动

续表

时间	推出股指期货的步骤
1996 年 4 月	KCSPI 200 指数期货模拟交易最后阶段开始
1996 年 5 月	正式开始 KCSPI 200 指数期货交易
1997 年 7 月	开始 KCSPI 200 指数期权交易

二 韩国主要股指期货合约介绍

KCSPI200 指数是韩国综合股票价格指数（Korean Composite Stock Price Index）的缩写，它所包含的 200 只成分股，是在充分考虑了有代表性、稳定性以及流动性好等因素后，按照韩国行业分类标准，从矿业、制造、电力天然气、建筑、流通服务、通信、金融、娱乐以及文化服务 9 大行业中挑选出来的。它以市值为权重，其市值占全部韩国证交所上市股的 93%，包括了三星、大宇、LG、现代等知名韩国品牌的系列制造企业，因此市值相对大的股票对 KCSPI 200 指数的影响也较大。KCSPI 200 指数的行业权重与所有股票的行业权重非常相近，具有较好的行业代表性和流动性。KCSPI 200 指数的推出，是作为股指期货和期权的交易对象而开发的股价指数，基期为 1990 年 1 月 3 日，基点是 100.00 点，1994 年 6 月 15 日开始运行。

表 4 – 5 　　　　　　　韩国 KCSPI 200 指数期货合约

合约标的	韩国 KCSPI 200 指数
合约价值	KCSPI 200 指数 ×50 万韩元
合约月份	3 月、6 月、9 月、12 月，最长交易期限为 1 年
交易时间	9：15—15：15（最后交易日 9：00—14：50）
最小变动价位	0.05 点
最后交易日	合约到期月份的第二个星期四，遇法定节日顺延
最后结算日	最后交易日的第二天
交割方式	现金交割
价格限制	前一日收盘价的 10%
持仓限制	7500 份合约
上市日期	1996 年 5 月 3 日

资料来源：KRX 网站。

韩国在1996年5月3日推出 KCSPI 200 指数期货合约，其后短短的几年时间里，在这个人口只有5000万左右的国家，其期货交易量迅速增加，交易品种除了黄金期货之外，都是金融类衍生品。KCSPI 200 指数期货合约的交易量年年以超常规的速度发展壮大。2000年，凭借着 KCSPI 200 指数期货合约142%的交易量增长，韩国期货交易所首次挤入世界前五强。2001年，KCSPI 200 股指期货一跃成为当年全球期货交易量第一的品种，也就是因为这个合约一直蝉联交易量第一名，使得韩国期货交易所在全球交易所排名中连续四年位居首位。2003年 KCS-PI200 指数期货的成交量达到1.24亿手，是2000年成交量（不足0.4亿手）的4倍多，在2005年交易额达到91亿韩元之后，KCSPI 200 指数期货的合约交易量一直保持每天十万张以上。从整体来看，韩国的期货品种发展仍然非常迅速，其发展模式备受瞩目。

下图显示了自2004年来的 KCSPI 200 指数期货合约月交易量。

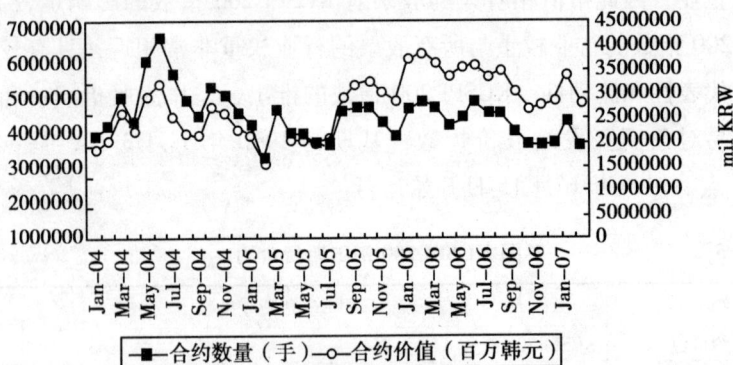

（根据 KRX 数据整理）

图4-1 KCSPI 200 指数期货月交易量

三 韩国股指期货市场发展的经验

韩国在发展股指期货市场的过程中，充分采用政府导向战略，计划与市场相结合，逐步开展股指期货交易，其发展战略的特点具体表现在：

（一）立法先行，政府积极扶持

韩国政府在建立股指期货市场过程中起到明显的政策导向作用，积极扶持和推动股指期货的发展。1987 年修改了证券法，为股指期货的推出提供法律依据。1993 年成立期货期权委员会，为股指期货的推出做准备。1995 年 12 月制定《期货交易法》，并于 1996 年 7 月 1 日正式生效，为其后期货期权市场发展铺平了道路。这为金融创新提供了非常宽松的外部环境，期货交易所上市一个新品种，只需通过金融监察局和财政部两个环节的政府审批。在 1997 年爆发金融危机后，韩国政府认识到金融衍生品作为风险管理工具的重要作用。为加强对股指期货交易的风险监管，又修改期货执行法规，规定股指期货等金融衍生交易只能在韩国期货交易所进行，使股指期货市场更为稳定，布局更为合理。直到 1998 年 7 月，韩国政府为增强本国市场的竞争力，才宣布股指期货交易重新对外国投资者开放。

（二）严密论证，有序推出股指期货交易

韩国在开展金融衍生品的过程中，进行了严密的论证，通过论证，认为韩国最有优势、具备条件的是股指期货品种，而不适合开展农产品等商品期货交易。在股指期货与期权论证中，认为两者各有长处，应同时进行准备。在股指期货标的指数的编制、合约条款设计、投资主体选择等方面均进行了严格的论证，在正式交易前，48 家证券公司进行了近一年的模拟交易，保证了股指期货等金融衍生品交易的顺利开展。在股指期货交易成功后，又逐步推出其他衍生品品种，并对中小投资者与国外投资者逐步开放，保证了金融衍生品交易的持续发展。

（三）股指期货推出的起点较高，充分利用了后发性优势

韩国在 1996 年才开展股指期货交易，落后美国 14 年。但韩国充分把握股指期货发展的时代潮流，很好地吸收了国际市场股指期货交易的经验教训，直接从股指期货的电子交易起步，引进断路系统等风险管理制度，并逐步向外国投资者开放。

（四）政府对投资者进行教育宣传

韩国政府除在政策上扶持之外，还运用媒体大力宣传，并于 1996 年举办培训班对推出的 KCSPI 200 股指期货和期权交易进行宣传和推广。只有投资者真正熟悉并了解新交易品种的交易规则，才可能放心地

进入这个市场。尽管发达国家机构投资者是衍生品市场的投资主体，但韩国的市场情况给中国指出了另一条道路。所以，充分调动个人投资者，不断吸引机构投资者是未来发展中国衍生品市场的必然选择。

第四节　中国香港地区股指期货市场的发展及启示

中国香港拥有世界上最完备与发达的金融市场，是具有世界地位的金融中心，是亚太地区最主要的金融枢纽。早在 1891 年，香港的证券市场就已经存在，经过了百余年的曲折发展，香港的证券市场已经成为世界主要证券市场之一，仅次于美国、日本和英国等经济强国和地区。香港的股票市场一直吸引着全球的投资者，恒生指数期货作为香港最主要的衍生产品，在香港金融市场上占有极其重要的地位。

一　中国香港地区股指期货的发展过程

中国香港地区和世界主要发达的西方国家和地区一样，是先有商品期货然后再有金融期货的。香港在 20 世纪 70 年代开始筹建期货市场，1975 年 8 月通过《商品交易条例》并筹建期货交易所，于次年 12 月成立了香港商品交易所，标志着香港期货市场的产生。80 年代中期，香港的期货市场在经历了 10 年的商品期货交易后，才选择了金融期货这一发展目标。1983 年，香港的学者们对其已经发展了几年的商品期货交易进行总结之后，主张香港应该走"金融化"道路，因为香港既不是农产品的生产地，也不是大的农产品销售基地，发展农产品期货交易受到限制。学者们的建议很快被政府采纳，1984 年 8 月，香港立法局通过了修改期货交易的条例，次年 4 月又对商品交易所进行了改组，正式将商品期货交易所改名为香港期货交易所，并于 1986 年 5 月 6 日推出了恒生指数期货。恒生指数期货的推出，标志着香港的期货市场又进入了一个全新的发展时期。

作为目前香港市场上最大也最重要的恒生指数期货合约，它是根据恒生指数及其四项分类指数（地产、公用事业、金融及工商）而设计的。恒生指数期货合约的产生和发展大致可以分为三个阶段，即香港股指期货的产生及其迅猛发展阶段、体制改革阶段、稳步发展阶段。

第一阶段：产生及迅猛发展阶段

在世界股指期货大发展的良好背景下，1986 年 5 月，香港期货交易所成功推出恒生指数期货交易。在短短一年多时间里，交易火暴，发展势头迅猛，当年 5 月日均成交量为 1800 份，到了 1987 年 10 月，成交量突破 25000 份，1987 年 10 月 16 日成交量破纪录放大到 40000 份。1987 年 10 月 19 日，美国华尔街股市单日暴跌近 23%，并由此引发全球股市重挫的金融风暴，即著名的"黑色星期一"。10 月 20 日，纽约道·琼斯指数暴跌，鉴于不少恒生指数期货合约拖欠债务，香港股票交易所及期货交易所宣布休市四天。

第二阶段：体制改革阶段

在上述情况下，香港期货交易所被迫改革。为了应对当时庞大的保证金不足而引发的严重债务风险，特别是为防止日后期货交易可能出现的潜在交割危机，香港期货交易所着手对结算和保证制度进行大刀阔斧的改革。1987 年 10 月 26 日，香港期货交易所作出了一个拯救期货市场的决定，由香港政府出资 50%，主要银行和经纪商出资 50%，筹措一笔二十亿元港币的备用贷款给予香港期货保证公司（之后增至港币四十亿元），增强其抗风险能力，保证香港期货交易所所有期货合约的履行。随后期货交易所继续进行了一系列改革，加强其抗风险能力，并且使其监控市场风险的功能得到加强。

第三阶段：稳步发展阶段

经过一系列改革之后，香港期货交易所的交易活动逐渐稳定，投资者重新恢复了对股指期货交易的信心，市场体制和各项制度在这个过程中得到完善，市场秩序更加规范，交易量不断上升，从而成为国际上重要的股指期货市场之一。

作为一种金融衍生产品，恒生指数期货一经推出就得到了香港股票投资者的认可，并几乎立即就成为香港金融市场中最受欢迎的交易品种之一。香港期货交易所还陆续推出了黄金、利率期货等其他品种，逐步完全取代了农副产品期货，使香港期货交易所成为纯粹的金融衍生品交易所。

二　中国香港地区主要股指期货合约介绍

恒生指数是以加权资本市值法计算的指数，共有 33 只成分股。而每一只成分股价格的变动对恒生指数的影响，按该时点公司的市值而定。市值较高的股份比市值较低的股份对恒生指数波动幅度的影响要大。33 只成分股分别属于工商、金融、地产以及公共事业等四个类别，总值约占中国香港所有上市股份的 70%。

恒生指数是恒生银行的附属公司恒指服务有限公司编制、维护并发行的。恒指期货是一种把恒生指数作为买卖基础的期货价格，参与者同意承担中国香港股票市场的价格涨跌，涨跌幅度以恒生指数为标准。恒指期货是在中国香港交易所衍生产品市场内进行买卖的合约标准，特定的标准项目会有合约月份及结算方法。例如，恒指期货合约的交割月份包括现货月、下一个月以及最近的两个季月。另外，恒指期货合约是以现金结算的。这种方法可以避免从股市收集股票来进行交割的复杂步骤，也节省不少交易费用。

买卖恒生期货合约，买卖双方必须先缴按金。在每个交易日收市时，所有未平仓合约均会以每日结算价先平仓，然后再以相同价格开仓。这种以"按市价折算"机制计算出来的盈亏，会相应存入或从投资者账户中扣除。若按金受市场波动影响而跌至某特定水平的话，投资者便需要额外存款，使按金回复到原来的水平。

如前面所说，1987 年发生全球性股市风潮，香港股指期货市场一度遭受严重打击，1997—1998 年又经受东南亚金融危机的冲击，市场规模及在全球金融衍生市场中的地位有所下降。尽管如此，香港期货交易所仍是世界重要的金融衍生交易所之一，恒指期货仍是世界上最主要、交易最活跃的股指期货合约之一，与日经指数期货并称亚太两大指数期货。目前恒生指数期货合约的交易已经成为香港期货交易所的"旗舰"性产品，其日交易量约占整个期货市场交易规模的 80% 到90%，从而在实际上成为了香港期货交易所交易活动的支柱。如果我们从恒生指数期货发展的历史趋势来看，可以发现其交易价格、交易量的升降大致与香港股市走势同步，从而恒生指数期货的价格有时亦能成为预测股市走势的参考指标，因而恒生指数期货交易在现在和将来都对香港证券市场发挥着相当积极的作用。

表4-6　　　　　　恒生指数及分类指数合约细节

	恒生指数期货	恒生分类指数期货			
		工商	地产	金融	公用事业
合约单位	恒生指数期货乘以港币50元	恒生工商分类指数期货乘以港币50元	恒生地产分类指数期货乘以港币50元	恒生金融分类指数期货乘以港币50元	恒生公用事业分类指数期货乘以港币50元
报价单位	指数点				
最低波幅	一个指数点（港币50元）				
最高波幅	以差额不高于上日收市价300点为限，即月份没有限制	以差额不高于上日收市价300点为限，即月份没有限制	以差额不高于上日收市价450点为限，即月份没有限制	以差额不高于上日收市价300点为限，即月份没有限制	以差额不高于上日收市价300点为限，即月份没有限制
交易时间	两个交易段：10：00—12：30，14：30—15：45（香港时间）				
合约月份	现月、下月及随后之两个季月				
最后交易日	每个交易月份的最后第二个营业日				
结算日	最后交易日之后的第一个营业日				
最后结算价	最后交易日每5分钟恒生指数报价的平均值（取整数）	最后交易日每5分钟恒生工商分类指数报价的平均值（取整数）	最后交易日每5分钟恒生地产分类指数报价的平均值（取整数）	最后交易日每5分钟恒生金融分类指数报价的平均值（取整数）	最后交易日每5分钟恒生公用事业分类指数报价的平均值（取整数）
结算方法	现金				
首笔履约保证金（港币）	22500（可改动）	12750（可改动）	22500（可改动）	7500（可改动）	12000（可改动）
最低履约保证金（港币）	18000（可改动）	10500（可改动）	18000（可改动）	6250（可改动）	10000（可改动）
持仓限制	不适用	在第一个交易月份内300张合约	在第一个交易月份内250张合约	在第一个交易月份内300张合约	在第一个交易月份内300张合约

资料来源：叶永刚、黄河、王学群等编著：《股票价格指数期货》，武汉大学出版社2004年版。

三　中国香港地区股指期货市场的监管

与美国期货市场管理上的做法类似，中国香港股指期货市场管理系统也是三级管理，但主要是政府监管和交易所自我管理相统一。前者颁布法规、条例来监督、管理香港股指期货市场的总方向，并使之和香港地区的经济发展目标相协调；后者是交易所通过内部制定一些规章条例，在政府监管下保证交易公平、合法。这两方面相辅相成、互相配合，构成了一个统一的管理系统，从而保证了香港期货期权市场的健康发展。

（一）股指期货市场的政府监管

香港股指期货市场的形成过程是典型的政府推动型。为了加强对期货市场的监督和管理，香港立法局设立了香港商品交易事务监察委员会，来负责管理期货市场。其任务是保证香港各期货交易所交易人员的合法性和交易程序的合法性，并打击香港市场上出现的垄断、欺诈行为，保证商品期货交易、股指期货交易等置于香港政府的全面监控之内，以维持香港这个国际金融中心、国际贸易中心的经济稳定和繁荣。

（二）交易所的自律管理

香港联合交易所及香港期货交易所在证监会的领导下，具有行业自律性的职能，有责任维持一个健全、有效及公平的市场，并且确保其会员财政健全、商业行为良好。两交易所的组织大纲及章程，均载列对市场、会员及内部事宜推行监管的条款。

1991 年 11 月 25 日，香港联合交易所与证监会签订监管上市事宜的协议备忘录，把证监会的上市权力移交联交所。自 1991 年 12 月 31 日起，香港联合交易所专责处理所有有关上市公司的事宜。证监会不再负责上市事务的日常行政工作，只保留对所有诉讼的监察及监管的职责。

香港中央结算有限公司亦具有一定的监管职能，于 1992 年 5 月 28 日由证监会根据证券交易所合并条例认可为证券交易结算所。结算公司负责为香港上市证券的发展及运作提供一个中央结算及交收系统，并对结算系统参与者进行监督。①

四 中国香港地区股指期货市场发展的经验

香港恒生指数期货十几年的发展历程，既获得过成功，也遭受过打击，起起落落中发展到今天的局面，可以说是一种典型的"后发型"模式，其成功的经验以及失败的教训，于我国内地建设和发展自己的股指期货市场有着非常突出的借鉴意义。主要体现在以下七个方面：

（一）完善的法规与监管是股指期货市场健康发展的基本保证

香港由于长期处于英国统治之下，其法规的制定很大程度上遵循英国的法律，而作为老牌的经济强国，英国的法律是较为完善的。香港当局为了促进本地金融市场的健康发展，根据自身的情况，也制定了不少法规。香港不仅法规较为完善，而且金融监管架构合理，监管当局执法严厉，这一切都为香港金融市场的健康发展提供了保证。

中国证券市场的监管与法规亦已日趋完善，1999 年 7 月《证券法》实施，更为证券市场稳健发展打下了基础。然而，在期货法规方面，仍停留在临时法规及指引的阶段，如果有关期货的法规能够通过，将对期货市场的发展有很大帮助。

（二）发达或较为完善的现货市场是发展股指期货市场的前提

成熟和高流通量的现货市场是发展股指期货的先决条件。恒生指数在 1986 年推出时，香港市场已经有了一定的发展，粗具规模。目前就国内而言，在上海证券交易所和深圳证券交易所上市的企业各有数百家，总数逾千家，并且遍及各行各业，成交量达到一定水平——这一切都说明股指期货在我国推出的前提条件已经基本成熟。

（三）股指期货合约的设计是股指期货市场成功的关键所在

任何国家的股指期货合约的内容，不存在着什么"放之四海而皆准"的教条，必须根据本国的基本情况加以确定。比如，恒生指数期货是世界各种股指期货合约中唯一没有设立最高价格波幅限制的产品。

---

① 引自叶永刚、黄河、王学群等《股票价格指数期货》，武汉大学出版社 2004 年版。

就是说，在指定的交易时间内，不管现在的期货价格跟市价的差别有多大，所有的合约都可以买卖，没有涨跌停板的限制。只要现货市场可以不停地交易，那么期货市场就不应该有最高价格波幅的限制。

恒生指数合约设计中的"最后结算"也颇具代表性——恒生指数期货在合约到期的最后结算价，并不是当天现货市场的恒生指数收市价，而是当天现货市场每五分钟恒生指数的全天平均价。与收市价相比，这样的最后结算价不易被操纵，可以提高市场的公平性，吸引投资者参与。

此外，恒生指数合约中大量的未平仓合约的规定也有其特殊性。所有这一切都告诉我们在设计中国自己的股指期货合约时，不仅应该向他国学习，学习它们先进的经验，而且应该立足本国国情，大胆创新，只有这样才能设计出真正符合我国金融市场需要的股指产品。

（四）顺畅的信息传递是股指期货市场发展的基本要求

金融产品，从本质上来说，也可以视做信息产品，因为其价格的确定与变化都是基于市场上产生的信息而定的，股指期货市场也不例外。香港当局一向重视金融市场信息化的趋势，为了保证金融市场的信息传递通畅，投入了大量的人力、物力，取得了显著成就——近年来，相继实现了许多金融产品，包括一些股指期货品种的电子化，使得信息传递更为安全、迅速、有效，满足了股指期货等金融产品进一步发展的基本要求。

而在内地，虽然经过了多年股指期货市场的发展，在金融信息的传送速度方面已经有很大提高，其即时性及多元化有了一定的保证，然而在信息传递的透明度及企业操守方面问题仍然非常突出，存在着较大的改善空间。

（五）风险的控制与管理是市场运行的重要条件

风险控管包括交易机制与期货商两个部分。交易机制的重点是交易的整体系统、营运及结算风险。在结算方面，需要银行或其他金融机构的密切配合，否则，期货商将难以应付因市场波动而引致的按金追收问题。期货商方面，还存在内部系统、营运及客户的信用风险。交易机制与期货商的风险控管对市场整体运作都甚为重要。

（六）拟订适当的按金水平是股指期货市场健康运行的基本要求

在推出股指期货之前，必须适当地拟订按金水平。考虑的主要因素是所代表的股票指数历来的波幅及未来的预计波幅。按金水平定得过高，就会影响股指期货的吸引力和流通量，但是如果定得过低，又会增加市场风险，从而影响投资者对市场的信心。恒生指数根据波动的变化，适时调整按金水平，要是波幅持续增加，就要提高按金水平；相反，波幅持续减少，就要减低按金水平。

（七）防止人为操纵市场是保障股指期货市场发展的重要内容

期货与现货有一定的互动关系，主要的成分股可以影响股指期货的价格，反过来说，操纵股指期货对股市的主要成分股也有一定的影响。因此，防止人为市场操纵，要在现货跟股指期货双方面进行管理。期货市场常见的持仓限额就是这个目的，现在任何人持有恒生指数期货和期权，各合约月份经调整后的长仓或是短仓总量，不得超过 1 万张合约。

（八）大力加强对公众的教育与培训是发展股指期货市场的重要手段

国内的金融市场尚在萌芽阶段，新产品的股指期货的推出，需要得到市场的认同和了解。如果证券与期货从业人员对股指期货的用途及市场运作有深入了解，大众投资者对股指期货的应用有认识，国内成功推出股指期货的可能性就会大大增加，可以收到事半功倍的效果。在较为成熟的市场，新产品的教育就颇为普及。香港期交所一直努力增进大众对恒生指数期货的了解，近两年来，又推出了一系列教育文章，分别在中、英文报章上刊登。事实证明，如果市场从业人员和投资大众对恒生指数期货有更深刻的认识，这个市场的成交量就会随之上升。

第五节　中国台湾地区股指期货市场的发展及启示

1998 年 7 月 21 日，台湾期货交易所正式开业。这是一个起点，它开创了中国台湾期货交易的先河。台湾期货交易所并没有先发展商品期货，其所交易的期货品种全部为金融期货、期权合约。除了 10 年期政府公债期货、30 天商业本票利率期货属于利率期货以及股票期权之外，其余的全为股指期货、期权合约。这些合约中，标的资产既有综合股指，也有行业分类股指；交易品种既有股指期货，也有股指期权；计价方式既有以台湾地区本币计价的合约，也有以美元计价的 MSCI 台湾期货、期权合约。合约交易标的资产之丰富、覆盖范围之广，实在令人惊叹。

台湾期货市场其实是一个以股指期货、股指期权作为核心产品的市场。因为从交易量上看，股指期货、期权占到总量的近99%，具有绝对优势。在过去的数年里，台湾股指期货、期权发展迅速。1999 年，股指期货交易量仅为107 万手，到2005 年成交量为1000 万手，是1999年交易量的近10 倍。其中，台指成交量为近700 万张，是1997 年交易量的8 倍。2005 年底，台湾地区股指期货、股指期权交易量高达9000余万手，增长了近90 倍。

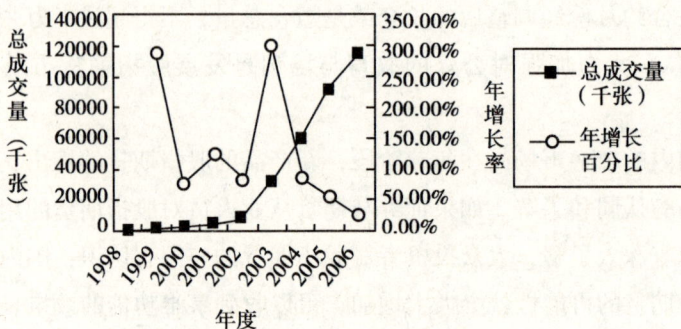

图4－2 台湾期货交易所年成交量和年增长率

资料来源：台湾期货交易所。

一 中国台湾地区股指期货的发展过程

中国台湾股指期货市场与证券市场的开放政策是统一的。其产生分为两个阶段：先是开放岛内投资者从事岛外的股指期货交易，然后再建立岛内的股指期货市场。早在 1983 年，台湾当局就允许岛内证券商通过设立海外基金的形式投资国外市场，而台湾岛内的证券市场直到1990 年才正式对外开放。

台湾指数期货的发展分为三个阶段：

第一阶段：岛外股指期货对内开放

由于认识到境外机构投资者可以利用岛内没有开设的股指期货进行

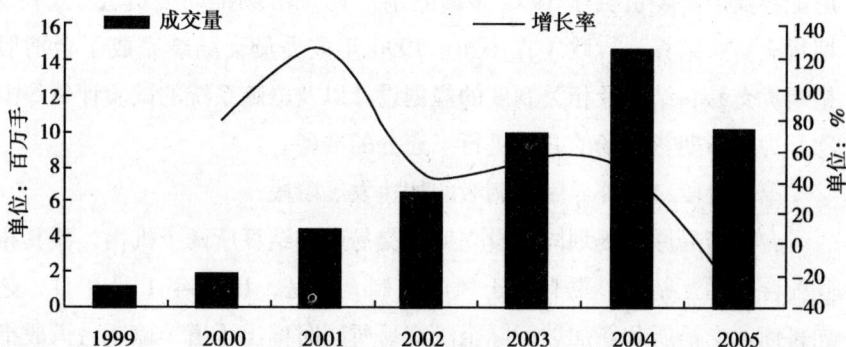

图 4 - 3　台湾股指期货成交量和增长率

资料来源：台湾期货交易所。

套利交易，而岛内机构却缺乏相应的避险机制，台湾于 1992 年放开了对岛内券商从事境外股指期货交易的限制。1993 年底台湾当局核准了 14 家岛内和 9 家外国期货经纪商设立的申请，1994 年 4 月 1 日，岛内第一家期货经纪商成立，岛内居民可以通过岛内期货经纪商的交易通道从事外国（地区）的股指期货交易。

第二阶段：岛内股指期货市场的准备阶段

在 QFII 制度正式实施和境外股指期货交易对内开放的同时，台湾当局开始着手准备岛内的股指期货交易市场。准备过程大致分为两个方面：一是相关"立法"工作提前展开。台湾地区于 1992 年 1 月通过《境外期货交易法》，提供了境内投资者参与境外期货交易的通道。1997 年 3 月通过《期货交易法》，1997 年 6 月 1 日正式公布实施，取代了前述法律。《期货交易法》分为总则、期货交易所、期货结算机构、期货业、同业公会、监督与管理、仲裁、罚则、附则九章共计 125 条。1997 年 9 月正式成立台湾期货交易所，随后才开始进行境内期货交易。1997 年 11 月 11 日，《期货交易法施行细则》颁布。随后，规范各类市场主体的管理规则也相继出台。这种"立法先行"的发展模式为台湾地区股指期货市场的活力四射奠定了基础。它既能吸取发达期货市场的经验和教训，又能使各市场主体在既定的游戏规则下自由发展，这无疑有利于发挥新型市场的后发优势。二是组织机制、指数合约的准备，台湾证券及期货委员会于 1995 年成立了"期货市场推动委员会"，下设期货交易、结算、行政工作小组。1996 年该委员会陆续完成了台湾股指期货交易、结算及相关制度的规划设计以及电脑系统的试验评估等事项，为股指期货市场的开设进行了充分的准备。

第三阶段：受外界因素刺激的加速发展阶段

台湾当局原先规划同时设立期货交易所和结算所两个机构，使其相互配合、相互制衡，更有利于风险控制。但是，1997 年 1 月 9 日，芝加哥商业交易所和新加坡国际金融交易所同时推出了道·琼斯台湾股指期货和摩根·斯坦利台湾股指期货。于是，台湾当局加快了岛内股指期货开发的步伐，由于时间紧迫，台湾当局决定在股指期货市场建立初期不另外成立结算所，结算工作由期交所结算部负责。期交所筹备处在 1997 年也加紧了期货交易所的设立登记工作，于 1997 年正式设立登记，1998 年 7 月 21 日正式推出了第一个期货品种——台湾股价指数期货。

可以看出，在岛外市场台指期货推出之前，台湾岛内已经从法律和组织两个方面准备这一交易品种了，只不过道·琼斯台指期货和摩根·斯坦利台指期货的推出加速了岛内股指期货的推出进程。所以，台湾股票指数期货既不同于日本完全迫于外界竞争，匆忙推出，又不同于韩国按部就班式的发展路径。

二 中国台湾地区主要股指期货合约介绍

我国台湾地区的三种股指期货分别是以台湾证券交易所发行量加权股价指数及其两个分类指数：电子类股价指数和金融保险类股价指数为标的指数的合约。台湾证券交易所发行量加权股价指数采用以各上市股票的发行量为权值的计算方法编制而成，基期为 1966 年，基期指数为 100 点。台湾证券交易所发行量加权股价指数的成分股包括台湾证券交易所上市的绝大部分股票（除了特别股、全额交割股及上市未满一个月的股票外），其中，电子类股票和金融保险类股票的比重最大，因此交易所又分别编制了这两类分类股股价指数。电子类股价指数成分股为交易所上市的 80 多家电子股票，指数计算方式与交易所股价指数相同，基期为 1994 年 12 月 31 日，基期指数为 100 点。金融保险类股价指数成分股为交易所上市的 47 只金融保险类股票，基期为 1986 年 12 月 29 日，基期指数为 100 点。两种股指期货合约规格大致相同。

表4－7　　台湾证券交易所发行量加权股价指数期货合约规格

交易所名称	台湾期货交易所
交易标的	台湾证券交易所发行量加权股价指数（简称：台股期货　代码：TX）
到期交割月份	自交割当月起连续 2 个月份，另加上 3 月、6 月、9 月、12 月中 3 个连续的季月，总共有 5 个月份的合约在市场交易
最后交易日	各契约的最后交易日为各该契约交割月份第三个星期三，翌日为新契约的开始交易日
交易时间	9：00—12：50（开盘时间与现货市场相同，收盘时间较现货市场晚 15 分钟）
契约价金	台湾期货指数乘以新台币 200 元
升降单位	1 点（相当于新台币 200 元）
每日涨跌幅	每日最大涨跌幅限制为前一营业日结算价的 7%
保证金	期货商向投资者收取的交易保证金及保证金追缴标准，不得低于公告的原始保证金及维持保证金，公告的原始保证金及维持保证金依"台湾期货交易结算所保证金收取方式及标准"计算的结果保证金为准，按订定的成数加成计算之
每日结算价	每日结算价原则上为当日收盘价时段的成交价，如果当日无效收盘时段的成交价则依"台湾证券交易所股价指数期货契约交易规则"订定
最后结算日	最后结算日为最后交易日次一营业日。在最后结算日所有未平仓契约应以最后结算价来结算
最后结算价	以最后结算日台湾证券交易所依本指数各成分股当日开盘价计算的指数定之。前项开盘价系采当日每一笔成交价，唯当日市场交易时间开始后 15 分钟内仍无提交，则以当日市价升降幅度的基准价代替之
交割方式	采用现金交割，投资者于最后结算日依最后结算价之差额，以净额进行现金交割
部位限制	投资者任一时间所持有的各月份契约未平仓部位总合限制如下 1. 自然人 200 口 2. 法人机构 600 口 3. 法人机构基于避险需要，得向公司申请豁免部位限制

资料来源：杨星主编：《股指期货》，广东经济出版社 2002 年版。

三 中国台湾地区股指期货市场发展的经验

(一) 重视股指期货的发展

从台湾地区发展衍生品战略的分析看，他们对股指期货等金融衍生品的重要作用有充分统一的认识，特别是对完善资本市场、建设国际金融中心有重大作用。台湾地区在发展股指期货交易的同时，借鉴和吸收了世界发达国家股指期货发展的经验教训，结合自身的特点和实际需要，进行了相似的路径选择：首先推出有良好基础市场支持的股指期货，经过试点帮助投资者熟悉和积累管理经验，再推出股指期权来深化金融衍生品市场的发展。

(二) 股指期货推出的严谨性

台湾地区在开展股指期货交易的过程中，都进行了严密的论证，并有计划地稳步推进。其在开展的衍生品品种选择上，通过严密论证，以股指期货作为金融衍生市场的首选及主流品种，并在推出金融衍生品前，在法规、市场组织架构等方面都做好了充分准备，从而取得了成功。

(三) 发展的起点高

当前国际金融衍生市场正在发生巨大的变化，这是与信息技术革命及资本市场的全球化浪潮紧密结合在一起的。例如，在交易方式上，传统的期货交易是以公开叫价形式进行的，信息技术进步和投资者对交易效率的追求动摇了以交易大厅为基础的公开喊价方式，越来越多的期货交易采用电子交易方式。

此外，从中国台湾地区股指期货市场的投资者结构可以看出，中小投资者随着市场的发展将会成为股指期货市场的投资主体，并对股指期货市场产生极大的推动作用。加强投资者的风险教育，提高投资者对股指期货市场的认识和了解，帮助他们利用股指期货市场更好地实现自身经济目标，减少股指期货交易对投资者投资收益的影响，将成为我国股指期货市场能否持续发展的关键。

第六节 不同股指期货市场的比较

一 股指期货交易模式的比较

由于各国（地区）证券期货市场发展水平及国情不同，股指期货交易模式主要有三种：

模式一：分离模式，以美国、英国及中国香港地区为代表

分离模式就是股指期货只在期货交易所（或专设的股票指数期货交易所）交易。比如开设在芝加哥商品交易所的标准普尔 500 种指数期货合约（S&P500）、开设在伦敦国际金融期货交易所的英国金融时报 100 指数期货合约（FT-SE100）及在香港期货交易所的香港恒生指数期货合约（HKFE）等。

模式二：整合模式，以日本为代表，包括韩国、匈牙利、以色列、挪威等一些新兴市场

整合模式就是由证券交易所开设股指期货交易。比如日经 225 股指期货（Nikkei 225）由大阪证券交易所（OSE）负责，而货币和利率期货及期权的交易则由东京国际金融期货交易所（TIFFE）负责。

模式三：混合模式，以巴西、波兰、俄罗斯等为代表

混合模式就是证券交易所和金融期货交易所分别设立股指期货交易，如 IBOVESPA 指数期货由巴西金融期货交易所开设，而 ISENN 指数期货则由圣保罗证券交易所开设。

然而，现在这种传统上的划分正在经历着巨大的变化，世界范围内掀起了一股交易所合并的热潮：巴黎、布鲁塞尔、阿姆斯特丹证券交易所合并组成欧洲交易所；新加坡证交所和国际金融交易所（SIMEX）合并为新加坡交易所（SGX）；香港联交所、期交所与几家清算机构也已合并为香港交易与结算有限公司。

表4-8 交易所交易模式比较表

国家（地区）	交易模式
美国、中国香港、英国	分离模式
日本、韩国、匈牙利、以色列、挪威	整合模式
巴西、波兰、俄罗斯	混合模式

二　政府监管制度的比较

股指期货宏观层次的风险监管主体是国家证券监管当局，这也是最高层次的风险监管组织。所以宏观层面的监管制度比较主要体现为政府监管措施的比较：为了减少股指期货对现货市场价格和期货市场价格的影响，避免市场操纵行为对市场的冲击，世界各国股指期货管理部门都对股指期货合约的设定作出了规定。

美国CFTC要求实施交易的期货合约必须满足：（1）股指期货合约采用现金交割。（2）组成指数的主要股票应由非相关发行人发行，公众持股数较高。指数应反映市场总体特征或主要部分的特征。（3）开展这种期货交易不会出现对期货价格或标的资产价格的操纵行为。

在法国，新的衍生产品引入法国期货交易所（MATIF）以前必须得到法国巴黎交易所运行委员会（COB）的批准。在审查新的衍生产品时，COB将研究这个产品是否会对现货市场产生破坏性影响。对组成指数的股票，COB有权决定何时用何种股票替代现有股票。在英国，FT-SE100指数的股票组成成分由一个审核委员会审定，这个审核委员会由交易所代表和资深从业人员组成，委员会负责制定指数的选择标准。

在日本，大藏省负责审定在交易所交易的股指衍生产品。审定股指衍生产品时，大藏省主要考察衍生产品设计对现货市场的影响程度，以及衍生产品交易是否会引发市场操纵行为。

为了加强对期货市场的监督和管理，1976年，香港立法局设立了香港商品交易事务监察委员会，来负责管理期货市场。措施有：（1）审核批准进入市场的交易品种和决定各期货合约的上市。（2）批准期货交易所的开办及其会员、经纪人的资格，审核各期货交易所制定的条例规则。（3）采用先进的技术手段分析市场交易状况，防止价格暴涨暴跌。综上所述，总结如表4-9所示：

表4-9　　　　　　　　海外股指期货政府监管制度比较列表

国家/地区	政府监管机构	监管内容
美国	CFTC	1. 股指期货合约采用现金交割。2. 组成指数的主要股票应由非相关发行人发行，公众持股数较高。指数应反映市场总体特征或主要部分的特征。3. 开展这种期货交易不会出现对期货价格或标的资产价格的操纵行为。
法国	法国巴黎交易所运行委员会（COB）	审查新的衍生产品时，COB 将研究这个产品是否会对现货市场产生破坏性影响。对组成指数的股票，COB 有权决定何时用何种股票替代现有股票。
英国	审核委员会	FT-SE100 指数的股票组成成分由一个审核委员会审定，这个审核委员会由交易所代表和资深从业人员组成，委员会负责制定指数的选择标准。
日本	大藏省	大藏省负责审定在交易所交易的股指衍生产品。审定股指衍生产品时，大藏省主要考察衍生产品设计对现货市场的影响程度，以及衍生产品交易是否会引发市场操纵行为。
香港	香港商品交易事务监察委员会	香港立法局设立了香港商品交易事务监察委员会，来负责管理期货市场。措施有：1. 审核批准进入市场的交易品种和决定各期货合约的上市。2. 批准期货交易所的开办及其会员、经纪人的资格，审核各期货交易所制定条例规则。3. 采用先进的技术手段分析市场交易状况，防止价格暴涨暴跌。

资料来源：根据陈胜权、陈跃、辛灵梅：《股指期货完全手册》2000 年归纳整理。

第七节　海外股指期货市场的发展对我国的启示

（一）加强法规制度建设和规范化管理，构建我国股指期货市场发展的支撑体系

海外股指期货市场发展经验表明，加强法规制度建设是股指期货市场持续稳定发展的基础。我国商品期货市场建立之初，由于没有明确的法律制度的保障，仅以中央政府授权试点，让地方政府开办期货市场或经营期货交易所业务，造成了期货市场的盲目发展和市场运行的非规范

化。这实际上是商品期货交易违规交易不断出现、违规事件不断发生的重要原因。加强法规制度建设和规范管理，构建我国股指期货市场发展的支撑体系，是保证我国股指期货市场发展的关键。

（二）合理设计股指期货合约，减少市场操纵行为对股指期货交易的影响

除借鉴海外股指期货市场合约设计中的成功经验以外，尤其应注意的是，针对我国股票市场发展历史较短、构成指数的股票实际发展前景有时存在很大的不确定性和不真实性的现状，在编制指数时应选一定数量的替代股票。一旦现有指数中的股票不能满足入选指数的规定条件，应随时剔除指数中包含的股票，增添新入选股票。

（三）建立防范股指期货市场市场操纵行为的有效措施

防范股指期货市场市场操纵行为的有效措施包括：第一，加强市场监察及早发现可能扭曲市场价格的各种交易行为和交易状况，并针对这些交易行为或交易状况采取各种措施，确保市场各种功能的实现；第二，加强股票市场和股指期货市场跨市场的信息共享和协调管理。

（四）结算会员和交易会员分离，建立多层次的风险管理体系

我国的《期货交易管理暂行规定》对规范期货结算机构的运作没有作相关要求。《期货交易管理暂行规定》第十四条规定了期货交易所履行的功能，在第三、四、五项中指出期货交易所负责组织、监督期货交易、结算和交割，保证期货合约的履行，制定与执行本条例第三十五条规定的风险管理规定。从这里可以看出，期货市场走的是期货交易所和结算所合而为一的体制，交易所必须承担起保证期货交易履行的责任。《期货交易管理暂行规定》第八条第二项指出，期货交易所会员由期货经纪公司会员和非期货经纪公司会员组成。明确规定期货交易所为会员制交易所，期货交易所会员不仅是交易会员而且是结算会员，换句话说，我们的期货市场从交易会员到交易所再到结算业务是一体的。海外股指期货市场结算会员和交易会员一般有所区别，结算会员是交易会员，而交易会员可能不是结算会员。结算会员资金实力和信用等级较高，抗风险能力较强。虽然海外有些期货交易所兼营期货结算业务，但

结算部门的财务业务须独立运作。结算会员的资格由期货结算机构确定。交易者向期货交易所申请核定后，可以成为个别结算会员或一般结算会员，其中一般结算会员除了为自身结算以外，还可以为非结算会员的期货交易商办理结算业务，个别结算会员只能为自身结算。结算会员和交易会员分离，有利于结算中心建立多层次风险管理体系。

（五）建立适时有效的期货市场保证金制度

海外许多期货市场结算中心依据过去一段时间价格波动幅度，以至少涵盖一天的价格波动风险的标准，调整保证金。所以只要一段时间市场价格波动剧烈，市场参与者都会合理预期保证金将会调整。但在实际市场运作中，保证金的收取标准在一段时间内是固定的，不会受到期货合约价值涨跌的影响。我国期货交易所对保证金的收取采取合约价值固定比例的方式。就整个市场而言，采取两级制，交易所向会员收取结算保证金，期货公司依据《期货经纪公司管理办法》第七十二条规定，向客户收取较交易所保证金标准至少高于3%的交易保证金。经证监会批准，交易所可以调整保证金。因此，我们的期货保证金随期货合约市场价格的波动而变化，不必由交易所隔一段时间统一做市场保证金调整。这也导致期货交易所在极端价格变化或市场潜在风险增加时，投资者无法预期保证金的调整幅度，无法提前对风险进行防范。

（六）加强投资者投资风险教育，降低股指期货交易对投资者投资收益的影响

从韩国和我国台湾地区股指期货交易者的构成成分中可以看出，中小投资者随着市场的发展将会成为股指期货市场的投资主体，这种趋势在欧美市场中也有体现，近几年 CME（芝加哥商业交易）和 LIFFE（伦敦国际金融期货期权交易所）先后推出了 Mini 合约，其中 MiniS&P500 合约已成为 CME 主要的交易合约。可见，加强中小投资者的风险教育，降低股指期货交易对投资者投资收益的影响，将成为我国股指期货市场能否持续发展的关键。

第五章

我国股指期货及其制度安排

第一节 股指期货推出应具备的前提条件

股指期货是证券市场发展到一定阶段的产物。建立股指期货市场必须具备一些前提条件。这些条件主要包括：（1）股票现货市场发展到一定水平，达到了一定的规模；（2）市场对于股指期货有较强烈的需求；（3）配套法律法规能够保证股指期货交易和风险的控制；（4）不断完善的市场监管体系等。

一 发达的现货市场是股指期货产生的最基本的条件

现货市场是期货市场的基础。只有股票现货市场发展到一定程度后，对股指期货的需求才会增长。相反，如果没有发达的现货市场，股指期货的诞生就是无源之水，无本之木。

从市场运行的机制看，不发达的现货市场，往往意味着缺乏有效的价格形成机制。也就是说，在不发达的现货市场中，市场机制的发挥受到了很多因素的制约，这种制约可能是因为市场的容量较小，也可能是因为投资者不成熟，或者法律法规不完善，或者其他。不论哪种情况，都意味着现货市场市场机制难以充分发挥，现货与期货互动的内在机制难以建立起来。例如，如果现货市场规模过小的话，期货市场上出现的操纵、垄断等问题的可能性就越大。即便建立了期货市场，股指期货应有的作用难以充分发挥。不仅不能规避现货市场的系统性风险，反而还会有产生新的或者导致更大的风险。

从目前推出股指期货的国家看，股票现货市场越发达，推出股指期货时间相对越早。因此可以说，股票现货市场是股指期货推出的最基本的前提条件。

二　市场存在大量通过股指期货市场实现套期保值甚至投机的需求

股票现货市场的投资者是期货市场套期保值交易的潜在参与者。因此套期保值甚至投机的需求可以来自个人投资者，也可以来自机构投资者。对于个人投资者而言，虽然有规避风险的需求，但由于一般个人投资者资金量较小，风险承受能力也很有限，因此对股指期货市场的参与不具有普遍性。而机构投资者不论是资产规模还是风险承受能力都比个人投资者有优势，因此，现货市场中存在大量通过期货市场实现套期保值需求的机构投资者越多，那么股指期货的推出就越具有可能性和紧迫性。因为机构投资者对于非系统风险的防范可以依靠资产组合来进行规避，但面对系统风险的增大，只有依靠相应的避险工具来防范和化解，而股指期货就具有这种功能。随着股票市场的日益成熟，机构投资者在市场中的主导地位日趋明显，从而成为稳定证券市场的重要力量，也成为股指期货市场发展的重要推动力量。

股指期货套期保值需求是针对一般风险规避者而言的。风险追求投资者的偏好则不同。由于他们喜爱风险，因此股指期货的投机需求就不可避免了。这类投资者也是股指期货的发展不可缺少的力量。

三　与股指期货相配套的法律法规

法律法规是股指期货健康持续发展的必要条件。首先，法律法规决定了股指期货推出的合法性。其次，法律法规规定了与股指期货交易相关的主体资格、在法律上的权利和义务以及违反这些规定的制裁，以此来指引人们的行为。再次，股指期货具有高风险性的特点，对于风险的防范和控制必须有制度来规范，与此同时法律法规也决定了股指期货市场的监管框架、监管部门的监管职责与合作等内容，从而保证股指期货市场有序、健康和持续发展。总之，完善的法律法规不仅能规范股指期货的交易、发挥股指期货应有的积极作用，同时限制股指期货消极作用，因而成为股指期货推出并持续发展的重要的前提条件，为推进我国资本市场的发展和创新提供必要的法律空间和法律保障。

四　日益完善的市场监管体系

与所有期货市场相类似，股指期货是一把双刃剑，在缺乏有效的风险监控手段的市场中，风险会转变为现实的损失，而个别小损失也可能逐步演化为普遍的大损失，甚至会加大整个资本市场的风险。因此科学合理的风险控制、风险监控、风险预警机制是必不可少的。

第二节　我国逐步具备开展股指期货交易的基本条件

无论从股票现货市场的规模、机构投资者发展的状况、市场监管体系以及市场硬件发展条件等方面来看，我国正逐步具备开展股指期货交易的基本条件。首先我国股票市场发展迅速，开展股指期货交易有了现实的基础；其次法律法规日趋完善，为开展股指期货交易奠定了制度基础；再次，我国的机构投资者队伍也在逐步壮大，开展股指期货交易有了一定的主体基础；最后各项具体的准备工作正在如火如荼地进行，是开展股指期货交易的现实基础。

一　股票现货市场迅猛发展有了一个根本

目前，我国证券市场已有十余年的历史，上市公司的数量、股票总市值和流通市值已初具规模。截至 2007 年 6 月，我国深、沪两市上市公司（A 股和 B 股）数多达 1477 家，比 2005 年 6 月增长 86 家。总股本 16892.43 亿股，流通市值 18886.24 亿元，总市值高达 62025.71 亿元，分别比 2005 年 6 月增长 125%、89% 和 96%。月度成交金额也呈增长趋势，2005 年 6 月成交额为 3086.1 亿元，到 2007 年 6 月增加到 54080.03 亿元，增长了 16.5 倍。股票市场注册开户的投资者达

10705.65 万户，其中机构投资者数量逐年增长，并逐步成为市场主力。较大的市场规模增加了市场的宽度和深度，有利于市场机制的充分发挥。

表 5-1　　　2005 年 6 月至 2007 年 6 月境内上市公司情况表

日期	境内上市公司数 （A、B 股）（家）	市价总值（亿元）	流通市值（亿元）	总股本（亿股）
200506	1391	31590.02	10004.21	7510.03
200507	1390	31397.34	9814.85	7572.17
200508	1389	33445.61	10633.67	7586.81
200509	1381	33367.6	10692.76	7573.93
200510	1381	31373.18	10132.09	7594.47
200511	1381	31095.16	10135.7	7616.76
200512	1381	32430.28	10630.52	7629.51
200601	1378	34931.94	11753.75	7579.29
200602	1377	35766.35	12199.52	7628.85
200603	1376	35341.74	12434.27	7649.37
200604	1372	37769.09	13635.17	7687.87
200605	1372	43210.44	16162.83	7736.98
200606	1375	44200.79	16749.07	7882.48
200607	1379	47459.69	16007.41	10540.30
200608	1392	49609.87	17020.92	10871.89
200609	1396	52282.79	17994.37	10960.34
200610	1406	62025.71	18886.24	14507.11
200611	1418	70852.85	21488.91	14643.66
200612	1434	89403.9	25003.64	14897.57
200701	1445	105643.47	30407.68	15242.81
200702	1453	112870.46	34036.09	15339.74
200703	1461	128033.36	38972.49	15456.57
200704	1472	160929.56	52134.96	16043.31
200705	1474	177739.5	59397.86	16673.01
200706	1477	166232.79	55572.81	16892.43

数据来源：中国证监会网站（www.csrc.gov.cn）。

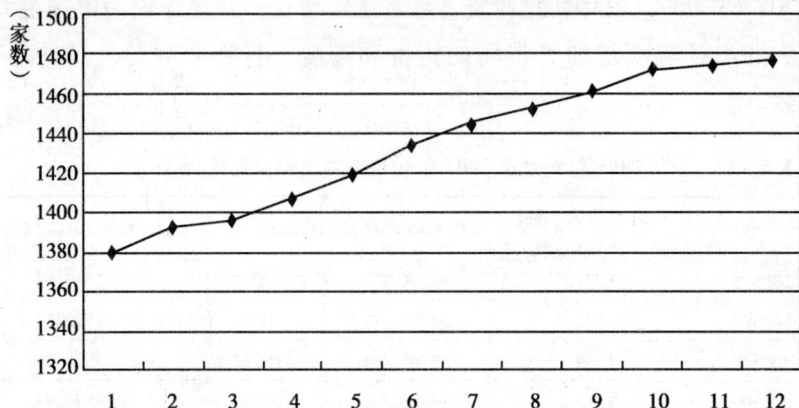

图 5-1 2006 年 7 月—2007 年 6 月上市公司增长情况图

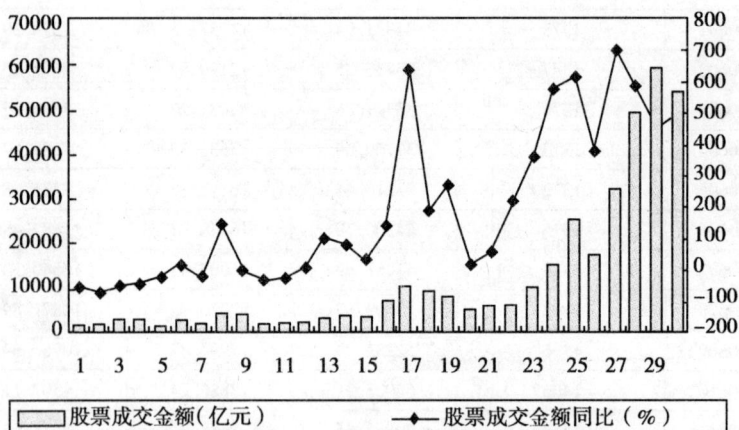

图 5-2 2005 年 7 月—2007 年 7 月我国股市成交情况图

二 机构投资者日益成为证券市场的主体力量

我国的证券市场一度是以散户为主的市场,缺乏机构投资者的存在。随着我国证券市场的发展,机构投资者的力量正在日益壮大。大力发展机构投资者的理念,在 2000 年后被我国证券管理层所广泛接受。由此,开放式基金、QFII 等机构投资者在近几年中得到了"超常规"式发展。截至 2007 年 10 月底,59 家基金管理公司共管理基金 341 只,基金资产净值达 33120.02 亿元。①

表 5-2 基金管理公司名录（2007 年 9 月）

序号	公司名称	注册资本（万元）	注册地点	成立时间
1	国泰基金管理有限公司	11000	上海市	1998 年 3 月
2	南方基金管理有限公司	10000	深圳市	1998 年 3 月
3	华夏基金管理有限公司	13800	北京市	1998 年 3 月
4	华安基金管理有限公司	15000	上海市	1998 年 5 月
5	博时基金管理有限公司	10000	深圳市	1998 年 7 月
6	鹏华基金管理有限公司	15000	深圳市	1998 年 12 月
7	嘉实基金管理有限公司	10000	上海市	1999 年 3 月
8	长盛基金管理有限公司	10000	深圳市	1999 年 3 月
9	大成基金管理有限公司	20000	深圳市	1999 年 4 月
10	富国基金管理有限公司	18000	上海市	1999 年 4 月
11	易方达基金管理有限公司	12000	珠海市	2001 年 3 月
12	银华基金管理有限公司	10000	深圳市	2001 年 5 月
13	融通基金管理有限公司	12500	深圳市	2001 年 5 月
14	宝盈基金管理有限公司	10000	深圳市	2001 年 5 月
15	长城基金管理有限公司	10000	深圳市	2001 年 12 月
16	银河基金管理有限公司	10000	上海市	2002 年 5 月
17	国投瑞银基金管理有限公司	10000	深圳市	2002 年 6 月
18	泰达荷银基金管理有限公司	18000	北京市	2002 年 7 月
19	万家基金管理有限公司	10000	上海市	2002 年 8 月
20	金鹰基金管理有限公司	10000	珠海市	2002 年 12 月
21	招商基金管理有限公司	21000	深圳市	2002 年 12 月
22	华宝兴业基金管理有限公司	15000	上海市	2003 年 2 月
23	巨田基金管理有限公司	10000	深圳市	2003 年 3 月
24	国联安基金管理有限公司	10000	上海市	2003 年 3 月

---

① 文兴：《股市暴跌源于基金后续资金出了问题》，2007 年 11 月 12 日，www. sohu. com. cn。

续表

序号	公司名称	注册资本（万元）	注册地点	成立时间
25	海富通基金管理有限公司	15000	上海市	2003 年 4 月
26	长信基金管理有限公司	10000	上海市	2003 年 4 月
27	泰信基金管理有限公司	10000	上海市	2003 年 5 月
28	天治基金管理有限公司	13000	上海市	2003 年 5 月
29	景顺长城基金管理有限公司	13000	深圳市	2003 年 6 月
30	广发基金管理有限公司	12000	珠海市	2003 年 7 月
31	兴业基金管理有限公司	9800	上海市	2003 年 9 月
32	中信基金管理有限公司	10000	深圳市	2003 年 9 月
33	诺安基金管理有限公司	11000	深圳市	2003 年 12 月
34	申万巴黎基金管理有限公司	10000	上海市	2003 年 12 月
35	中海基金管理有限公司	13000	上海市	2004 年 3 月
36	光大保德信基金管理有限公司	16000	上海市	2004 年 3 月
37	华富基金管理有限公司	12000	上海市	2004 年 3 月
38	上投摩根基金管理有限公司	15000	上海市	2004 年 4 月
39	东方基金管理有限公司	10000	北京市	2004 年 6 月
40	中银国际基金管理有限公司	10000	上海市	2004 年 6 月
41	东吴基金管理有限公司	10000	上海市	2004 年 8 月
42	国海富兰克林基金管理有限公司	15000	南宁市	2004 年 9 月
43	天弘基金管理有限公司	10000	天津市	2004 年 10 月
44	友邦华泰基金管理有限公司	20000	上海市	2004 年 11 月
45	新世纪基金管理有限公司	10000	重庆市	2004 年 12 月
46	汇添富基金管理有限公司	10000	上海市	2005 年 1 月
47	工银瑞信基金管理有限公司	20000	北京市	2005 年 6 月
48	交银施罗德基金管理有限公司	20000	上海市	2005 年 7 月
49	信诚基金管理有限公司	10000	上海市	2005 年 8 月
50	建信基金管理有限公司	20000	北京市	2005 年 9 月
51	华商基金管理有限公司	10000	北京市	2005 年 9 月
52	汇丰晋信基金管理有限公司	20000	上海市	2005 年 10 月
53	益民基金管理有限公司	10000	重庆市	2005 年 12 月
54	中邮创业基金管理有限公司	10000	北京市	2006 年 2 月

续表

序号	公司名称	注册资本（万元）	注册地点	成立时间
55	信达澳银基金管理有限公司	10000	深圳市	2006 年 4 月
56	诺德基金管理有限公司	10000	上海市	2006 年 5 月
57	中欧基金管理有限公司	12000	深圳市	2006 年 5 月
58	金元比联基金管理有限公司	15000	上海市	2006 年 11 月
59	浦银安盛基金管理有限公司	20000	上海市	2007 年 7 月

数据来源：中国证监会网站（www. csrc. gov. cn）。

2005 年 1 月，我国证券投资基金成交金额 14 亿元，日成交金额为 0.7 亿元。到 2007 年 6 月，证券投资基金成交金额 1333 亿元，日成交金额为 63.5 亿元，分别是 2005 年 1 月的 95 倍和 91 倍。

表 5 - 3　　　　2005 年 1 月—2007 年 6 月证券投资基金交易情况

	证券投资基金成交金额		证券投资基金日均成交金额	
	金额（亿元）	同比（%）	金额（亿元）	同比（%）
200501	14. 03	- 76. 14	0. 7	- 84. 49
200502	38. 19	- 54. 53	2. 94	- 30. 05
200503	71	- 23. 8	3. 09	- 23. 8
200504	69. 96	32. 55	3. 33	38. 86
200505	39. 14	74. 73	2. 3	64. 45
200506	90. 73	294. 82	4. 12	294. 84
200507	66. 93	318. 84	3. 19	338. 81
200508	134. 9	749. 5	5. 87	712. 58
200509	54. 28	32. 39	2. 47	32. 39
200510	35. 77	86. 59	2. 24	86. 6
200511	73. 24	157. 62	3. 33	157. 61
200512	84. 96	227. 27	3. 86	242. 19
200601	72. 54	417. 03	4. 53	546. 3
200602	82. 25	115. 37	4. 84	64. 7
200603	81. 11	14. 24	3. 53	14. 24

	证券投资基金成交金额		证券投资基金日均成交金额	
	金额（亿元）	同比（%）	金额（亿元）	同比（%）
200604	125.08	78.79	6.25	87.73
200605	175.71	348.93	9.76	324
200606	154.46	70.24	7.02	70.24
200607	99.24	48.27	4.73	48.28
200608	74.23	-44.97	3.23	-44.97
200609	96.64	78.04	4.6	86.52
200610	139.04	288.71	8.18	265.83
200611	293.8	301.15	13.35	301.14
200612	515.58	506.85	24.55	535.74
200701	615.02	747.84	30.75	578.26
200702	382.49	365.03	25.5	427.03
200703	498.9	515.09	22.68	543.04
200704	725.45	479.99	34.55	452.37
200705	863.65	391.52	47.98	391.52
200706	1333.14	763.1	63.48	804.2

数据来源：中国证监会网站（www.csrc.gov.cn）。

基金数量的扩张与规模的膨胀，使得证券投资基金成为中国证券市场上举足轻重的力量。2005年以来，各类机构投资者入市的步伐正在提速：社保基金增加入市规模，保险资金获准直接入市，企业年金已开始入市，此外，QFII的家数和额度也在不断增加。截至2007年10月，我国有QFII44家，投资额度增加到300亿美元。这些机构的入市和不断成长，使得我国股票市场逐渐进入了以机构投资者为主的时代，推动了证券市场向成熟规范的方向发展，也为开设股指期货创造了有利的条件。

三 法规的日益完善为上市股指期货交易提供了必要的法律基础

1999 年 7 月 1 日开始实施的《证券法》，为股市规范化发展提供了最为有利的保障，标志着中国证券市场法制建设进入一个新阶段。《证券法》的实施，对于促进证券市场健康发展，完善社会主义市场经济体制，发挥了重要的作用。如通过一系列控制大户操纵股市、保护中小股东利益等的规定，可在一定程度上达到遏制违规、违法操作的目的。同时，对上市公司、中介机构等规范运作的规定，有利于股市信息披露的及时性和准确性。

1999—2005 年，我国的经济生活发生了很大变化，证券市场也出现了很多新情况，面临许多新的挑战，所以，《证券法》的修改和完善，是客观实践提出的迫切要求。因此，新《证券法》于 2005 年 10 月十届全国人大常委会第十八次会议表决通过进行了修订。

肖玉航[①]认为，新《证券法》对我国证券市场有七大影响，包括（1）为推进资本市场的发展和创新提供必要的法律空间；（2）提高上市公司质量，进一步规范股票发行上市的行为；（3）推动证券公司综合治理，防范和化解证券市场风险；（4）加强对投资者合法权益的保护力度，提升投资者信心；（5）完善证券发行、证券交易和证券登记结算制度，进一步规范市场秩序；（6）完善证券监管制度，增强市场监管力度；（7）强化法律责任，纠正违规，打击违法。

新《证券法》为股指期货奠定了一定的法律条件。如，在总则第二条中增加了一款，即"证券衍生品种发行、交易的管理办法，由国务院依照本法的原则规定"。这项规定为积极稳妥地发展证券衍生品种和推出做空机制奠定了法律基础。再如新《证券法》第四十二条规定："证券交易以现货和国务院规定的其他方式进行交易"，第一百四十二条规定："证券公司为客户买卖证券提供融资融券服务，应当按照国务院的规定并经国务院证券监督管理机构批准"，这实际上为信用交易预

---

① 肖玉航：《论〈证券法〉修改对我国证券市场的影响》，http://news1. jrj. com. cn/news，2005 年 11 月 3 日。

留了空间。

四 其他的准备工作成为股指期货平稳推出的重要条件

当前我国股指期货市场面临着比较好的发展形势，对于积极稳妥发展股指期货市场的政策也更加明确，市场基础不断稳固，越来越得到社会各界的关注和认可。股指期货的推出是资本市场和期货市场发展中的一件大事，将对资本市场和期货市场的发展产生深远的影响。深入开展投资者教育工作，检查和督促期货公司等中介机构做好技术、制度和人员等方面的准备工作，是确保股指期货平稳推出的一项重要措施。

第三节 我国股指期货发展历程回顾

一 股指期货的发展阶段概述

世界股指期货的发展历程大致经历了孕育、产生、成长、相对停滞和快速发展的过程。

20 世纪 70 年代，金融全球化和自由化增加了风险的来源和传播渠道，放大了风险的影响和后果，全球商品和资产的价格波幅加剧，投资者对股票风险管理工具的需求非常强烈。1982 年 2 月 24 日，KCBT 正式推出了价值线股指期货合约。2 个月后，CME 推出了标准普尔 500（S&P500）股指期货合约，同年 5 月纽约期货交易所（NYBOT）上市了纽约证券交易所综合指数期货。在股指期货交易开展初期，由于投资者对这一投资工具的特性缺乏了解，交易比较清淡，价格走势不稳，常出现现货价格与期货价格之间基差较大的现象。

随着市场发展，股指期货逐渐为投资者所了解和加以应用，其功能在这一时期内逐步被认同，交易也日渐活跃，并在许多国家和地区得到了发展，从而形成了世界性的股指期货交易热潮。这一时期股指期货的高速发展主要得益于市场效率的提高，期货市场的高流动性、高效率、低成本的特点完全显现，大部分股市投资者已开始参与股指期货交易，并熟练运用这一工具对冲风险和谋取价差，一些更复杂的动态交易模式也日益流行。

1987 年 10 月 19 日，美国华尔街股市一天暴跌 22%，从而引发全球股市重挫的金融风暴，即著名的"黑色星期一"。一些人认为，这次股灾的罪魁祸首是股指期货，包括著名的《布兰迪报告》以及后来得名的"瀑布理论"。尽管事后证明，没有证据表明是期货市场的过错，但是股指期货市场还是受到了重创，交易量不断下降。这次股灾也使市场管理者充分认识到股指期货的"双刃剑"作用，进一步加强了对股指期货交易的风险监管和制度规范，出台了许多防范股市大跌的应对措施。例如，期货交易所制订出股票指数期货合约的涨跌停板限制，借以稳定市场发生剧烈波动时投资者的恐慌心理。这些措施在后来股指的小幅振荡中起到重要作用，保证了股指期货市场的持续平稳运行，为 20 世纪 90 年代股指期货的繁荣奠定了坚实基础。

进入 20 世纪 90 年代后，有关股指期货的争议逐渐消失，规章制度得以完善，投资行为更为理智。特别是随着全球证券市场的迅猛发展，国际投资日益广泛，投资者对股票市场风险管理工具的需求猛增，使得近十几年来无论是市场经济发达国家，还是新兴市场国家，股指期货交易都呈现出良好的发展势头，并逐步形成了包括股票期货、期权和股指期货、期权在内的完整的股票衍生品市场体系。

二　我国股指期货的发展阶段

这里我们将我国股指期货的发展分为三个阶段。

第一阶段是在 2006 年以前，股指期货的理论准备和法律准备阶段。在这个阶段开始对股指期货进行研究，并开始修订《证券法》。理论准备包括多方面的内容，如我国是否要推出股指期货，推出股指期货有哪些障碍？怎样才能为股指期货扫平道路？法律准备是以 2006 年 1 月 1 日实施新《证券法》为标志。新《证券法》加入了相关内容，它的出台保证了股指期货诞生的合法性。

第二阶段从 2006 年以来到股指期货的推出，即股指期货交易的操作准备阶段。这个阶段主要工作有：一是就股指期货交易细则以及股指期货合约方案征求意见，2006年7月6日出台了股指期货八条细则以及股指期货合约方案（征求意见稿）。二是成立了专门的交易所。2006年9月8日中金所在上海成立，为股指期货推出提供了机构的保障。三是培养和教育投资者。2006年10月30日，中金所开通沪深300股指期货的仿真交易。四是2007年4月5日《期货交易管理条例》正式实施，细化了新《证券法》中的有关内容，对于股指期货的品种等进行了规范。2007年6月中国金融期货交易所公布了《中金所交易规则》及实施细则，标志着股指期货的法规筹备已基本完备。五是会员单位从无到有，从少到多，成为股指期货推出的必要条件。

股指期货推出以后，就进入了股指期货发展的第三阶段，即发展和完善阶段。

第四节 我国股指期货合约介绍

期货合约是指由交易所统一制定的、规定在将来某一特定的时间和地点交割一定数量标的物的标准化合约。期货合约主要条款包括合约标的、报价单位、最小变动价位、合约月份、交易时间、最低交易保证金、每日价格最大波动限制、最后交易日、交割方式、交易代码等。

股指期货交易是以股票指数为基础的交易。其标的物的主要内容简介如下。[①]

一 合约乘数

在股指期货中，其指数值是货币化的，也就是说，期货的股票指数代表一定的货币金额。它等于指数值乘以一个固定金额，这个固定金额就是"合约乘数"。股指期货是用指数的点数来报出它的价格。例如，在香港上市的恒生指数期货合约规定，合约乘数为50港币，与期货恒生指数的乘积就得到一个合约的总价值。若期货市场报出恒生指数为

---

① 《股指期货合约内容》，www. cnfol. com，2006年7月7日。

15000 点，则表示一张合约的价值为 750000 港币。而若恒生指数上涨了 100 点，则表示一张合约的价值增加了 5000 港币。

二　最小变动价位

股票指数期货的最小变动价位，也以一定的指数点来表示。如香港恒生指数期货的最小变动价位是 1 个指数点，由于每个指数点的价值为 50 港币。因此，就一个合约（或称一手）而言，其最小变动价位为 50 港币。

三　每日价格波动限制

自 1987 年 10 月股灾以后，绝大多数交易所对其上市的股票指数期货合约规定了每日价格波动限制，类似于我们通常说的涨跌停板制。各个交易所的规定各不相同，这种不同表现在限制的幅度上，也表现在限制的方式上。同时各交易所还经常根据具体情况对每日价格波动进行具体限制。

在限制的方式上，有涨跌停板制和熔断机制，有的交易所只用一种，有的交易所两种限价方式同时存在。

熔断机制，是当行情波动幅度达到交易所所规定的幅度即熔断点时，交易所会暂停交易一定时间，一般是 10 分钟，尔后再开始正常交易，这时，将在更大一点的熔断点内交易。一般只设两个不同幅度的熔断点。

四　结算方式

股指期货当然是以现金方式结算，并且是按期货的规律实行每日无负债结算制度，即投资者账户中每天的履约保证金不能出现负数。

每个交易所的结算价定价法略有不同，但一般来说都是如下做法：对于每天的结算，是以当天最后一小时交易的成交量加权平均价，作为交易收盘后的结算价格。

对于到期日的结算，也就是交割结算，是以当天股票现货指数每 5

分钟取样算术平均价格，按最小变动价位取整后，作为结算价。特殊情况下交易所有权调整计算方法。

五　交割方式

股指期货采用现金交割方式，在前面已有叙述。

股指期货合约都有到期时间，它的最后交易日和最后结算日是同一天，都是指合约到期的最后一个工作日。

六　合约价值

合约乘数乘以股指期货点数，就得到合约价值。如果再乘以保证金比例，就得到做一手股指期货合约应占用的保证金数额。

七　合约月份

是指股指期货到期的月份，同一个股指期货是以不同的合约月份，来区分不同合约的。一般来说，一个股指期货合约其"合约月份"分为当月、下月及随后两个季月，即最多四个合约。

《中国金融期货交易所交易细则》规定，沪深 300 股指期货合约的合约标的为沪深 300 指数。该指数由中证指数有限公司编制和发布。这就表明股指期货相关的标的指数是沪深 300 指数，而不是原来大家所熟悉的上证综指，由此就提醒投资者要尽早开始关注及研究沪深 300 指数的编制规则及其历史走势，在总结规律的基础上积累经验。

沪深 300 股指期货合约的合约乘数为每点人民币 300 元。股指期货合约价值为股指期货指数点乘以合约乘数。沪深 300 股指期货合约以指数点报价。沪深 300 股指期货合约的最小变动价位是 0.2 点，该合约交易报价指数点须为 0.2 点的整数倍。由此，我们可以知道，股指期货的报价单位是指数点，而且须为 0.2 点的整数倍，这与我们股票交易中最小报价单位是 0.01 元人民币是有区别的。[1]

---

① 参见储和平《如何全面理解沪深 300 股指期货合约》，www. stockstar. com，2007 年 5 月 17 日。

沪深 300 股指期货合约的合约月份为当月、下月及随后两个季月。季月是指 3、6、9、12 月。股指期货的交易时间为交易日 9：15—11：30（第一节）和 13：00—15：15（第二节），最后交易日交易时间为 9：15—11：30（第一节）和 13：00—15：00（第二节）。也就是说如果要参与股指期货交易，必须注意到股指现货市场比股指期货市场早上要早开市 15 分钟，晚上要晚收市 15 分钟。

沪深 300 股指期货合约的每日价格最大波动限制指其每日价格涨跌停板幅度，为上一交易日结算价的 ±10%。我们需要注意的是确定价格涨跌停板幅度的依据是上一交易日结算价，而不是上一交易日收盘价，这与股票交易中依据上一交易日收盘价确定下一日涨跌停板存在明显不同。按中金所有关规定，当日结算价是指某一期货合约最后一小时成交价格按成交量的加权平均价。此外，股指期货合约到期时采用现金交割方式，这与股票不存在明确的到期日以及权证行权日期是不同的。

沪深 300 股指期货合约的最后交易日为合约到期月份的第三个周五，最后交易日即为交割日。最后交易日为法定假日或者因不可抗力未交易的，以下一个交易日为最后交易日和交割日。而在股票交易中，只要上市公司不被摘牌，理论上都不存在明确的到期日之说。权证最后一个交易日并不是到期日，权证在存续期满前 5 个交易日将终止交易，但可以行权。按中金所的有关规定，股指期货合约采用现金交割方式。股指期货合约最后交易日收市后，交易所以交割结算价为基准，划付持仓双方的盈亏，了结所有未平仓合约。股指期货交割结算价为最后交易日标的指数最后 2 小时的算术平均价。交易所有权根据市场情况对股指期货的交割结算价进行调整。也就是说，沪深 300 股指期货现金交割是以最后交易日沪深 300 指数最后 2 小时的算术平均价为准。这有助于股指期货与股指现货价格收敛，保证股指期货发现价格、规避风险职能有效发挥。

表 5 – 4 中国金融期货交易所沪深 300 股指期货合约

合约标的	沪深 300 指数
合约乘数	每点 300 元
报价单位	指数点
最小变动价位	0.2 点
合约月份	当月、下月及随后两个季月
交易时间	9：15—11：30，13：00—15：15
最后交易日交易时间	9：15—11：30，13：00—15：00
每日价格最大波动限制	上一个交易日结算价的 ±10%
最低交易保证金	合约价值的 10%
最后交易日	合约到期月份的第三个周五（遇法定假日顺延）
交割日期	同最后交易日
交割方式	现金交割
交易代码	IF
上市交易所	中国金融期货交易所

资料来源：http：//www.jrj.com，2007 年 5 月 2 日。

第五节 我国股指期货交易规则

我国股指期货交易规则包含在《中国金融期货交易所交易规则》中。《中国金融期货交易所交易规则》（以下简称《交易规则》）分为总则、合约与品种、会员管理、交易业务、结算业务、交割业务、风险控制、异常情况处理、信息管理、监督管理、争议处理和附则共十二部分。这里我们重点介绍以下几部分。

一 合约与品种

《交易规则》规定，交易所上市经中国证监会批准的交易品种。其中，第五条明确了期货合约的概念，即期货合约是指由交易所统一制定的、规定在将来某一特定的时间和地点交割一定数量标的物的标准化合约。第七条对期货合约主要条款进行了界定，期货合约包括合约标的、报价单位、最小变动价位、合约月份、交易时间、最低交易保证金、每日价格最大波动限制、最后交易日、交割方式、交易代码等。与此同时，明确了合约的附件与合约具有同等法律效力。最后，合约与品种还对交易时间有了明确的说法。规定交易日为每周一至周五（国家法定假日除外）。每一交易日各品种的交易时间安排，由交易所另行公告。

二 会员管理

《交易规则》规定，会员是指根据有关法律、行政法规和规章的规定，经交易所批准，有权在交易所从事交易或者结算业务的企业法人或者其他经济组织。交易所的会员分为交易结算会员、全面结算会员、特别结算会员和交易会员。其中交易结算会员只能为其客户办理结算、交割业务。全面结算会员可以为其客户和与其签订结算协议的交易会员办理结算、交割业务。特别结算会员只能为与其签订结算协议的交易会员办理结算、交割业务。而交易会员可以从事经纪或者自营业务，不具有与交易所进行结算的资格。

会员享有下列权利：（1）在交易所从事规定的交易、结算和交割等业务；（2）使用交易所提供的交易设施，获得有关期货交易的信息和服务；（3）按照交易所交易规则行使申诉权；（4）交易所交易规则及其实施细则规定的其他权利。

会员应当履行的义务有：（1）遵守国家有关法律、行政法规、规章和政策；（2）遵守交易所的章程、交易规则及其实施细则和有关决定；（3）按照规定缴纳各种费用；（4）接受交易所监督管理；（5）履行与交易所所签订协议中规定的相关义务；（6）交易所规定应当遵守的其他义务。

申请成为交易所会员应当符合法律、行政法规、规章和交易所规定的资格条件。会员的接纳、变更和终止，须经交易所会员资格审查委员会预审，董事会批准，报告中国证监会，并予以公布。申请或者变更会员资格应当向交易所提出书面申请，在获得交易所批准后，与交易所签订相关协议。会员发生合并、分立的，应当向交易所重新申请会员资格，由交易所进行审核。交易所建立会员联系人制度。会员应当设业务代表一名、业务联络员若干名，组织、协调会员与交易所的各项业务往来。会员违反交易所的会员管理规定或者不再满足会员资格条件的，交易所有权暂停其业务或者取消其会员资格。

三　交易业务

会员可以根据业务需要向交易所申请设立一个或者一个以上的席位。客户委托会员进行交易，应当事先通过会员办理开户登记。客户可以通过书面、电话、互联网等委托方式以及中国证监会规定的其他方式，向会员下达交易指令。会员接受客户委托指令后，应当将客户的所有指令通过交易所集中交易，不得进行场外交易。

交易指令分为市价指令、限价指令及交易所规定的其他指令。其中，市价指令是指不限定价格的、按照当时市场上可执行的最优报价成交的指令。市价指令的未成交部分自动撤销。限价指令是指按照限定价格或者更优价格成交的指令。限价指令当日有效，未成交部分可以撤销。交易指令成交后，交易所按照规定发送成交回报。每日交易结束后，会员应当按照规定方式获取并核对成交记录。

交易所实行套期保值额度审批制度。套期保值额度由交易所根据套期保值申请人的现货头寸、资信状况和市场情况审批。会员进行期货交易，应当按照规定向交易所缴纳手续费。

四　结算业务

结算业务是指交易所根据交易结果、公布的结算价格和交易所有关规定对交易双方的交易盈亏状况进行资金清算和划转的业务活动。期货交易的结算，由交易所统一组织进行。交易所实行会员分级结算制度。交易所对结算会员进行结算，结算会员对其受托的交易会员进行结算，交易会员对其客户进行结算。交易所实行保证金制度。保证金是交易所向结算会员收取的用于结算和担保期货合约履行的资金。经交易所批准，会员可以用中国证监会认定的有价证券充抵保证金。保证金分为结算准备金和交易保证金。结算准备金是指未被合约占用的保证金；交易保证金是指已被合约占用的保证金。结算会员向交易会员收取的保证金不得低于交易所规定的保证金标准。

交易所在期货保证金存管银行开设专用结算账户，用于存放结算会员的保证金及相关款项。结算会员应当在保证金存管银行开设期货保证金账户，用于存放其客户及受托交易会员的保证金及相关款项。交易所与结算会员之间的期货业务资金往来应当通过交易所专用结算账户和结算会员专用资金账户办理。会员应当将客户缴纳的保证金存放于期货保证金账户，并与其自有资金分别保管，不得挪用。交易所实行当日无负债结算制度。结算会员结算准备金余额低于规定水平且未按时补足的，如结算准备金余额小于规定的最低余额，不得开仓；如结算准备金余额小于零，交易所可以按照规定对其进行强行平仓。

交易会员只能委托一家结算会员为其办理结算交割业务，交易会员应当与结算会员签订协议，并将协议报交易所备案。交易会员和结算会员可以根据交易所规定，向交易所申请变更委托结算关系，交易所审批后为其办理。结算会员应当建立结算风险管理制度。结算会员应当及时准确地了解客户及受托交易会员的盈亏、费用及资金收付等财务状况，控制客户及受托交易会员的风险。

交易所应当按照手续费收入的20%的比例提取风险准备金。风险准备金应当单独核算，专户存储。

五 交割业务

期货交易的交割，由交易所统一组织进行。期货交割采用现金交割或者实物交割方式。现金交割是指合约到期时，按照交易所的规则和程序，交易双方按照规定结算价格进行现金差价结算，了结到期未平仓合约的过程。实物交割是指合约到期时，按照交易所的规则和程序，交易双方通过该合约所载标的物所有权的转移，了结到期未平仓合约的过程。

六 风险控制

交易所实行价格限制制度。价格限制制度分为熔断制度与涨跌停板制度。熔断与涨跌停板幅度由交易所设定，交易所可以根据市场风险状况调整期货合约的熔断与涨跌停板幅度。

交易所实行持仓限额制度。持仓限额是指交易所按照一定原则规定的会员或者客户持有合约的最大数量，获批套期保值额度的会员或者客户持仓不受此限。同一客户在不同会员处开仓交易的，其对某一合约的持仓合计不得超出该客户的持仓限额。

交易所实行大户持仓报告制度。会员或者客户对某一合约持仓达到交易所规定的持仓报告标准的，会员或者客户应当向交易所报告。客户未报告的，会员应当向交易所报告。交易所可以根据市场风险状况，制定并调整持仓报告标准。

交易所实行强行平仓制度。会员或者客户存在违规超仓、未按照规定及时追加保证金等违规行为或者交易所规定的其他情形的，交易所有权对相关会员或者客户采取强行平仓措施。

强行平仓赢利部分按照有关规定处理，发生的费用、损失及因市场原因无法强行平仓造成的损失扩大部分由相关会员或者客户承担。

交易所实行强制减仓制度。期货交易出现涨跌停板单边无连续报价或者市场风险明显增大情况的，交易所有权将当日以涨跌停板价格申报的未成交平仓报单，以当日涨跌停板价格与该合约净持仓赢利客户按照持仓比例自动撮合成交。

交易所实行结算担保金制度。结算担保金是指结算会员依交易所规定缴纳的，用于应对结算会员违约风险的共同担保资金。

交易所实行风险警示制度。交易所认为必要的，可以分别或者同时采取要求会员和客户报告情况、谈话提醒、发布风险警示函等措施，以警示和化解风险。

期货交易出现涨跌停板单边无连续报价或者市场风险明显增大情况的，交易所可以采取调整涨跌停板幅度、提高交易保证金标准及强制减仓等风险控制措施化解市场风险。交易所采取强制减仓措施的，应当经交易所董事会执行委员会审议批准。

结算会员无法履约时，交易所有权采取下列措施：（1）暂停开仓；

（2）按照规定强行平仓，并用平仓后释放的保证金履约赔偿；（3）依法处置充抵保证金的有价证券；（4）动用该违约结算会员缴纳的结算担保金；（5）动用其他结算会员缴纳的结算担保金；（6）动用交易所风险准备金；（7）动用交易所自有资金。交易所代为履约后，由此取得对违约会员的相应追偿权。

有根据认为会员或者客户违反交易所交易规则及其实施细则并且对市场正在产生或者将产生重大影响的，为防止违规行为后果进一步扩大，交易所可以对该会员或者客户采取限制入金、限制出金、限制开仓、提高保证金标准、限期平仓、强行平仓等临时处置措施。其中限制入金、限制出金、限制开仓、提高保证金标准临时处置措施，可以由交易所总经理决定，其他临时处置措施由交易所董事会决定，并及时报告中国证监会。

七　异常情况处理

在期货交易过程中，出现下列情形之一的，交易所可以宣布进入异常情况，采取紧急措施化解风险：

（1）因地震、水灾、火灾等不可抗力或者计算机系统故障等不可归责于交易所的原因导致交易无法正常进行；（2）会员出现结算、交割危机，对市场正在产生或者将产生重大影响；（3）出现本规则第六十二条情况并采取相应措施后仍未化解风险；（4）交易所规定的其他情况。

出现第（1）项异常情况时，交易所总经理可以采取调整开市收市时间、暂停交易等紧急措施；出现前款第（2）、（3）、（4）项异常情况时，交易所董事会可以决定采取调整开市收市时间、暂停交易、调整涨跌停板幅度、提高交易保证金、限期平仓、强行平仓、限制出金等紧急措施。

交易所宣布进入异常情况并决定采取紧急措施前应当报告中国证监会。交易所宣布进入异常情况并决定暂停交易的，暂停交易的期限不得超过3个交易日，但经中国证监会批准延长的除外。

八 信息管理

交易所期货交易信息即期货、期权上市合约的交易行情、各种交易数据、统计资料、交易所发布的各种公告信息以及中国证监会指定披露的其他相关信息所有权属于交易所，由交易所统一管理和发布。

交易所发布的信息包括：合约名称、合约月份、开盘价、最新价、涨跌、收盘价、结算价、最高价、最低价、成交量、持仓量及其持仓变化、会员成交量和持仓量排名等其他需要公布的信息。

信息发布应当根据不同内容按照实时、每日、每周、每月、每年定期发布。交易所、会员不得发布虚假的或者带有误导性质的信息。交易所应当采取有效通讯手段，建立同步报价和即时成交回报系统。交易所的行情发布正常，但因公共媒体转发发生故障，影响会员和客户交易的，交易所不承担责任。为保证交易数据的安全，交易所应当实行异地数据备份。

交易所、会员和期货保证金存管银行不得泄露业务中获取的商业秘密。经批准，交易所可以向有关监管部门或者其他相关单位提供相关信息，并执行相应的保密规定。

九 监督管理

交易所依据本规则和有关规定，对与交易所期货交易有关的业务活动实施自律监督管理。交易所监督管理的主要内容为：（1）监督、检查期货市场法律、行政法规、规章和交易规则的落实执行情况，控制市场风险；（2）监督、检查各会员业务运作及内部管理状况；（3）监督、检查各会员的财务、资信状况；（4）监督、检查期货保证金存管银行及期货市场其他参与者与期货有关的业务活动；（5）调解、处理期货交易纠纷，调查处理各种违规案件；（6）协助司法机关、行政执法机关依法执行公务；（7）对其他违背公开、公平、公正原则、制造市场风险的行为进行监督管理。

交易所履行监督管理职责时，可以行使下列职权：（1）查阅、复制与期货交易有关的信息、资料；（2）对会员、客户、期货保证金存管银行以及期货市场其他参与者等单位和人员进行调查、取证；（3）要求会员、客户、期货保证金存管银行以及期货市场其他参与者等被调查者对被调查事项作出申报、陈述、解释、说明；（4）交易所履行监督管理职责所必需的其他职权。

交易所、会员和期货保证金存管银行应当遵守中国证监会有关期货保证金安全存管监控的规定。交易所履行监督管理职责时，可以按照有关规定行使调查、取证等职权，会员、客户、期货保证金存管银行及期货市场其他参与者应当配合。

会员、客户、期货保证金存管银行及期货市场其他参与者应当接受交易所对其期货业务的监督管理，对不如实提供资料、隐瞒事实真相、故意回避调查或者妨碍交易所工作人员行使职权的单位和个人，交易所可以按照有关规定采取必要的限制性措施或者进行处罚。

交易所每年应当对会员遵守交易所交易规则及其实施细则的情况进行抽样或者全面检查，并将检查结果上报中国证监会。交易所发现会员、客户、期货保证金存管银行及期货市场其他参与者在从事期货相关业务时涉嫌违规的，应当立案调查；情节严重的，交易所可以采取相应措施防止违规行为后果进一步扩大。交易所工作人员不能正确履行监督管理职责的，会员、客户、期货保证金存管银行及期货市场其他参与者有权向交易所或者中国证监会投诉、举报。经查证属实的，应当严肃处理。交易所制定违规违约处理办法对违规违约行为进行处理。

交易所在中国证监会统一组织和协调下，与证券交易所、证券登记结算机构和期货保证金安全存管监控机构等相关机构，建立对期货市场和相关市场的信息共享等监管协作机制。

十　争议处理

会员、客户、期货保证金存管银行及期货市场其他参与者之间发生的有关期货业务纠纷，可以自行协商解决，也可以提请交易所调解。提请交易所调解的当事人，应当提出书面调解申请。经调解达成协议后，交易所制作调解书，经双方当事人签收后生效。当事人也可以依法向仲裁机构申请仲裁或者向人民法院提起诉讼。会员与交易所发生争议，可以依照与交易所签订的协议约定申请仲裁或者向人民法院提起诉讼。

第六节　我国股指期货交易细则

我国股指期货交易细则在《中国金融期货交易所交易细则》中体现出来。因此，这里主要介绍《中国金融期货交易所交易细则》的主要内容。《中国金融期货交易所交易细则》有总则、品种与合约、席位管理、价格、指令与成交、交易编码、附则7章61条。

一　品种与合约

交易所上市品种为股票指数以及经中国证券监督管理委员会（以下简称中国证监会）批准的其他期货品种。期货合约是指由交易所统一制定的、规定在将来某一特定的时间和地点交割一定数量标的物的标准化合约。股指期货合约主要条款包括合约标的、合约乘数、报价单位、最小变动价位、合约月份、交易时间、每日价格最大波动限制、最低交易保证金、最后交易日、交割日期、交割方式、交易代码、上市交易所等。合约附件与合约具有同等法律效力。

沪深300股指期货合约的合约标的为沪深300指数。该指数由中证指数有限公司编制和发布。沪深300股指期货合约的合约乘数为每点人民币300元。股指期货合约价值为股指期货指数点乘以合约乘数。

沪深300股指期货合约以指数点报价。沪深300股指期货合约的最小变动价位是0.2点指数点。该合约交易报价指数点须为0.2点的整数倍。沪深300股指期货合约的合约月份为当月、下月及随后两个季月。季月是指3、6、9、12月。沪深300股指期货合约的最后交易日为合约到期月份的第三个周五，最后交易日即为交割日。最后交易日为法定假日或者因不可抗力未交易的，以下一交易日为最后交易日和交割日。到期合约交割日的下一交易日，新的月份合约开始交易。股指期货的交易时间为交易日 9：15—11：30（第一节）和 13：00—15：15（第二节），最后交易日交易时间为 9：15—11：30（第一节）和 13：00—15：00（第二节）。

沪深 300 股指期货合约的每日价格最大波动限制是指其每日价格涨跌停板幅度，为上一交易日结算价的 ±10％。股指期货合约到期时采用现金交割方式。

股指期货合约的交易单位为"手"，1 手等于 1 张合约。期货交易须以交易单位的整数倍进行。

二　席位管理

席位是指会员向交易所申请设立的、参与交易与接受监管及服务的基本业务单位。会员可以根据业务需要向交易所申请一个或者一个以上的席位。会员申请席位，应当具备下列条件：（1）经营状况良好，无严重违法违规记录；（2）通讯、资金划拨条件符合交易所要求；（3）配备符合交易所要求的业务系统及相关专业人员；（4）有健全的规章制度和交易管理办法；（5）业务系统的建设和管理符合中国证监会相关技术管理规范的要求。

会员申请席位，应当提交下列材料：（1）近两年期货交易基本情况；（2）包含新增席位的理由、条件、可行性论证等内容的申请报告；（3）机构、人员现状及拟负责交易管理事务的主要人员的名单、简历、专业背景等基本情况；（4）交易管理的业务制度（包括数据安全管理制度）；（5）计算机系统、通讯系统（包括通讯线路）、系统软件、应用软件等配置清单；（6）交易所要求提供的其他材料。

交易所在收到符合要求的申请报告和有关材料之日起 15 个工作日内，对申请报告作出书面批复。会员应当在收到交易所同意其席位申请的批复后 5 个工作日内，与交易所签订席位使用协议。无故逾期的，视为放弃。会员申请增加席位需与交易所另行签订席位使用协议。

席位使用费按年收取。席位年申报量不超过 20 万笔的，年使用费为人民币 2 万元；席位年申报量超过 20 万笔的，年使用费为人民币 3

万元。申报量是指买入、卖出以及撤销委托笔数的总和。席位撤销时，已收取的席位使用费不予退还。

会员交易设施安装和系统调试完成之后，达到交易所规定标准且符合开通条件的，方可投入使用。会员应当加强席位管理和交易业务系统维护，主要设施需要更换或者作技术调整时，应当事先征得交易所同意。席位迁移出原登记备案地，应当事先报交易所审批。交易所有权对席位的使用情况进行监督检查。

有下列情形之一的，席位予以撤销：（1）会员提出撤销申请，经交易所核准；（2）私下转包、转租或者转让席位；（3）管理混乱、存在严重违规行为或者经查实已不符合开通条件；（4）利用席位窃密或者破坏交易所系统；（5）所属会员被取消会员资格；（6）交易所认为其不适宜拥有席位。

由于交易系统、通讯系统等交易设施发生故障，致使10%以上的会员不能正常交易的，交易所应当暂停交易，直至故障消除为止。

三　价格

交易所应当及时发布开盘价、收盘价、最高价、最低价、最新价、涨跌、最高买价、最低卖价、申买量、申卖量、结算价、成交量、持仓量等与交易有关的信息。开盘价是指某一期货合约开市前5分钟内经集合竞价产生的成交价格。集合竞价未产生成交价格的，以集合竞价后第一笔成交价为开盘价。收盘价是指某　期货合约当日交易的最后一笔成交价格。最高价是指一定时间内某一期货合约成交价中的最高成交价格。最低价是指一定时间内某一期货合约成交价中的最低成交价格。最新价是指某一期货合约在当日交易期间的即时成交价格。涨跌是指某一期货合约在当日交易期间的最新价与上一交易日结算价之差。最高买价是指某一期货合约当日买方申请买入的即时最高价格。最低卖价是指某一期货合约当日卖方申请卖出的即时最低价格。申买量是指某一期货合约当日交易所交易系统中未成交的最高价位申请买入的下单数量。申卖量是指某一期货合约当日交易所交易系统中未成交的最低价位申请卖出的下单数量。结算价是指某一期货合约当日一定时间内成交价格按照成交量的加权平均价。结算价是进行当日未平仓合约盈亏结算和计算下一交易日交易价格限制的依据。成交量是指某一期货合约在当日交易期间所有成交合约的单边数量。持仓量是指期货交易者所持有的未平仓合约的单边数量。

四　指令与成交

交易指令分为市价指令、限价指令及交易所规定的其他指令。市价指令是指不限定价格的、按照当时市场上可执行的最优报价成交的指令。市价指令的未成交部分自动撤销。限价指令是指按照限定价格或者更优价格成交的指令。限价指令在买进时，必须在其限价或者限价以下的价格成交；在卖出时，必须在其限价或者限价以上的价格成交。限价指令当日有效，未成交部分可以撤销。市价指令只能和限价指令撮合成交，成交价格等于即时最优限价指令的限定价格。

交易指令的报价只能在合约价格限制范围内，超过价格限制范围的报价视为无效。交易指令申报经交易所确认后生效。

交易指令每次最小下单数量为 1 手，市价指令每次最大下单数量为50 手，限价指令每次最大下单数量为 200 手。

开盘集合竞价在交易日开市前 5 分钟内进行，其中前 4 分钟为买、卖指令申报时间，后 1 分钟为集合竞价撮合时间。集合竞价产生的成交价格为开盘价。集合竞价未产生成交价格的，以集合竞价后第一笔成交价为开盘价。集合竞价期间不接受市价指令申报。集合竞价撮合时间不能撤单。

集合竞价采用最大成交量原则，即以此价格成交能够得到最大成交量。高于集合竞价产生的价格的买入申报全部成交；低于集合竞价产生的价格的卖出申报全部成交；等于集合竞价产生的价格的买入或者卖出申报，根据买入申报量和卖出申报量的多少，按照少的一方的申报量成交。

开盘集合竞价中的未成交部分指令自动参与开市后竞价交易。限价指令竞价交易时，交易所系统将买卖申报指令以价格优先、时间优先的原则进行排序，当买入价大于、等于卖出价则自动撮合成交。撮合成交价等于买入价（bp）、卖出价（sp）和前一成交价（cp）三者中居中的一个价格。即：

当 bp≥sp≥cp，则最新成交价 = sp

bp≥cp≥sp，   则最新成交价 = cp

cp≥bp≥sp，   则最新成交价 = bp

集合竞价未产生开盘价的，以上一交易日收盘价为前一成交价，按照上述办法确定第一笔成交价。

新上市合约的挂盘基准价由交易所确定并提前公布。挂盘基准价是确定新合约上市首日交易价格限制的依据。

五　交易编码

交易所实行交易编码制度。交易编码是指会员和客户进行期货交易的专用代码。交易编码由会员号和客户号两部分组成。交易编码由十二位数字构成，前四位为会员号，后八位为客户号。如客户交易编码为001200000001，则会员号为0012，客户号为00000001。客户可以在不同的会员处开户，但在交易所内只能有一个客户号。其交易编码中会员号不同，客户号相同。

会员应当按照交易所系统中关于客户资料录入的提示输入客户资料，不得跳栏或者漏输。会员应当通过电子文档方式将客户开户、变更及销户资料向交易所备案，并保证客户资料真实、准确。会员在交易所系统中录入客户开户资料后，客户交易编码由系统自动生成，经交易所审核后方可使用。会员应当建立客户开户、变更及销户资料档案。自然人客户资料为《自然人客户开户登记表》和本人身份证复印件；法人客户资料为《法人客户开户登记表》、营业执照复印件和组织机构代码证复印件；客户销户资料包括《客户销户申请表》等。上述资料，会员应当自期货经纪合同终止之日起至少保存20年。

证券公司、证券投资基金等特定客户开立客户号应当向交易所提交书面开户申请，由交易所为其开立客户号。

有下列情形之一的，客户交易编码予以注销：（1）客户备案资料不真实；（2）客户被认定为市场禁止进入者；（3）未按照交易所要求提供客户备案资料；（4）客户申请注销；（5）交易所认定的其他情形。

客户提供虚假的资料或者会员协助客户使用虚假资料开户的，交易所责令会员限期平仓，平仓后注销该客户交易编码，同时按照《中国金融期货交易所违规违约处理办法》的有关规定进行处理。

第六章

我国股指期货推出后对 A 股市场的影响

第一节　股指期货与股票现货市场的关系

一　股指期货对我国股票市场风险的影响

（一）我国股票市场的风险构成

股票市场的风险主要分为系统性风险和非系统性风险两部分。系统性风险，是指整个经济或政治形势的变化所造成的，不以投资人的意志为转移，是处于同一市场当中的所有股票共同面临的风险。非系统性风险，则是指存在于个别股票的，由某一个行业或企业自身因素所带来的风险，可以通过股票投资多样化等方法加以减少或消除。

系统性风险有两个特点：一是股票价格波动对所有投资者都起作用，二是投资者无法通过投资组合方法消除系统性风险。具体包括：国家宏观经济走势、国家政治军事局势、汇率利率调控政策和管理层对股市干预等。

非系统性风险主要有三个特点：一是由特殊因素引起的，二是只影响个别股票的收益，三是可以通过投资多样化来规避。具体包括：公司经营财务风险、行业地区发展动态、股票本身波动规律和投资者心态与方法等。

非系统性风险可以通过投资组合进行规避，而对于系统性风险，无论投资者的投资规模有多大，投资组合如何分散，都无法通过单项投资策略规避系统风险。而我国股市不仅波动幅度大、整体风险高，而且系统性风险在总体风险中的比重也较高。投资者对系统性风险的规避主要有两种策略：一是通过股市的"做多"、"做空"机制降低风险；二是运用金融工具进行风险对冲。但我国目前股票市场的现实是，既无"做空"机制，又缺乏风险对冲工具，投资者对系统性风险的防范难度很大，缺乏应对突发事件的手段。所以股指期货的推出是十分必要的，这样既能满足投资者规避系统风险的需要，又能在一定程度上弥补没有"做空"机制的缺陷。

（二）系统性风险的识别

股市系统性风险是由整个经济或政治形势的变化所造成的，是由各方面因素综合形成的，若要制定一个规范的识别标准难度很大。投资者可以从以下几方面识别股市的系统性风险。

1. 国家宏观经济政策的影响

如果国家采取银根紧缩的政策，提高利率或银行准备金率，则对国家经济有降温的作用，与之相关的许多企业效益会迅速下降。如 2005 年上半年国家宏观调控就对房地产、钢材、水泥等行业造成了极为不利的影响，再加上银行加息的预期和大量扩容，从而形成股市不断下降的局面，这种系统风险确实是一般投资者难以控制的。

2. 政府对股市相关政策的出台

我国的股票市场从一开始就带有一定的"政策性"，政府可以通过印花税、利率等一系列措施，对股市进行调整。当政府不断出台利空政策时，这就意味着管理层认定股市有较大的泡沫成分，如果股市继续上涨，随后可能有更严厉的政策出台，股市最终只有选择向下的调整来消化利空对股市的负面影响。2007 年的"5·30 股灾"正是如此。由于政府于 5 月 29 日出台政策，将证券（股票）交易印花税从原来的 1%提高到 3%，这一政策的报出，使得第二天沪深两市大幅低开，中国股市基准指数——上证综合指数收盘下跌 6.5%，盘中最大跌幅达到 7.4%，900 只股票跌停。可见，利空政策引起的波动是十分巨大的，也是投资者难以左右的。

3. 经济周期对股市的影响

股票价格的波动在经济周期的各阶段呈明显的规律性。经济处于上升阶段时，企业为满足市场需求，会增加投资、不断扩大生产规模，从而利润也会随之增加，股价也就呈稳定的上升趋势；而一旦经济发展停滞甚至下降的时候，股市也必然会一蹶不振，股价下跌在所难免。

4. 非经济性事件的发生

由于国际政治形势、外交关系的变化、战争爆发以及社会政治事件的发生，有可能直接影响到经济形势，造成股市动荡。如2001年"9·11"事件发生后，全球股市全面急挫，纽约华尔街股市宣布无限期停市。

上述这些方面还不足以说明全部系统风险，但它们的发生确实不是普通投资者通过单向交易能够规避的。

（三）股指期货对冲系统风险的机制

对冲交易，是进行套期保值、规避系统风险的基本操作方法。对冲的英文是"Hedge"，原意就是"两面下注"的赌场用语，即不管开盅的结果是"开大"还是"开小"，都会有一注赢钱，另一注输钱。从而，对冲的目的也就是"保值"。引入证券市场中，即在股票现货市场和期货市场上，同时作出等量的、相反的买卖行为。换言之，就是在现货市场做多时，在期货市场做空；在现货市场做空时，在期货市场做多。由于现货市场与期货市场存在同向联动性，这样，无论后市朝哪个方向变动，都没有风险。具体操作分为：卖出对冲和买入对冲。

卖出对冲，又称为卖期保值或空头对冲，就是当交易者预期后市可能下跌时，为了保护手中所持有的现货市场的多头部位免于价格下跌可能带来的风险，而卖出相应的期货合约，取得空头部位从而进行保值。

买入对冲，又称为买期保值或多头对冲，即当交易者预期后市可能上涨时，为了保护手中所持有的现货市场的空头部位免于价格上涨可能带来的风险，而买入相应的期货合约，取得多头部位从而进行保值。在股票市场上使用买入对冲的方法，前提是现货市场上存在股票卖空机制。即可以允许交易者手中没有股票的情况下，通过向证券公司或经纪行借贷股票先行卖出，到时再买回同等数量的股票归还证券公司或经纪行。

由于我国股票市场不存在卖空机制，所以买入对冲对我国投资者没有实用价值。现以香港恒生指数为例，对卖出对冲的操作进行具体说明。恒生指数每点价格为 50 港元，假设某投资者在香港股票现货市场买入 150 万港元的股票，他判断股票价格后市看涨，为了防止股票下跌带来的亏损，他在 29000 点时卖出 1 份恒生指数期货合约。随后两个月，若股市大跌，投资者的股票贬值为 145 万港元，则此时，他将在现货市场损失 5 万港元。同时，恒生指数期货会随大盘下跌，假设下跌至 28000 点，该投资者便可在期货市场上以平仓的方式买进 1 份恒生指数期货合约，则实现利润（29000 − 28000）× 50 × 1 = 50000 港元。这样，该投资者在期货市场的赢利抵消了在股票现货市场的亏损，实现了完全套期保值。

当然，只求完全套期保值，在规避了系统风险的同时，也失去了获利的机会，这不是投资者投身证券市场的真正目的。他们可以通过投资获得上市公司业绩成长带来的收益，也可以通过价差获利。实际操作中，由于基差、贝塔系数值偏差等的存在，投资者通过自己的专业知识，利用时间、空间的差异等，在保值的基础上实现超额利润是完全可能的。

（四）股指期货与股灾的关系：以 1987 年股灾为例

1987 年 10 月 19 日，星期一，华尔街上的纽约股票市场刮起了股票暴跌风潮，由此爆发了历史上最大的一次崩盘事件。道·琼斯指数一天之内重挫 508.32 点，跌幅达 22.6%，创下自 1941 年以来单日跌幅最高纪录。6.5 小时之内，纽约股指损失 5000 亿美元左右，其价值相当于美国全年国民生产总值的 1/8。这次股市暴跌震惊了整个金融世界，并在全世界股票市场产生"多米诺骨牌"效应，伦敦、法兰克福、东京、悉尼、中国香港地区、新加坡等国家和地区股市均受到强烈冲击，股票跌幅多达 10% 以上。当天 CME 的 S&P500 指数期货市场上，抛压更为严重。12 月份合约暴跌 80.75 点，以 201.5 点收盘，跌幅达

28.6%。此次股市暴跌事件，在西方各国股民中引起了巨大恐慌。

中国香港地区市场情况尤为严重。1987 年 10 月 19 日，香港股市、期货市场一开市就受前几日，特别是 16 日美国纽约股市大下跌的剧烈冲击，当天恒生指数下跌 420.81 点，跌幅达 11.1%，同时恒生指数期货 10 月合约下跌 361 点，其他合约也全部下跌。19 日美国股市崩溃，20 日早晨香港联合交易所董事局宣布停市 4 天（10 月 20—23 日）。结果大批期货经纪不能履约。10 月 26 日，市场出现猛烈抛盘，当天恒生指数大跌 1120.70 点，以 2395 点收市，跌幅达 33%。恒生指数期货 10 月合约大跌 1554 点，创历史跌幅最高纪录。27 日财政司宣布由外汇基金拨款 10 亿港元，连同中国银行、汇丰银行、渣打银行再贷款 10 亿港元共 20 亿港元作为备用贷款，并发动香港大财团联手救市，才勉强保证市场生存。①

这次股灾，对全球股市可谓一次巨大打击。事后美国政府指定布兰迪领导一个特别工作小组，对这次股灾及发生事由进行调查研究。此工作小组于 1988 年提出了一份著名的《布兰迪报告》。港英当局为了总结这次股灾中的经验教训，也成立了以著名金融家戴维森为首的"证券检讨委员会"，负责对香港股票和期货市场的组织、活动和运行进行监督，并写成了《戴维森报告》。然而，这两份报告的结论却相差很大。

《布兰迪报告》的主要内容是：1987 年 10 月的股市崩溃，主要是由指数套利（一般设计为程式交易）和组合保险这两类交易在股票指数期货和现货市场相继推动而造成的。为了避免股票下跌的风险，几家机构交易商在期货市场卖出股票指数期货合约进行组合保险，导致股票指数期货合约下跌。由于期货价格下跌，期货价格与现货价格之间偏离了正常的比价关系，于是指数套利者入市，买入期货同时在股票市场抛出股票，导致股票现货价格下跌。而股票价格下跌刺激了更多的组合保险交易，又引起新一轮股票指数期货抛盘，如此循环最终导致股市崩

---

① 数据来源：海通证券股份有限公司研究所。

溃。事实上，组合保险当天占了 S&P500 指数期货抛压的 16.7％。另外指数套利在现货市场的卖出量为 3760 万股（全天成交总额为 6 亿股左右），其中 940 万股是卖空。经事后分析，该报告将股灾原因归结于期货市场的看法并不符合事实，甚至被部分人指责为是对股票市场稳定的威胁（Culp，1988）。这一报告忽略了股指期货作为一个重要风险管理工具的意义。

《戴维森报告》则认为：几乎没有证据显示指数期货交易触发了股市下跌，香港股市的问题主要是风险管理不善和信贷控制过宽，而非恒指期货本身，恒指期货应该继续存在下去，并由期货交易所继续负责。该报告书全面检讨了香港证券及期货业中存在的问题，提出一整套具有针对性的整改方案，而且这些建议基本被当时的港府所接受。随后的十几年里，有很多经济学家及学者，也对股票现货市场与股指期货市场波动联系进行了大量的实证研究，其中绝大部分研究的结果是一致的，即股指期货市场对现货市场的波动性基本没有影响甚至有利于减少波动。实际数据也可以证明这一点，美国在推出标准普尔 500 指数期货初期（1973 年到 1982 年），标准普尔 500 指数的平均标准差为 14.7％，随后的四年（1982 年到 1986 年），标的指数的平均波动几乎不变（14.5％），所以 1987 年股市的大跌不能归咎于股指期货的引进。

实际上，导致"87 股灾"爆发的原因是多方面的，但根本原因在于市场组织、运作、合约设计以及市场风险监督管理等各方面的问题，造成了市场缺乏有效处理风险机制和抵御风险的能力。例如，保证金结算机制很不完善，没有确实执行有关每日结算和保证金方面的规定；风险防范措施及监管意识差，在危机发生时，期货经纪公司既没有足够能力承担市场风险，也没有相应的预防措施。当时的香港期货市场由期货交易所、伦敦国际商品结算所香港有限公司和香港期货保证有限公司共同组成。交易所关心的是交易量大小，手续费的多少，对于风险控制并不十分关心；结算所负责每日盈亏计算；保证公司负责对结算会员是否增加保证金作出决定。三家机构各自独立，对风险处理中的地位与责任模糊不清。这就从根本上割裂保证金、每日结算与风险控制的关系，削弱了结算机构作为风险控制中心的地位，在风险聚集、市场剧烈波动时，必然会引发危机。另外，美国经济的不景气也是股灾发生的原因之一。1986 年美国财政赤字高达 2210 亿美元，贸易赤字高达 1562 亿美元，均创赤字最高纪录，经济处于低速增长时期。政府需要靠吸收外来资金以弥补国内资金的不足，为了吸引外资，必须保持较高的利率水平，这对股票市场价格有直接的影响。美国霸权地位的衰落，造成国际汇率动荡，国际贸易严重失衡，国际债务危机不断。这些因素都影响到国际资金和股票市场的稳定。因此，股指期货的推出，并不是导致股灾的直接原因。

二 股指期货价格与现货指数价格的领先—滞后关系

由于股指期货价格与现货指数具有等价资产报酬的时间关系，从理论上讲，二者虽然是在不同的市场进行交易，但是，若市场内有新信息产生，两者的市场价格应同时同向变动，且任一市场的价格变动应不至于领先或落后另一个市场。但从 20 世纪 80 年代以来，许多实证研究却发现两个市场间的价格变化存在着领先滞后的关系。

1987 年，卡沃勒、保罗·科赫和蒂莫西·科赫（Kawaller，Paul Koch and Timothy Koch）在其著名的论文《标准普尔 500 指数期货和标准普尔 500 指数的短期价格关系》中，首先运用格兰杰因果关系检验对"领先—滞后"关系作了系统的研究。① 他们认为，市场中存在着大量对现货价格的未来走势产生影响的信息，而期货价格是所有信息的综合反映。当有新信息进来时，股指期货价格的反应非常迅速，而股票市场的反应则比较慢。假设，一个交易员要对一个有关经济健康状况的新信息作出反应。如果这是个利好信息，这个交易员有两个选择：买入 S&P500 指数期货，或者买入现货股票。但实际上，期货交易可以稍微领先于现货市场迅速完成交易。因为，股票投资不仅需要更大的初始投资，也需要花费更长的执行时间，这涉及一连串的股票选择和数不清的

---

① 郭洪钧：《股票指数：期货价格与现货价格的领先—滞后关系》，《经济理论与经济管理》2007 年第 6 期。

个股交易。他们还认为，之所以现货市场存在跟进现象，是因为市场感应（即专业投资者的市场感觉）和套利交易的作用。主要原因有两个：第一，市场感应和套利交易，是连接股指期货和股票市场最主要的决定性因素；第二，期货价格可以对现货即将发生的价格变化提供一种感应指示器的作用，当投资者不愿或者不能利用期货市场对同一信息作出反应时，他们转向现货市场交易，使得现货价格随后跟上。这种假说获得了大部分学者的赞同。

Abhyankar（1998）和 Tang et al.（1992）也使用格兰杰因果关系检验，与 Aahab & Lashgari（1993），Fleming et al.（1996）和 Pizzi et al.（1998）使用误差修正模型和协整检验，得出的结论相同：股指期货市场比股票现货市场能更快地获得市场信息，股指期货的价格变化要领先于现货市场。上述的这些研究基本上都是探讨发达国家的市场，对亚洲等新兴市场的研究非常少。

Suganthi Ramasamy 和 Bala Shanmugam（2003）研究了马来西亚股指期货市场与现货市场的关系，他们采集的样本数据是以 1995 年 12 月 15 日到 2001 年 6 月 30 日每日期货市场与现货市场的收盘价为基准，由于东南亚金融危机，他们把样本区间又划分为三个时期：（1）金融危机之前，从 1995 年 12 月 15 日至 1997 年 6 月 30 日，称为学习期；（2）金融危机中，从 1997 年 7 月 1 日至 1998 年 9 月 30 日，称为高度波动期；（3）金融危机之后，从 1998 年 10 月 1 日至 2001 年 6 月 30 日，称为稳定期，使用误差修正模型（ECM）以及单位根和协整检验。实证结果表明，在学习期和稳定期，马来西亚股指期货收益要领先现货收益一天，而在高度波动期，股指期货收益要领先现货收益两天，两个市场具有高度相关性。

Hyun-Jung Ryoo 和 Graham Smith（2004）研究了韩国股指期货对现货市场的影响。为了检验韩国股指期货市场与股票现货市场间的价格领先落后的关系，他们使用了 1996 年 5 月 3 日至 1998 年 12 月底每隔 5 分钟交易的数据，使用格兰杰因果关系检验，认为两个市场互为因果，但是股指期货对现货市场的领先效果要强很多，股指期货市场对市场信息的反应要比现货市场更灵敏，价格变动领先于现货市场。

股指期货的推出也增加了现货市场对信息的反应，其原因可能是由于股指期货具有以下优点：高度的流动性、交易成本低、保证金低和能快速建立新头寸，使两个市场发生价格不同步的情况。

国内关于领先与滞后关系的实证研究方面，贡献比较突出的是山东大学的任燕燕和中国人民大学的李学（2006）。他们通过对 S&P500 相关的期指和股指市场数据的实证研究，利用向量自回归模型（VAR）和误差修正模型（ECM），对股指期货与现货之间的领先—滞后关系进行了研究。研究结果表明，股指期货能够快捷有效地反映市场信息，股指期货信息领先于现货市场信息，进一步验证了期货和现货领先—滞后关系的一般性结论。对此上海交通大学金融工程中心的肖辉与吴冲锋等也得到过类似的结论。

由此可见，股指期货价格领先于股票现货市场，对股票价格变动起到一定的引导作用。从学术界对美国市场的实证研究，一般认为指数期货对信息的反应和价格变动大约领先相应的现货市场五分钟左右。

第二节　股指期货价格对股票市场波动性的影响

一　波动性关系实证研究

股指期货在西方国家推出已有二十余年，从国外经验来看，股指期货不仅丰富了金融市场的投资品种，同时也推进了金融市场的稳定与进步。但在这一过程中，有人对股指期货交易的积极性产生过质疑。尤其是 1987 年 10 月全球性股灾的发生，使原本对股指期货热情高涨的人们开始怀疑是否应该继续保留这一衍生产品，甚至有一部分人将"87 股灾"的直接原因归责于股指期货交易。为此，许多经济学家不仅从理论上探讨了股指期货交易对股票市场波动率的影响，而且进行了大量的实证研究，以期找到两者之间存在的影响关系。他们的观点大致可以分为两类：

第一类观点认为，股指期货的交易会使股票现货市场的波动性增加。如，1990 年，Damndaran 通过对 S&P 500 指数的研究，得出的结论是，指数成分股的波动有增大趋势；1995 年，Antoniou 和 Holmes 对 FT-SE 100 股指期货的日资料进行研究发现，股指期货交易在改善现货市场信息传递速度与品质的同时，增加了股票价格波动性。

第二类观点与第一类相反，他们认为，开展股指期货交易，不会导致股票现货市场价格波动，甚至有助于减少波动，促进股市稳定。例如：1995 年，Darrat 和 Rahman 对 S&P 500 指数的研究，Chen、Jarrett 和 Rhee 以 TOPIX 为样本的研究，1996 年，Kan 对恒生指数的研究，1997 年 Galloway 和 Miller 对 Mid Cap 400 指数的研究，1998 年 Antoniou、Holmes 和 Priestley 对 S&P 500、FT-SE 100 和 IBEX 35 指数的研究，他们得出的结论都是，股指期货对股票市场波动性没有产生影响；1999 年，Bollen 和 Whaley 通过对恒生指数分析，得出的结论为，没有证据显示股指期货增加股票市场的波动。另外，还有一部分学者经实证分析后得出的结论是，股指期货使股票市场波动性减少，主要有：1994 年 Robinson 对 FT-SE 100 进行的实证研究，1995 年 Brown-Hruska 和 Kuserk 对 S&P 500，Kumar、Sarin 和 Shastri 对 Nikkei 225 的研究，1996 年 Reyes 对 CAC 40 的实证分析及 1998 年 Antoniou、Holmes 和 Priestley 对 DAX 100、SWISS MI 指数的实证研究。

从两类观点的实证研究支持分布情况可以看出，第二种观点更易被绝大部分人接受，即股指期货在通常情况下不影响股指价格的波动。

另外，从设计初衷来看，股指期货是为资金创造一种避险工具。股指期货是以现货股票指数为标的物的期货合约，其价格以现货指数为基准上下波动。在没有股指期货及股票做空机制的市场里面，任何投资者想要赢利，只能在低位买入股票后等待高位抛出。这样，当股价运行到某一相对高位时，大量投资者会选择抛售获利。而股价在高位停留时间有限，必然会产生集中抛售现象，这对股价的短期杀伤力非常大，也易造成股市震荡。但股指期货推出后，现货市场的这种单边市状况将会得到缓解。投资者在低位买进股票的同时，由于对未来的股价运行方向不确定，可以做一份反向的股指期货操作，不论将来股票价位如何变化，投资者都基本可以做到保本。这就减缓了股票在高位的卖出压力，相应地降低市场非理性的涨跌所带来的波动风险，相当于为资金提供了一份保险。

二 世界成熟市场经验

通过研究世界主要证券市场推出主要股指期货的日期表，我们以道·琼斯工业股价指数为参照系指数，选择世界主要证券市场以标准普尔 500 指数、恒生指数、日经 225 指数、韩国 KCSPI 200 指数为标的的股指期货在推出前后两年的现货指数走势，用横向和纵向比较相结合的方法，研究股指期货推出对现货指数走势到底有什么影响。

美国、日本、韩国、中国香港地区四个证券市场推出股指期货前后，现货指数的走势情况如下：

美国：推出前涨，推出后跌，随即进入牛市。美国是世界上最早推出股指期货的国家，堪萨斯城期货交易所（KCBT）于 1982 年 2 月 16 日推出价值线指数期货（VLF），这是世界上最早的股指期货。但目前交易最为活跃的是在芝加哥商业交易所上市的标普 500 指数期货合约。该合约 1982 年 4 月推出，现在与相应的迷你合约（E-mini 标普 500 指数期货合约）一同成为美国交易量最大的指数期货合约品种。

日本：牛市途中，推出前无征兆，推出后小幅下跌。首推日经 225 指数期货（Nikkei 225）的并不是日本的交易所，而是新加坡金融期货交易所（SIMEX）。其上市时间是 1986 年 9 月 3 日。推出指数后的一个多月内，日经 225 指数从 18695 点跌至 15820 点，跌幅为 15.38%。但是从长期趋势来看，从"广场协议"签订开始，日本股市就形成了一个明显的长期上涨趋势，这种趋势并没有因为股指期货的推出而改变。根据日经 225 指数从 1984 年到 1989 年的月收盘情况我们可以看出，相对于这 6 年日本股市的长期趋势中的幅度变化，股指期货推出造成的指数下跌幅度很小。

韩国：熊市途中，推出前涨，推出后大跌。韩国 KCSPI 200 指数期货于 1996 年 5 月 3 日上市。韩国的股指期货是在指数长期下跌的趋势中推出的。1995 年，韩国的总外债达到了 784 亿美元，而当时韩国的外汇储备才 327 亿美元。巨额外债使得指数从 1995 年下半年开始下跌，KCSPI 200 指数在 1996 年全年下跌超过 20%。此时，股指期货的推出让 KCSPI 200 指数在期货上市前上涨 17.5%，并于 4 月 29 日达到了 110.7 的高点。股指期货上市后，指数又恢复下跌趋势。

中国香港地区：牛市途中，推出前涨，推出后跌。香港的恒生指数期货于 1986 年 5 月 6 日上市。当时香港经济受到内地的支持，恒生指数处于长期上涨阶段。在股指期货推出之前，4 月 25 日恒生指数就突破新高。期货上市时，恒生指数创下了 1865.6 点的历史性高点，接下来就开始了长达两个月的回调。在这之后，恒生指数又恢复了上涨趋势。①

从它们的走势可以看出，股指期货推出后，会引起股市现货市场指数短期下跌，但不改变现货指数的中长期基本走势。

另外，股指期货的推出时机选择对标的指数的短期走势具有重要影响：

若在整个市场处于大熊市之后的调整期，但新一轮的上涨行情尚未开始之际推出股指期货，虽然股指期货推出的前一年标的指数的走势要弱于道·琼斯工业股价指数，但在股指期货推出的后一年，股指期货标的指数的走势要强于参照物指数——道·琼斯工业股价指数。

若在整个市场处于长期弱市整理的后期推出股指期货，将在一定程度上激活市场人气，使得在股指期货推出的前一年，标的指数的走势虽然节奏和步调与道·琼斯工业股价指数相同，但强度要高于参照物指数——道·琼斯工业股价指数；并且股指期货推出的后一年，股指期货标的指数的走势和强度基本上与道·琼斯工业股价指数相同。如标准普尔 500 股指期货和日经 225 股指期货推出前后的市场走势。

若选择在一波牛市的中期推出股指期货，虽然股指期货推出的前一年，标的指数的走势强度要弱于参照物指数——道·琼斯工业股价指

---

① 数据来源：中国国际期货网。

数，但在股指期货推出的后一年，股指期货标的指数走势的强度基本上与道·琼斯工业股价指数相同。如恒生股指期货推出前后的市场走势。

综合来讲，股指期货推出后，会引起股市现货市场指数的短期波动，而从中长期走势来看，股指期货符合上面实证研究的第二类结果，即股指期货的推出对现货市场基本没有产生影响。由于股指期货的推出能改善现货市场对市场信息的敏感性，因此这种短期波动是正常的，有利于提高股市的有效性。

三　到期日效应

股指期货与现货市场之间还存在一个特殊的到期日效应。所谓到期日效应，是指在股指期货结算日对现货市场的异常影响，这种影响一般表现为成交量急剧放大和价格的异常波动。到期日效应产生的根本原因是，指数期货采用现金交割的方式进行结算，而套利的平仓交易、套期保值的转仓交易与投机交易者操纵结算价格的欲望，在最后结算日的相互作用产生了到期日效应。

股指期货到期日效应主要是由指数套利者进行期现套利和投机者操纵股票指数造成的。为了使股指期货的交割结算价在最后交易日与现货指数价格最终趋同，就必须采用标的股票指数的价格来决定股指期货的最后结算价。通常指数套利者会一直持有股票套利组合持仓直到最后交易日进入交割结算，同时了结股票组合持仓。因此在股指期货交割结算价形成的时间段中，股票市场大量委托单会触动股票指数上涨或下跌。对于投机者而言，可以通过影响股指期货的交割结算价而从中赚取更多的利润。投机者首先通过操纵股票指数的成分股价格来影响股票指数价格，进而影响股指期货的交割结算价。一般来说，如果能使股指期货合约标的指数成分股构成复杂，或者以规定时间内标的指数价格的平均价来确定股指期货的交割结算价，那么投机者就会因为交易成本过高而减少对股票现货市场的操纵。

因此，研究股指期货交割结算价的确定方法，将成为判断股票市场到期日效应的关键。由于世界上大多数国家均采用现金结算制度，这种方式在投资者通过期货市场的操作后直接转化为现金收益，避免了股票实际交割的程序，也使得市场到期日影响更加显著。最后结算价的确定也会影响到期日效应的大小。如果结算价格越容易被操纵，那么期货合约的到期日效应就越强烈。对于最后结算价的确定一般分为单一价和平均价两种。采用单一价的方式，就是以最后交割日的开盘价或收盘价作为最后的结算价格，这种方式以芝加哥期货交易所（CBOT）、芝加哥商品交易所（CME）和悉尼期交所（AOI）为代表。采用平均价就是以到期日的某一段时间的算术平均价作为最后的结算价格，这种方式以香港交易所（HKFE）、台湾期交所和伦敦期交所（LIFFE）为代表。正如 Stolland Whaley（1997）、林荣裕（2005）和周波（2006）所指出的，采用平均结算价格有一定的优势，其分散了自身被操纵的可能性，虽然投资者操作上有些许困难，但确实有利于缓解和减弱“到期日效应”的显著变化，有利于防范风险。

为了避免结算价格被操纵，中金所将到期日股指期货交割结算价定为最后交易日标的指数最后 2 小时的算术平均价，并有权根据市场情况对股指期货的交割结算价进行调整。由于时间跨度较大，成分股票权重比较分散，大大降低了被操纵的机会。同时，中金所将股指期货的结算日定为每月第三个星期五，避开了月末效应、季末效应等其他可能引起现货波动的因素。中金所在制度上对股指期货的到期日效应的影响做了充分考虑，但究竟股指期货的到期日效应对现货的影响有多大，还需要市场来证明。

第三节　股指期货推出对我国 A 股市场的影响

一　我国 A 股市场现状

自 2004 年 2 月 1 日“国九条”的发布，我国 A 股市场的基础性制度建设进入了一个崭新的时代。在股权分置改革取得巨大成功之后，我国 A 股市场遗留的历史问题得到了有效解决，大股东与中小投资者的利益趋于一致，中国市场健康、良性发展的坚实根基正在形成，标志着中国证券市场真正迈入了市场化时代，一个有效的 A 股市场正在形成。

从世界股市的行情进程来看，股市行情主要分为市场化与政策化两种行情。市场化牛（熊）行情中，投资者依据完善的避险或综合的投资分析来进行股票市场的投资；而政策性牛（熊）行情中，投资者在运用多重技术分析的基础上更要多加关注政策对股市的中长期影响。

自 2007 年 5 月股改政策性行情以来，中国 A 股的政策性牛市可谓波澜壮阔。行情不仅催生了众多亿万富豪，同时也使得社会上参与投资股票的百姓蜂拥而入，使得中国 A 股市场的平均股价突破了 19 元，而平均 P/E 突破了 60 倍。根据中国证券登记结算有限责任公司的最新数据，2007 年 11 月 1 日，沪深两市投资者新增开户总数为 234982 户，其中新开 A 股账户 167457 户，B 股账户 1208 户，基金账户 66317 户。截至 2007 年 11 月 1 日，沪深两市账户总数达到 13216.36 万户。[1] 牛市使得各色各样的人都希望在股市上成为成功者。

但从许多信号来看，政策性牛市正面临考验。目前 A 股市场价格最高品种为重组而生的中国船舶 249.72 元（2007 年 11 月 1 日收盘价），半年报 EPS 仅 0.76 元，而香港同期汇丰控股目前股价 139 元，[2] 其 2006 年 EPS 则接近 10 港元，这说明中国 A 股市场的投资风险远高于其他国家和地区股市，总体风险正在累积。

目前，我国股票市场的另一个显著特点是单边市特征明显，系统性风险在股票市场投资风险中占据主导地位，投资工具品种单一成为我国股票市场发展的一个制约性因素。在股票市场大幅调整的情况下，我国证券市场品种过少、结构单一的矛盾日益突出，已经对市场发展造成阻碍。这种状况不仅使投资者投资渠道狭窄，而且无法进行风险对冲。由于缺乏风险对冲机制，还使得我国证券市场的定价机制受到扭曲，证券市场系统性风险不能及时有效地得到释放，导致市场风险不断累积。单边市也造成投资者的赢利渠道受阻，限制了其发展空间。另外，缺乏对冲机制也将对吸引 QFII 进入国内股票市场造成障碍。因此，适时推出

---

① 数据来源：中国证券登记结算有限责任公司。
② 数据来源：证券之星网。

股指期货交易，建立风险对冲机制既是我国证券市场发展到一定阶段的内在要求，也是符合证券市场规范化、国际化发展的惯例。

我国现阶段证券市场发展已具备推出股指期货的条件。第一，股票现货市场的规模已经具备股指期货上市交易的规模基础。股指期货市场是投资者转移股票现货市场系统风险的市场，股指期货的推出要求健全的股票现货市场作为基础。我国股票市场经过十几年的发展已经初具规模，上市业绩也有大幅增长。截至 2007 年 8 月，我国境内的上市公司累计达 1504 家，市价总值 233087.13 亿元，投资者开户数为 11878.72 万，总成交金额 54644.32 亿元，创历史新高。① 目前我国现货市场已经接近发达国家的水平。同时我国的上市公司的业绩和质量也有不同程度的提高，为我国推出股指期货创造了比较好的市场环境。第二，机构投资者增长迅速，多元化的投资格局已经形成。长期以来，由于法律和各项规则的限制，我国证券市场上的投资者以中小投资者为主，机构投资者仅限于证券公司，数量有限。股指期货市场是一个主要面向机构投资者的市场，如果没有发达的机构投资者，股指期货市场的发展往往难以起到预期的效果。但随着我国证券市场的发展和我国陆续出台一系列规范股市的政策，包括促进证券投资基金发展，抓紧推出中外合资基金管理公司，允许三类企业和保险公司入市，即引进 QFII、社保基金、券商等机构，这些都为中国股市投资者结构的优化提供了良好条件，有效地推动了机构投资者的迅速发展。中国股市正在从一个散户投资者为主的市场逐步转变为机构投资者为主的市场，这些不断增长的机构投资者催生了对于股指期货的市场需求，同时为股指期货交易储备了交易主体。第三，统一的股票指数已经推出。2005 年 4 月 8 日推出了由上海证券交易所和深圳证券交易所联合编制的沪深 300 指数，指数以 2004 年 12 月 31 日为基日，基日点位为 1000 点。沪深 300 指数是选取 300 只 A 股作为样本编制而成的成分股指数，覆盖了沪深市场上 60% 左右的市值，具有良好

---

① 数据来源：中国证券监督管理委员会。

的市场代表性。指数运行结果显示，沪深 300 指数与上证 180 指数及深证 100 指数相关性高，日相关系数分别为 99.7% 和 99.2%。沪深 300 指数的推出，丰富了市场现有的指数体系，增加了一项用于观察市场走势的指标，有利于投资者全面把握市场运行状况，也进一步为股指期货等指数投资产品的创新和发展创造了基础条件。

二 股指期货对 A 股整个市场的影响

（一）改变单边市格局，市场走势将更加理性和稳定

对于那些风险偏好较低的闲散资金，如保险基金等大量机构资金，期货的避险和套期保值功能迎合了其寻求增值机会的同时，也满足了他们把控制风险放在首位的要求。股指期货套期保值的功能将增加股票现货市场的稳定性。市场换手率将逐步向成熟市场靠拢，市场的波动周期将明显延长，波幅将收敛。注重中长线投资、慢牛的格局将越加明显。机构投资者的比重进一步增加。指数期货及其他金融衍生品的操作具有相当程度的专业性和复杂性，中小投资者在此领域明显处于弱势。机构投资者将携其专业技术人才优势、设备和信息优势，通过强大的研究分析能力和交易操作技巧，充分利用股指期货等金融工具与相关的资产搭配进行操作，从而分散风险，提高收益。同时，海外资金也因为有了避险以及改变组合风险配置的工具，增加了投资中国市场的兴趣，更愿意将资金投入中国 A 股市场。机构之间的博弈，将成为市场的主旋律。股指期货的推出将必然会改变目前的游戏规则，市场走势也更加趋于稳定与合理。未来，交由机构投资者投资管理的资产比重将明显增多。

（二）股票市场的"交易转移"十分有限

指数期货推出初期，是否会导致现货市场的交易转移，在新兴市场上具有不同的结论，如日本曾出现现货交易转移，而在韩国、印度、中国台湾地区等无明显证据。在股指期货推出初期，A 股市场的"交易转移"不会显著，即使有交易转移现象，也将会十分有限。[①] 这是由于

---

① 洪芳：《股指期货推出对 A 股市场的影响》，《金融论坛》2007 年第 10 期。

基金等市场主力机构投资者具有现货仓位的限制，而由于其对推出初期的股指期货还不甚熟悉，期货投资将趋于谨慎，不会积极参与股指期货的交易。当然，由于股指期货交易成本低、杠杆效应强、操作较为灵活，可能会分流股票市场中高风险偏好投资者的资金转移，但这种影响至少在股指期货推出初期还比较有限。

（三）股票市场波动性加剧，市场操纵概率较低，但不排除可能性

在不同国家和地区以及期货市场发展的不同阶段，期货市场对现货市场波动性的影响不尽相同。韩国在引入股指期货初期，现货市场波动性加剧；但中国台湾地区不存在这种现象，这与成熟市场比较一致。我国股指期货推出初期，现货市场的波动性可能加剧。首先，现货、期货市场具有很强的联动性，根据我国投资者对新上市投资品种的一贯追捧、投机操作风格，预计将有部分投资者以投机的心态进行股指期货交易，这可能加大期货市场波动，并传递至现货市场；其次，一些具有资金实力的机构为获得有利的期货价格，具有操纵标的指数成分股的动机。尽管机构投资者通过操纵指数权重股来操纵指数期货的可能性及力度比较有限，但不能排除机构联手操纵银行股等板块（特别是期货到期日前后）从而达到操纵指数及期货价格目的的可能。这种操纵将使股票市场波动性加剧。

（四）投资品种多样化

市场有了规避风险的工具，各类不同风险收益偏好的投资者就可以根据各自的需要组合风险收益，满足不同资金的需要，市场深度和广度得到拓展，将能够容纳各类机构投资者。股指期货上市后，机构投资者的种类将呈现多样性，资金配置将重新调整。由于股指期货在操作上有高杠杆特性，并具有不同于传统股票投资的特殊风险报酬模式，将既能够吸引传统股票投资者进行避险性投资，也可以吸引高风险偏好属性的投资者进行套利性投机。因此，一方面，将促使传统股票投资者进行资金配置的调整，调出部分资金进行风险配置，减少传统股票的直接投资；另一方面，将吸引场外投机资金进入，从而形成场内资金与场外资金、投资者与投机者在股票现货和股指期货等产品上资金的重新配置。

（五）可能导致现货市场价格失真和不公平行为增多

通过指数套利、投资保险等交易策略，股票指数期货市场与卖出指数期货的标定现货市场紧密地联系在一起，从而这两个市场在很大程度上是一个市场，当它们失去联系时，就如同一个投资者在一种股票上被给予了两种价格。一旦两个市场上的价格均出现下跌时，投资者们对此产生的反应将是恐慌，这种恐慌将导致期货投资者大量抛售现货股票，使股票价格（价值）严重失真。同时，由于股指期货的交易者通常也是股票现货的经纪商或自营商，这就使得其可能在自营业务时，因其客户即将在某一市场上从事交易而抢在客户之前在另一市场上为其自营账户下单以赚取利润，从而在现货或期货市场产生不公平行为。

三 股指期货的引入对相应股票价格指数中成分股的影响

目前，世界上大多数股票指数期货都是以成分指数为标的。我国即将推出的沪深 300 股指期货也是如此。沪深 300 指数，是在上海和深圳证券市场中选取 300 只 A 股作为样本编制而成的成分股指数。沪深 300 指数样本覆盖了沪深市场六成左右的市值，具有良好的市场代表性。

这种以成分股指数为标的的交易中，期货市场的价格与成分股的涨跌密切相关，因此，构成股票指数的成分股，成为了股指期货市场重点研究分析的对象。股指期货交易，将会对股指成分股产生影响是毋庸置疑的。

根据境外实证分析，从长期看，沪深 300 指数并不会受到其股指期货的影响，但是短期而言，期货价格对现货市场有引导作用。在不同的经济环境和市场环境下，股指期货的推出对现货市场的短期影响是不同的。推出之前，由于其战略的前瞻性影响可能给现货市场带来结构调整的投资机会，推出之后，股指期货的特性将使整个市场从产品、赢利模式到投资理念都发生革命性的变化。

（一）成分股的战略地位将得到提升

在沪深 300 股指期货推出前后，其标的指数的成分股将日益受到市场的关注。特别是成分股中的超大蓝筹股的战略性作用将得到提升，这也必将带来相应的市场溢价。

成分股的战略作用表现在以下几个方面：第一，成分股当中的超大蓝筹股对市场指数运行趋势和程度的影响进一步加深，其涨跌会直接影响沪深 300 指数，进而可能左右股指期货的发展趋势，吸引投资者关注；第二，现货市场机构投资者日益增长，成分股的稀缺性增强，从而形成资源稀缺性溢价，推动成分股价格上涨；第三，成分股是现货市场和期货市场的连接载体，不管是股指期货的套利者还是套期保值者，都将从持有成分股中受益。

对银行股的争夺就体现了这一战略意义，由于银行股能得益于中国经济发展和人民币的长期升值前景而具有长期投资的价值，同时也是沪深 300 的超级权重行业，成长前景使其成为市场焦点。

（二）成分股的收益率将会提高

在基本面及市场整体态势稳定的情况下，充足的资金来源有利于企业进行长期投资，获得更高收益，进而可以提高成分股的收益率。从海外证券市场的研究可以看出，在推出股指期货后，指数样本股的市值规模和成交金额一般都占到市场的 70% 以上。[①] 我们以海外证券市场的著名指数为例，来考察其成分股与非成分股的收益情况，见表 6 - 1。

从表 6 - 1 可以看出，研究期间的海外主要证券市场除了日本和德国外，其他国家（或地区）的股指期货的指数平均涨幅都要超过非标的指数，年平均涨幅差异在 10% 左右。

综上所述，我国沪深 300 指数期货推出后，今后证券市场的存量资金和增量的关注焦点将会主要集中在沪深 300 指数及其成分股上。与非沪深 300 指数成分股票相比，沪深 300 指数整体投资机会将得到一定程度提升。

---

① 杨帆、朱邦毅：《论股指期货引入对股票现货市场的联动影响》，《企业经济》2007 年第 2 期。

表6-1　　　　海外主要证券市场著名指数收益率对比表①　　　（%）

指数期货标的物的指数名称	研究期间	样本股指数和非样本股指数研究期间涨幅	样本股指数和非样本股指数研究期间年平均涨幅差值	
			样本股	非样本股
标准普尔500指数	1981年4月1日—1991年12月31日	205.40	38.78	15.23
日经225指数	1987年9月1日—1991年12月31日	-12.00	-11.36	-0.14
伦敦金融时报100指数	1984年1月6日—1991年12月31日	142.28	45.97	14.14
德国DAX指数	1989年9月1日—1991年12月31日	-1.89	-1.16	-0.30
巴黎CAC40指数	1990年12月28日—2001年12月24日	196.59	53.25	12.47
多伦多指数	1993年10月1日—2001年12月24日	117.77	10.65	12.47

四　股指期货对机构投资者投资策略影响趋势分析

目前我国股市中机构投资者的规模正在迅速增加，成为市场不可忽视的一支主流力量。截至2006年底，中国基金业资产净值的规模已经由2001年初的800亿，增长到了6000亿元，其中股票型基金资产净值大约是5000亿元，其在资本市场中的比重由原先的不到5%提高到25%。股指期货的导入，将改变证券市场投资主体的结构和参与程度。

（一）改变股市"死多头"的无奈与尴尬

我国现有股票市场属于典型的单边市，不存在"卖空"的交易机制。这就意味着机构投资者要想实现在市场上的资本增值，必须要不断购买股票，通过一个单向的做多手法推高股价来实现赢利。而市场波动却是双向的，世界上没有只涨不跌的股市。这就造成了股票市场"死多头"的无奈与尴尬。

股指期货推出后，由于引入做空机制，做空也能赚钱。买入股票

---

① 杨帆、朱邦毅：《论股指期货引入对股票现货市场的联动影响》，《企业经济》2007年第2期。

后，原来等待价格上升的单一模式，转变为双向投资模式。假设股指下跌，如果基金也卖出手中股票现货，那么结果就是"墙倒众人推"，股票会加速下跌，对基金而言并没有好处。这时候基金合适的做法就是在合适的价位沽空股指期货，股票现货下跌过程中的亏损就可以从沽空股指期货上面赚回来，甚至实现赢利。股指期货是一个全新的金融工具，对于绝大多数在国内单边市场成长起来的机构投资者而言，他们的投资策略会有一个全面的更新。

（二）利用股指期货进行对冲交易，消除或降低系统性风险

中国股市的一个特点是股市系统风险大，这种风险是机构投资者难以通过分散投资加以回避的。一项对上海股市系统风险的研究表明：从 1993 年 1 月到 2001 年 10 月，上海股市系统风险占总风险的比例为 39.20%，这一比例远远大于美国、日本、中国香港地区和韩国市场。究其原因，"政策市"恐怕是主因——监管政策和股权分置改革方案的频繁调整，必然会波及证券市场的所有股票，显著提高市场的系统风险。①

对于我国这样一个高系统风险的股市，推出股指期货是必然的选择。股指期货可以使投资者利用它进行套期保值，来规避系统性风险。例如，机构投资者在对未来股市走势无法把握的情况下，为规避股票下跌的风险，可通过卖出期指合约以预防股市整体下跌的系统性风险，在继续享有相应股东权益的同时，维持所持股票资产的原有价值。相反，如果机构投资者预计大盘要上涨又来不及全面建仓，可买进一定数量的多头股指期货合约避免踏空。

（三）可能减少机构投资者的短线投机

我国现有股票市场由于缺乏风险规避机制，许多机构投资者只能借助内幕消息进行短线投机以达到获利目的，造成股市异常波动。股指期货由于所需的保证金低和交易手续费便宜，因此流动性极好。开展股指期货交易能够大量聚集各种信息，有利于提高股市的透明度；如果股市

---

① 邱晓明：《股指期货推出对我国证券市场投资者投资策略影响分析》，《商场现代化》2006 年第 33 期。

价格与股指期货市场间价差增大，将会引来两个市场间的大量套利行为，可抑制股票市场价格的过度波动；通过集合竞价可产生反映国民经济的未来变化不同到期月份的股指期货合约价格；同时，国外学者通过大量实证研究表明，股指期货价格一般领先股票现货市场的价格，并有助于提高股票现货市场价格的信息含量。

另一方面，股指期货保证了机构投资者可以把握入市时机，以准确实施其长期投资策略。以基金为例，当市场处于暂时的不景气阶段时，基金可以借助股指期货，把握离场时机，而不必放弃准备长期投资的股票。同样，当市场处于景气阶段时，基金既可以借助股指期货把握机会，又可以进行个股投资。正因为股指期货有助于机构投资者进行长期投资，所以近二十年来世界各地交易所纷纷推出了这一交易品种，供投资者选择。

（四）对不同的机构投资者产生的影响将有所不同

现今证券市场的投资主体主要有证券公司、基金公司、私募基金以及 QFII 等。股指期货推出后，原有的证券市场上机构对散户的格局将演变为机构与机构之间的对峙。由于各机构投资者的性质各异、资金安全性要求不同，股指期货的推出对它们的操作将产生不同的影响。

1. 股指期货的推出对证券公司的影响

证券公司的主要经营范围为自营、资产管理和经纪等业务，股指期货作为一种有效的避险工具和具有杠杆效率的投机工具，其推出将会改变现有证券公司的业务主体和发展方向。

股指期货推出后证券公司业务中受影响最大的就是自营业务和受托资产管理业务。从目前的情况看，不少证券公司的自营及受托资产管理业务采用分散的组合投资方式，但是组合投资并非万能，它虽然可以回避非系统性风险，却不能回避系统性风险。由于我国股票市场目前没有卖空机制，因此当大势下跌时，证券公司的资金将面临巨大的市场风险，一旦被套，很难全身而退。解决这个问题最有效的方法就是开展股指期货交易。股指期货的推出将使证券公司自营业务和受托资产管理业务的投资策略发生重大变化，从原来的买进之后等着股价上升再卖出的单一模式改变为双向投资模式，即股价上升或下跌证券公司均可赢利。证券公司除了利用股指期货进行套期保值外，还可以根据自身的特点进行跨期套利、期现套利以及投机操作等，但必须有与之配套的管理模式和风险控制机制。股指期货推出后证券公司资产管理业务将逐渐成为未来利润的最快增长点。

此外证券公司也可以利用股指期货市场规避股票一级市场中的发行风险，特别是随着我国新股发行方式日益市场化，券商的承销风险正在不断加大。如在我国及时开设股指期货交易，股票承销商在包销股票的同时，可通过预先卖出相应数量的期指合约以对冲风险、锁定利润。这样可以回避二级市场低迷给承销商带来的巨大风险，保证新股的发行与顺利上市，将有利于推进我国股票一级市场的发展。

2. 股指期货推出对基金与资产管理公司的影响

公募基金作为中国 A 股市场的最大机构投资者，其规模也在不断上升，目前中国基金管理资产规模所占流通市值比例已达 35%，高于美国共同基金的比例（27%）。机构投资者占市场比重如此大的后果之一就是，基金高度同质化与基金平均收益率落后于指数。另外，国内基金的换手率很高。有统计资料显示，2002 年基金平均换手率为253.73%；2003 年开放式基金的平均换手率为 343.42%；而 2004 年这一数据增长到 392.52%。个别基金换手率竟然超过 10 倍。落后的基金收益和高换手率产生的高额手续费，都对基金持有人很不利。而造成此种情况的一个重要原因就是，到目前为止，中国 A 股市场仍缺乏真正的规避系统风险的投资工具。

目前我国大部分基金都采用精选个股、重仓持有的投资策略。在单边市的情况下，一旦市场热点发生变化，基金持有的重仓股价格下跌，基金资产组合的调整将会相当困难。而股指期货推出以后，投资基金可以运用股指期货这一金融衍生工具来对冲现货资本市场上的风险，即在股票价格低时买入股票，在股票价格高位时卖空股指期货，以防止股价回落造成的损失，如果股票价格继续上涨，股票的市价随之增加，期货尚可在高位继续卖空以摊薄成本。当指数下跌到一定程度时，可以平仓股指期货，以所得收益弥补股票现货的损失。获益最明显的是指数型基金，在缺乏避险工具的单边市场，一些采取被动投资的指数型基金只能任由基金面值下降，而股指期货推出后，就可以采取对冲的方式回避风险。

股指期货为新的开放式股票基金建仓提供了重要工具。尤其是现在新基金的规模都比较大，普遍都接近上百亿，如果大量买入股票建仓，可能迅速推高相应股票价格，造成建仓成本过高，如果不迅速建仓，资产增值过慢会带来赎回压力，新基金面临进退两难问题。由于股指期货具有资金放大功效，基金可以经过股指期货和现金来模拟股票组合，这样就可以在现金头寸相对较大的情况下基本达到理想的基金净值表现结果。基金可以在大量买入股票前在股指期货市场上买入近期合约，以抵消建仓时带来的过高成本。

3. 股指期货推出对 QFII 资产管理的影响

QFII 是 Qualified Foreign Institutional Investor（合格的境外机构投资者）的首字缩写。它是一国在货币没有实现完全可自由兑换、资本项目尚未开放的情况下，有限度地引进外资、开放资本市场的一项过渡性制度。这种制度要求外国投资者若要进入一国证券市场，必须符合一定的条件，得到该国有关部门的审批通过后汇入一定额度的外汇资金，并转换为当地货币，通过严格监管的专门账户投资当地证券市场。QFII 机构一般为国际金融市场中活跃的大型投资银行，在其进行全球化投资的大规模资产组合中，股指期货和期权产品是构建对冲和套利结构的必要资产。QFII 机构一般不可能向一个缺乏衍生产品的市场投入大量的资金。目前它们的资金运用分为三个部分，一是自营，二是供本土投资者，三是供本土公募基金。在股指期货推出后，QFII 将在资产组合管理中充分运用衍生工具，而股票指数期货市场的发展则在满足 QFII 机构规避系统风险需求的同时，进一步吸引 QFII 资金的不断流入。除了具有避险作用，衍生资产本身也是 QFII 投资者利润的重要来源之一。因此，如果允许 QFII 投资股指期货，可以预计它们会积极参与股指期货，并以套期保值和套利为主。这样，可以满足 QFII 投资中国 A 股市场分享中国经济成果时的避险需求，吸引大量国际资金投资中国股市，促进中国市场的活跃度及国际化，改善中国证券市场投资者结构。

股指期货的推出，为机构投资者提供了一个重要的新型投资工具。如果能够很好地加以利用，有助于机构投资者更好地控制投资组合的市场相关系数、控制投资规模等。因此，机构投资者研究期货市场及其投资策略是十分必要的。同时，股指期货又是一种高风险的投资工具，对投资者操作技术的要求较高，因此比较适于资金规模大、拥有专业技术人才的机构投资者。

第七章

我国股指期货的风险管理

第一节　股指期货的风险概述

股票指数期货交易风险，是指由于股票指数期货市场运作的不确定性，而使市场参与者遭受损失的可能性以及对整个社会、经济环境造成危害的可能性。股票指数期货风险可从不同的角度、按不同的标准进行分类。对股票指数期货交易的参与者，即政府部门、期货交易所、期货经纪公司以及众多不同交易目的的机构和散户投资者而言，最关心的莫过于自己在从事股指期货交易过程中承担哪些风险。

一　股指期货的基本风险

根据巴塞尔银行监管委员会于 1994 年 7 月发表的《衍生产品风险管理指南》，股票指数期货作为金融衍生产品的一个种类具有如下金融衍生产品共有的风险。

（一）市场风险

又称价格风险。是指股指期货市场和股票市场价格发生变动所引起的风险。股票市场是国民经济的晴雨表，受政治、经济与社会诸多因素的影响，股票价格指数随股票市场的变化而变化。同时，由于股票指数期货交易有转移现货市场风险的功能，因此股指期货的交易将相对活跃。由于实行完全的现金交割制度使股指期货的投机性增加。股指期货交易特有的杠杆效应，若市场价格发生微小变化，将会对交易者产生巨大的冲击。"T+0"交易制度使机构投资者的资金可反复使用，将加大推动股价涨跌的力量。因此，股指期货市场特有的运行机制可能导致价格频繁乃至异常波动，从而产生较大风险。

（二）信用风险

狭义范围的信用风险指违约风险。是指合约交易一方因各种原因，无法按照约定条款而导致另一方产生损失的可能性。具体到股指期货，交割风险就属于信用风险。股指期货的交割，就是根据持有的期货合约的价格与当前现货市场的实际价格之间的价差，进行多退少补，相当于以交割那天的现货价格平仓。股指期货合约由交易所充当所有投资者的交易对手，负责所有股指期货交易的最后结算业务，确保合约到期交割或提前平仓。在极端风险情况下，譬如出现大量投资者"穿仓"，整个股指期货市场的信用风险就全部转嫁给交易所，交易所承担着巨大的风险。

（三）流动性风险

流动性风险包括两类风险，一种是市场流动性风险，另一类是资金流动性风险。市场流动性风险，主要是指由于缺乏交易对手而无法变现或平仓的风险。如果市场深度不够或市场混乱，造成市场业务不足或无法获得市场价格，致使投资者无法及时平仓而引发市场风险。资金流动性风险是指因市场投资者流动资金不足而导致合约到期时无法履行合约或无法按合约要求追加保证金的风险。由于股指期货交易实行逐日结算制度，因此在期货头寸亏损时，投资者可能被要求将保证金补足到规定的水平。如果投资者资金周转不足，可能无法及时补足保证金而被强制平仓，使交易失败。

（四）操作风险

和股票交易一样，行情系统、下单系统等可能出现技术故障，导致无法获得行情或无法下单；或者由于投资者在操作的过程中出现操作失误，都可能会造成损失。操作风险中最重要的是内部控制制度不完善而带来的风险，例如"巴林银行倒闭案"，银行交易员里森利用内控漏洞，制造"88888"账户来掩盖错误交易，并利用此账户进行投机，最终导致具有百年历史的巴林银行毁于一旦。

（五）法律风险

法律风险是指合约在法律范围内无效或者合约内容不符合法律规范等原因造成的风险。在我国，《证券法》、《期货交易管理暂行条例》等法规虽已出台，但与之相配套的实施细则和相关法律，如《证券交易法》、《证券信誉评级法》等还未制定；证券法规与其他法规如《公司法》、《刑法》等法规的衔接问题尚未完全解决；在法律手段的运用上，表现为可操作性差、执法力度弱。股指期货投资者如果选择了不具有合法期货经纪业务资格的期货公司从事股指期货交易，投资者权益将无法得到法律保护；或者所选择的期货公司在交易过程中存在违法违规经营行为，也可能给投资者带来损失。

二 股指期货的特有风险

股指期货由于设计制度上的特殊性，除了具有金融衍生产品共有的风险以外，还具有其特有风险。

（一）资金管理风险

由于股指期货合约采用每日结算制度和保证金交易，投资者要控制好保证金的占用比率，坚决反对"满仓操作"，防止强行平仓的风险。要根据交易计划加仓或止损，不可抱侥幸心理"硬扛"或在贪婪心理驱使下按倒金字塔方式加仓。股指期货市场上，交易所每天按照当天结算价对未平仓合约进行盈亏结算，当投资者账户内的保证金不足时，必须在规定时间内及时补足保证金。否则，投资者持有的有关合约将被强行平仓，由此造成的损失由投资者自己负责。所以，投资者需每日检查账户的赢利情况和保证金的充足情况，以控制风险暴露程度。

（二）杠杆效应风险

由于股指期货交易实行保证金制度，交易者只需支付期货合约一定比例的保证金为担保即可进行交易，保证金比例通常为期货合约价值的5%—10%。这种"以小搏大"的杠杆效应，放大了本来就存在的价格波动风险。对于股票市场的投资者而言，相当于100%，不管市场如何变化，其最大亏损只限于交易账户的资金。而对于股指期货交易者来说，由于实行每日保证金结算，价格的小幅波动，就可以使其损失大量保证金。市场状况恶化时，甚至会被强行平仓。

（三）连带风险

投资者进行结算的结算会员或同一结算会员下的其他投资者出现保证金不足、又未能在规定的时间内补足，或因其他原因导致中金所对该结算会员下的经纪账户强行平仓时，投资者的资产可能因被连带强行平仓而遭受损失。连带风险有可能是同一交易会员的客户引起的，也可能是同一结算会员的交易会员引起的；可能由同一交易品种引起的，也可能由在不同交易所的交易品种引起的。归根结底，期货会员公司的信誉、实力、健全的制度、员工的素质才是连带风险大小的关键。因此，为了防范连带风险，客户应该选择一家有信誉、有实力的期货公司。

（四）到期风险

与投资股票不同，投资股指期货会面临到期的风险。对股票投资者而言，股票买入后，可以短期持有，也可以长期投资。在实际操作中，很多投资者也抱有"即使暂时被套，只要上市公司没有破产清算，也可以继续死扛"的心理。而期货交易与此不同，类似权证行权制度，期货交易存在合约到期交割制度，到期必须平仓。

三　我国开展股指期货交易所面临的特殊风险

不同的国家由于市场环境不同、国家制度不同，金融衍生产品的交易所承担的风险还具有国别差异。我国开展股指期货交易面临如下特殊风险。

（一）市场过度投机风险

我国证券市场历来投机气氛浓厚，从股票二级市场的高换手率，以及对"ST"不加选择地疯狂炒作，可看出市场过度投机行为非常严重。尽管股指期货推出的初衷是为了适应风险管理的需要，目的是为了规避股票市场的系统性风险，但由于其本身的高杠杆性和损益的放大效应，迎合了投资者的需求，事实上股指期货交易的参与者大多是以投机为目的，套期保值者只占其中较小的比例。如香港恒生期货交易所对恒生指数期货运用目的调查资料显示：1998 年近 66.6% 的交易者是为了投机，1999 年投机交易高达 74%。股指期货的推出使我国证券市场的投机气氛更为严重，这种过度投机往往会加剧市场波动，带来非常大的风险。

（二）市场信息不对称风险

我国股市要加快同世界全面接轨的步伐，必须加大改革，制定一些新的政策，而这些政策的出台将会引起汇率、利率、债市及期货市场的不均匀性。由于市场信息的不对称性，信息优势者抢得先机，而信息劣势者可能血本无归。如主力机构可以利用资金和信息的优势通过影响证券现货市场从而达到影响期货市场的目的，而中小投资者因在资金、信息、风险控制技巧方面处于劣势而承担更大的风险。

（三）市场运行机制风险

实现股指期货的套期保值功能，必须以允许买空卖空为前提。即买空（卖空）股票现货，同时卖空（买空）股指期货才能实现股指期货的套期保值功能。但目前我国股票市场只能做多，不能做空，这就导致了市场不对称问题。一方面，由于我国投资者只能通过买进股票、卖出股指期货进行单边套期保值，因而导致股指期货价格被持续性地低估；另一方面，股指期货市场做多者，由于在现货市场不能抛空，必然导致股指期货交易纯粹投机，如果现货市场发生较大幅度的下跌，股指期市多头者将抛出股指期货，现货市场抛售股票者也会增多，从而进一步促使股价下跌，再次引发上述过程。这种市场不对称机制将有可能导致股指期货价格单边下跌或单边上涨；现货指数脱离，甚至引发股市崩盘的风险。

（四）市场设置风险

从近几年国内外期货市场上市品种的交易情况看，品种的选择、合约的设计、保证金的规定等，对交易活动中风险的形成都具有一定的影响。如品种的选择，股指期货交易的标的物是股价指数，由于我国股票价格指数编制方法以及特有的股本结构，被选作标的指数的股价指数被操纵的风险较大。如合约的设计，合约价值的高低将影响其流动性，一般来说，合约价值越高，流动性就越差。如果设计的合约价值过高，超过了市场大部分参与者投资能力的话，会把众多参与者排除在市场之外；若合约价值过低，又势必会加大保值成本，影响投资者利用股指期货避险的积极性。

（五）开放条件下带来的风险

"入世"以来，随着我国金融领域的不断开放，在股票市场引入QFII制度后，股指期货市场也必将引入QFII制度。QFII制度是指允许经核准的合格境外机构投资者，在一定规定和限制下汇入一定额度的外汇资金，并转换为当地货币，通过严格监管的专门账户投资当地证券市场，其资本利得、股息等经审核后可转为外汇汇出的一种市场开放模式。

由于我国本土机构不熟悉股指期货和现货市场的套利机制，国际机构多是"久经沙场"的老将，如果全面开放的话，在交易初期，我国投资者将要承担境外交易者所带来的风险。

四　交易主体承担的风险

股指期货市场的交易主体可分为套期保值者、套利者和投机者三类。对于不同的交易主体，因其交易目的和方法的不同，其承担的风险也不同。

（一）套期保值者所承担的特有风险

由于股指期货价格与股票市场价格受到相同因素的影响，两者的变动方向相同。所以，投资者可以通过在期货市场上与现货市场进行反向操作而规避风险。但是，由于标的资产的特殊性，完全的套期保值是不存在的。无论是在交易数量还是在交易时间上都很难实现完全对冲，因而对于套期保值者而言，面临的最大风险就是"基差风险"，即股指期货价格与股指现货价格呈现同方向变化但波动幅度不一致的风险。

（二）套利者所承担的特有风险

当期货的实际价格与期货的理论价格不一致时，就存在着套利机会。当期货的实际价格高于理论价格时，可以沽空目前被高估的资产，即股指期货；买入被低估的现货资产股票；直至到期日，买入股指期货平仓，同时沽出现货。当期货的实际价格低于理论价格时，操作方法相反，沽空股票买入股指期货。从套利的理论基础来看，套利交易如果判断正确是不存在风险的。

由于我国市场目前还无法卖空证券，所以反向套利没有正规的实施途径，对于绝大多数机构而言这一策略不现实。无风险利率的变化对股指期货的理论价格变化非常敏感，利率提高或下降都会影响无套利带状区域变化，使得"基差"变化。套利周期之间的红利发放是无法预测的。在套利区间，现货的建构和指数之间的跟踪误差、冲击成本、现货不能按结算价出清、指数成分股的变动、涨跌停的限制、期货的强行减仓等因素都会影响预期的套利结果。在套利过程的每个阶段都存在着一些不确定因素。由于套利的利润空间本来就很小，所以上述任意一种风险的发生都可能使套利行为失效。

（三）投机者所承担的特有风险

股指期货投机是指以市场为对象，利用股指期货合约市场价格的波动，基于自身对这种波动的预期，通过买卖期货合约以谋求利润的行为或活动。投机者是套期保值者转移的市场风险的最终承担者，其头寸完全暴露在市场风险之下，一旦价格与预期相反，则面临巨大的市场价格风险。这样，如果"保证金制度"和"每日盯市"以及"强行平仓制度"执行不力，就可能导致投资者"穿仓"甚至破产。

五 期货经纪公司和监管者所面临的风险及其对策

期货经纪公司的主要风险一是客户"穿仓"（这也是投资者风险），所谓"穿仓"是指客户账户上客户权益为负值的风险状况，即客户不仅将开仓前账户上的保证金全部亏掉，而且倒欠期货公司的钱，俗称"爆仓"。在期货公司严格实行当日无负债结算制度的情况下，"穿仓"事件并不常见，但在行情剧烈波动的情况下，客户的持仓可能会被快速封在停板上。若次日在惯性作用下大幅跳空开盘而客户上日又是满仓，则可能出现"穿仓"事件。一旦出现"爆仓"，客户往往一走了之而由期货公司先行承担经济损失。这一风险是期货公司最主要同时也最难解决的风险。

二是操作风险，这类风险包括：下单员报错、敲错客户指令，造成风险损失；结算系统及电脑运行系统出现差错，造成风险损失；没有严格按照有关规章制度操作，缺乏监督或制约，造成风险损失等。

三是流动性风险，期货公司不能如期满足客户提取期货交易保证金或不能如期偿还流动负债而导致的财务风险。

交易所是股指期货市场的组织者，是股指期货合约履约的保障者，面临的风险一般为系统性风险。系统性风险来自两个方面，一是来自系统内非系统性风险的累积和扩大，主要是投资者和经纪公司的结算风险恶化扩大，以致产生交易所的结算风险甚至是市场崩盘。二是来自系统外，包括影响全国金融系统的逐步对外开放，一些重要的国际因素也会对我国市场形成冲击。

第二节 典型案例分析

一 巴林银行倒闭案

巴林银行具有二百三十多年的历史，它是世界首家"商业银行"，其经营涉足多个领域；巴林家族先后获得了五个世袭爵位，奠定了巴林银行在金融界的显赫地位。里森于1989年7月10日正式到巴林银行工作。里森利用巴林银行管理上的漏洞，用"88888"账户从事日经225指数期货期权交易并进行鞍马式期权导致巴林银行损失惨重，使老牌巴林银行顷刻倒闭。

（一）事件回顾

里森进入巴林银行工作后，由于他富有耐心和毅力，善于逻辑推理，能很快地解决以前未能解决的许多问题，工作非常出色。在巴林银行，他被视为期货与期权结算方面的专家。1992年，巴林总部决定派他到新加坡分行成立期货与期权交易部门，并出任总经理。

从事任何交易，错误都在所难免，尤其是对金融衍生产品的交易。

操作失误、行情走势判断失误等都可能给银行带来损失。一旦失误发生，给银行带来了损失，银行必须妥善处理。里森于1992年在新加坡任期货交易员时，巴林银行原本有一个账号为"99905"的"错误账号"，专门处理交易过程中因疏忽所造成的错误。这原是一个金融体系运作过程中正常的错误账户。1992年夏天，伦敦总部全面负责清算工作的哥顿·鲍塞要求里森另外设立一个"错误账户"，记录较小的错误，并自行在新加坡处理，因此里森设立了名为"88888"的错误账户。几周之后，伦敦总部又打来电话，总部配置了新的电脑，要求新加坡分行还是按老规矩行事，所有的错误记录仍是由"99905"账户直接向伦敦报告。"88888"错误账户刚刚建立就被搁置不用了，但它却成为一个真正的"错误账户"存于电脑之中。从此，这个"88888"账户成了里森掩盖交易失误的"隐藏所"。

里森报喜不报忧，用"88888"账户来掩藏交易失误带来的损失。为了赚回足够的钱来补偿所有损失，里森冒了愈来愈大的风险。自1994年下半年起，里森认为日经指数将上涨，逐渐买入日经225指数期货，不料1995年1月17日关西大地震后，日本股市反复下跌，里森的投资损失惨重。里森当时认为股票市场对神户地震反映过激，股价将会回升，为弥补亏损，里森一再加大投资，在1月16日至26日期间大规模建多仓，以期翻本。其策略是继续买入日经225期货，其日经225期货头寸从1995年1月1日的1080张9503合约多头增加到2月26日的61039张多头（其中9503合约多头55399张，9506合约5640张）。据估计其9503合约多头平均买入价为18130点，2月23日，日经指数急剧下挫，9503合约收盘跌至17473点以下，导致无法弥补损失，累计亏损达到480亿日元。同时，里森认为日本股票市场股价将会回升，而日本政府债券价格将会下跌，因此在1995年1月16日至24日大规模建日经225指数期货多仓的同时，又卖出大量日本政府债券期货。里森在"88888"账户中未进行套期保值的合约数从1月16日2050手多头合约转为1月24日的26379手空头合约，但1月17日关西大地震后，在日经225指数出现大跌同时，日本政府债券价格出现了普遍上

升，使里森日本政府债券的空头期货合约也出现了较大亏损，在 1 月 1
日到 2 月 27 日期间就亏损 1.9 亿英镑。

里森在进行以上期货交易时，同时进行日经 225 期货期权交易，大
量卖出鞍马式选择权，即在相同的执行价格下卖出一张看涨期权，同时
卖出一张看跌期权，以获取期权权利金。里森通过卖出选择权获得了很
多权利金来支付大量追加保证金，里森希望在一段时间内市场能够保持
足够稳定，让选择权能够接近执行价格而到期作废，从而使该策略获
利。采取这种性质的策略的内在风险在于市场的突然和未预计到的波
动。鞍马式期权获利的机会是建立在日经 225 指数小幅波动上、波动损
失维持在收到的权利金范围之内的假设基础上的，由于日经 225 指数大
幅下跌，里森不得不以较高的价格买入更多的日经 225 期货。因此当日
经 225 指数出现大跌，里森作为鞍马式选择权的卖方出现了严重亏损，
到 2 月 27 日，期权头寸的累计账面亏损已经达到 184 亿日元。

2 月 24 日，巴林银行因被追交保证金，才发现里森期货交易账面
损失 4 亿至 4.5 亿英镑，约合 6 亿至 7 亿美元，已接近巴林银行集团本
身的资本的储备总值。26 日，英格兰银行宣布对巴林银行进行倒闭清
算，寻找买主。27 日，东京股市日经指数再急挫 664 点，又令巴林银
行的损失增加了 2.8 亿美元。截至 1995 年 3 月 2 日，巴林银行亏损额
达 9.16 亿英镑，约合 14 亿美元。3 月 5 日，国际荷兰集团与巴林银行
达成协议，接管其全部资产与负债，更名为"巴林银行有限公司"；3
月 9 日，此方案获英格兰银行及法院批准。至此，巴林银行 233 年的历
史终于画上了句号。

（二）案例分析

一个银行的区级职员使具有 233 年历史的老牌银行顷刻倒闭，留给
人们的历史教训是深刻的。

作为一名交易员，里森本来的工作是代巴林客户买卖衍生性商品和
替巴林银行从事套利这两项工作，基本上是没有太大的风险。因为代客
操作，风险由客户自己承担，交易员只是赚取佣金，而套利行为亦只赚
取市场间的差价。由于巴林银行内控混乱，使得里森有机会设立了

"88888"账户。里森一人既是前台的首席交易员，又是后台的结算主管，这为其越权违规交易提供了方便。而他好大喜功，报喜不报忧，使"88888"账户的亏损额剧增。为了弥补亏损，里森不得不铤而走险，违反银行规定，动用银行资金，从事金融衍生产品的投机行为。我们不难看出：里森的所有交易行为都是单方的，没有进行任何套期保值。一旦对行情走势判断失误，必然损失惨重。当年日本经济已经出现泡沫经济，日经指数的下跌是大势所趋。里森在初期行情判断失误之后，并没有及时收手，反而更加孤注一掷，最后损失惨重，使老牌巴林银行顷刻倒闭。

巴林银行作为管理一方，具有严重的内控问题。即使在初期，里森利用银行组织管理上的漏洞及疏忽，可以用"88888"账户掩饰错误交易，但至少有两个方面会使巴林银行有所察觉：一是伦敦总部月底要对"88888"账户进行内部审计；二是 SIMEX（新加坡金融期货交易所）每天都要求总部追加保证金，他们会计算出新加坡分行每天赔进多少。

里森的"88888"账户在资产负债表中是以"对客户放款"出现在巴林集团的合并资产负债表里的。按道理，巴林银行的所有放款都应该经过信贷控制部门考核借款人的信用。但事实是信贷控制部门没有考核其信用。在巴林银行倒闭前的两个月时间里，有很多巴林的高级及资深人员已经发现此问题并加以关切，更有巴林总部的审计部门正式加以调查。但是这些调查都被里森以极轻易的方式蒙骗过去。

本来新加坡巴林期货公司绝大多数的交易都是巴林集团的交易，交易盘口与保证金汇款应该经过总部结算部门的对账程序，即总部会经过确认的交易盘口来汇款，汇款要求如与交易盘口不符，就会被追查，款项也不会汇出。然而，总部并没有经过这个最起码的控制程序，总是接到要求就如期汇款，而事前事后都不作任何核对检查。从 1995 年 1 月 11 日起，里森每天要求伦敦汇入 1000 万英镑，以支付其追加保证金。总部仍无任何怀疑与警惕，只是按要求付款。另外，期货公司的电脑系统每天要传两个报告给总部，一个是交易报告，一个是交易保证金报告。里森虽然为掩饰他通过"88888"账户做的交易，经常篡改交易报告，但从未改过交易保证金报告。

（三）经验总结

从信用风险的角度来看：里森作为银行的职员，和银行之间存在着道德风险。对巴林银行总部报喜不报忧，将"88888"账户中累积的亏损隐瞒，只将获利的交易上报。1994 年，在巴林银行税前营业利润的3700 万英镑中，有2850 万英镑来自里森的套利业务，他因而被银行高层视为明星交易员，银行高层尽可能地满足里森的需求，使得原有的内部审计对里森失效。

从市场风险的角度来看：巴林银行的倒闭一个很重要的原因就是里森经营的不是一般金融产品，而是金融衍生产品。股票指数期货的特点在于可用少量的保证金做大笔交易，高收益伴随着高风险，必须要有严格的授权和制度约束，必须要对经营的金融产品的市场风险有足够、清醒的认识和准确的市场前景把握。而巴林银行恰恰忽视了这几点，让里森为所欲为，结果导致灾难性的结果。

从操作风险来看：（1）岗位必须相互制约。在新加坡，里森既是期货交易部经理，又是清算部经理，自己监督自己，自然给了他瞒天过海的机会。（2）重要岗位必须经常轮岗、换岗，实行强制休假制度。多年来，里森没有轮岗、换岗，也没有强制休假，使得里森在这个岗位上一而再、再而三地做假账，致使公司的亏损滚雪球般越滚越大而长期得不到发现。（3）要重视对账工作，无论是内部的，还是外部的，覆盖面要全面，不能留有死角。巴林银行总部对"88888"账户高达5000万英镑的错误账户余额竟然熟视无睹，长期不予检查核对，致使里森有恃无恐，胆子越来越大，如果及早发现，就不会产生那么大的亏损，巴林银行也不至于倒闭。里森谎称花旗银行有 5000 万英镑也没有派人上门核对，留下巨大隐患。[1]

最后，应加强对金融机构，特别是跨国金融机构监管。很多人认为，巴林银行的倒闭，除了巴林银行内部监管管理和外部审计监督存在

---

[1]　引自陈小明《从巴林银行倒闭案谈加强银行内控建设的重要性》，《安徽农村金融》2006 年第 7 期。

的原因外，新加坡金融交易所和新加坡金融监管当局、英国金融监管当局等都负有不可推卸的责任。如果 SIMEX 和大阪证券交易所互换信息，他们可能在早一些的时候就意识到巴林银行头寸的问题，可以更早采取行动。另外，SIMEX 和大多数其他交易所一样，对投机头寸有限制，但显然交易所没有把巴林银行头寸视为投机头寸，否则不可能有那么大的持仓。这表明在实际交易中要区别投机与保值头寸十分困难，因此这需要集团资产和负债管理的信息。这些信息可以要求巴林银行给出，但交易所没有这么做，一个重要的原因是 SIMEX 和大阪交易所在日经 225 指数期货上的激烈竞争，使得双方在监管方面的要求松动。在巴林事件发生后，新加坡 SIMEX 进行了深入调查，并采取了一系列措施，完善了期货交易的风险管理制度。

二　1998 年中国香港金融保卫战

（一）事件回顾

1998 年香港货币受到冲击，是在外部环境和内部因素的推动下发生的。

1. 外部环境

20 世纪 80 年代起，随着国际金融自由化和经济一体化进程的飞速发展，各种新型的金融工具与交易技术不断涌现。加上电子远程通讯等现代科技的广泛应用，使巨额资金能够以空前的速度和规模在国际间流动。发达国家投资基金的大规模海外扩张，加速了国际间的资本流动，成为推动经济全球化的重要力量。与此同时，世界金融交易与实质经济日益背离，越来越多的资本流动和外汇买卖严重脱离生产和贸易活动。到 90 年代末，国际游资高达 7 万亿美元。而每日 2 万亿美元的外汇交易中，97% 与投机有关，外汇成交额约相当于商品贸易的 70 倍。金融交易量大约是商品（服务）交易量的 25 倍，形成虚拟性资本的恶性膨胀。

东南亚国家经常项目赤字的扩大和政治不稳定，其货币很容易成为投机势力冲击的目标和"猎物"。1997 年东南亚金融危机中，泰国金融市场在国际游资阻击下首先崩溃，面对"国际炒家"和投资银行不断沽空泰铢，因担忧汇率贬值，泰铢的利率急升，股市、地产市场狂泻。货币危机随即迅速蔓延到整个东南亚及周边地区。马来西亚、印度尼西亚、菲律宾、新加坡、中国台湾，直至韩国，先后卷入金融危机，形成规模空前的亚洲金融风暴。

2. 外部环境

香港地区自 1983 年起实行与美元挂钩的发钞制度，以后不断演进发展，形成了具有香港特色的货币政策与外汇制度为一体的联系汇率制度。香港实行的是货币委员会制度，而不是一般的联系汇率制度。香港货币发行以美元做担保，使之稳定性要大大地高于其他国家和地区的外汇市场。但也有着无法克服的缺点，例如不够灵活的盯住政策难以应付对外经济关系的巨大变化；企业不考虑汇率变动因素难以应付激烈的国际竞争；此种汇率制度不能反映本国的实际情况，使国际游资有可乘之机。与此同时，香港的房价一路飙升，物价也随之上涨。香港出口因周边国家和地区货币贬值竞争力减弱，出口受挫。诸多情况说明香港资产价格必须要调整，港币必须贬值。换言之，香港必须放弃联系汇率制度。

3. 香港保卫战过程

由于香港地区有充足的外汇储备，实行特殊的货币发钞制度，令投机者无法靠大量沽空港币而获利。因此，国际游资采取立体作战方式，即利用现汇市场与期汇市场、股票市场与期货指数市场间的连带关系，在几十个市场之间进行套利活动。投机者预先做好卖空股指期货、期权的合约安排，然后在现汇市场抛出部分港币，造成港币被冲击的现象，香港金融管理局为了稳定汇率，必然提高市场贷款利率；同时，股票市场和股指期货跟着下跌，投机者再趁机买入，平仓，赚取巨额利润。投机者的攻击对象不是港币而是股票和股指期货市场。

在 1998 年 8 月之前，国际游资小范围地对港币进行了四次攻击，香港特区政府在严格遵循"积极不干预"的原则下，以利率调节为中心，以汇率为标的采取了一系列应对措施，包括：直接在银行同业拆借市场上进行港币拆借，减少港币供应量；提高港币利率；在外汇市场，卖出美元购入港币以平衡港币供求，稳定汇价。

1998 年 8 月 3 日起，国际游资开始大规模地抛空港币，香港股市下跌，同业拆借利率一度高达年息 13%，恒生指数濒临 6600 点大关。在严峻的形势下，作为信奉"自由经济"理念的香港政府顶着舆论压力，果断入市。8 月 14 日，当恒生指数跌至 6500 点时，香港外汇基金大举入市，通过经纪行，在股指期货市场针对恒生指数期货合约，在股票现货市场上针对蓝筹股大举扫货。同时，再度提高同业拆借利率。由于香港政府注入资金，力挺香港股市和期货市场，在 8 月 18 日到 23 日，香港政府和国际游资进入相持阶段，恒生指数徘徊在 7700 点左右。到 8 月 28 日，对于未平仓的 8 月股指期货合约而言，如果不转入下个月则要在此日平仓。由于恒生指数期货合约的结算价是按当日的恒生指数每 5 分钟的平均值计算，因此，香港政府和国际游资进入了白热化的抗争阶段。最后，恒生指数收报于 7851 点。

在 8 月中下旬，由于港府干预股市与期市，以及一些国际经济原因，国际游资特别是对冲基金逐步退出香港市场。港府持有大量蓝筹股以优惠价发售，成立"盈富基金"（Tracker Fund），并聘用经验丰富的美国道富银行作为基金的管理人。通过市场手段与金融创新降低政府入市的负面影响。就此，香港金融保卫战画上了句号。

（二）经验总结

金融衍生品的发展，一直都伴随着是否会加大金融风险的争议。金融衍生品往往被视为国际金融大鳄冲击各国或地区货币和资本市场的主要手段。但是，股指期货不是香港金融危机的根本原因，甚至也不是直接诱因。一国或者一地区之所以会爆发金融危机，大量研究表明，根本原因在于失衡的经济发展结构和脆弱的金融体系。

中国迄今为止没有爆发过金融危机，主要可归功于稳定的宏观经济环境、良好的国际收支状况、谨慎的金融自由化以及资本账户下的不可自由兑换。然而，虽然没有遭受到金融危机的直接冲击，却并不意味着我国现在的金融体系不存在问题。随着资本市场的不断开放，股指期货等金融衍生产品的推出，如果不加强金融监管和金融市场的建设，势必将会爆发金融危机，给国家、人民带来不可估量的损失。

在香港保卫战中，港府主动入市反击投机资本，利用外汇、利率、股票、期货等金融工具，全面对抗国际炒家，成功维护了香港金融稳定，保证了香港回归后的繁荣发展。香港之所以能在危机中击退强敌，除了经济基础坚实，有足够的外汇储备外，主要原因在于香港金融业发达，香港金融管理机构经验丰富。因此，不断发展壮大我国金融衍生产品，加强金融监管，使宏观经济稳健发展才是在开放中面对挑战、防范危机的唯一途径。

三　美国次贷危机中股指期货的作用

（一）事件回顾

次级抵押贷款是指一些贷款机构向信用程度较差和收入不高的借款人提供的贷款。自 2000 年开始，美国经济一直不景气，布什政府利用低利率（联邦准备银行的基础利率曾到 1%），再配合 2002 年开始的减税措施，直接鼓励大家购房，目的是利用建筑业火车头来拉动整个经济的成长。这也带动了美国不动产价格大涨。以洛杉矶为例，十几年来房价没动过，但在 2004—2006 年间平均房价至少走高 70% 以上，现在已经自高点回落了 2 成以上。在这样的形势下，很多做房屋贷款的银行、金融公司大力扩张住房贷款，其中最令大家诟病及担心的有两个政策：其一，作废按揭贷款，购房无需提供首付款，全部购房资金皆可从银行贷款，另外前几年可以只付息而不用偿还本金，以此来吸引借款客户；其二，对借款人不作任何信用审核，即针对"次级信用"的人借出大笔金额。

投资银行向这些发售房贷次级贷款的金融机构买进这些贷款，将它包装成一笔债券，即"次级房贷债券"，而且有信用评级公司如 SRP（标准普尔）给予债券信用等级。当这些次级贷款人的违约率升高之后，这些债券的评等便被 SRP 等调降，债券的价格因此大跌，使投资者遭受了很大的损失，而且想卖出也无人接手。更有甚者，美国贝尔史登（Bayer Stern）证券公司旗下的避险（或私募）基金就是专门投资这种债券（因这些债券的利息略高），他们还再拿这些债券抵押，去投资新的次级债券。贝尔避险基金公司的客户要求赎回基金，但因为这些债券在市场上无人敢买，故公司向市场公告拒绝客户的赎回申请，因而引起市场上的恐慌，致使债券的价格波动了 5%，由于债券市场比股票市场庞大，一般价格较稳定。因而波动 5% 是比较剧烈的。这时，金融机构的持股人开始抛售股票，以免当危机扩大时带来更大的损失。

综上所述，引起美国次级抵押贷款市场风暴的直接原因是美国的利率上升和住房市场持续降温。在前几年美国住房市场高度繁荣时，次级抵押贷款市场迅速发展，甚至一些在通常情况下被认为不具备偿还能力的借款人也获得了购房贷款，这就为后来次级抵押贷款市场危机的形成埋下了隐患。在截至 2006 年 6 月的两年时间里，美国联邦储备委员会连续 17 次提息，将联邦基金利率从 1% 提升到 5.25%。利率大幅攀升加重了购房者的还贷负担。而且，自 2006 年第二季度以来，美国住房市场开始大幅降温。随着住房价格下跌，购房者难以将房屋出售或者通过抵押获得融资。受此影响，很多次级抵押贷款市场的借款人无法按期偿还借款，次级抵押贷款市场危机开始显现并呈愈演愈烈之势。

（二）案例分析

美国次贷危机引发了全球金融市场剧烈动荡，全球股票市场成了这一危机的最大受害者之一。截至 2007 年 8 月 10 日，道·琼斯指数收盘价离高位 14021 点已经下跌了 5.57%，英国 FT－SE100 指数离高位 6754 点跌幅达到了 10.60%，日本日经 225 指数离 7 月份的高位 18295 点已经下跌了 8.37%，香港恒生指数离 7 月份的高位 23557 点已经下跌了 7.49%。8 月 16 日，纽约股市道·琼斯指数开盘后便一直下挫，最高下跌 340 点，其后跌幅收窄，收盘下跌了 15.69 点，跌幅为 0.12%，报 12845.78 点，这是自 4 月 24 日以来，首次跌破 13000 点。欧洲股市也元气大伤，其中伦敦金融时报指数跌破 6000 点的关口，16 日收盘报 5858.90 点，下跌了 250.40 点，跌幅为 4.10%。这是金融时报指数自 2003 年 3 月以来最大的单日跌幅。17 日东京股市日经 225 种股票平均价格指数大跌 874. 81 点，收于 15273. 68 点，跌幅达 5. 42%。

股指期货作为资本市场风险管理的工具，为规避股票市场系统性风险提供了有效的途径和机制。在美国"9·11"后股市大跌等多次金融风暴中，股指期货交易量大增，为减缓市场冲击、化解金融风险作出了重要贡献。此次美国次贷危机引起的全球金融动荡中，股指期货交易量暴增，不但为市场提供了充分的流动性，而且有效减缓了次贷危机的冲击力度，再次发挥了为股票市场保驾护航的作用。

芝加哥商业交易所是美国也是全球股指期货交易量最大的交易所。2006 年，CME 股指期货交易量达到了 4. 0718 亿张合约，股指期权交易量达到了 0. 27515 亿张合约。CME 股指期货交易量占全美国股指期货市场的 81%，所以，CME 股指期货市场基本上能代表整个美国的情况。统计显示，美国次贷危机比较严重的 2007 年 8 月，CME 上市的 E－mini S&P500 股指期货成交量急剧增加，当月成交量达到了 5554. 68 万张合约，比 7 月增长了 57. 38%，比 2006 年 8 月份则大幅度增长了 190. 7%。

中国香港地区 2007 年 8 月股指期货成交量达到了 412. 42 万张合约，比 7 月增长了 61. 37%，比 2006 年 8 月则大幅度增长了 146. 54%；股指期货及股指期权成交量合计达到了 1131. 84 万张合约，比 7 月增长了 36. 68%，比 2006 年 8 月则大幅度增长了 207. 89%。

印度金融市场上，2007 年 8 月股指期货成交量达到了 1705. 25 万张合约，比 7 月增长了 60. 79%，比 2006 年 8 月则大幅度增长了 224. 75%；股指期货及股指期权成交量合计达到了 2349. 22 万张合约，比 7 月增长了 58. 44%，比 2006 年 8 月则大幅度增长 243. 09%。

次贷危机虽然发端于美国，但对世界其他地区的股市影响似乎更大。统计显示，次贷危机爆发后，英国 FT－SE100 指数在 8 月 17 日创下的 5821 点的低点，离其高位 6754 点跌幅达到了 13. 81%，9 月 18 日的收盘价 6283 点，离其高位的跌幅为 6. 97%；日本日经 225 指数在 8 月 17 日创下的 15262 点的低点，离 7 月的高位 18295 点已经下跌了 16. 58%，9 月 18 日的收盘价 15801 点，离其高位的跌幅为 16. 31%；

香港恒生指数在 8 月 17 日创下 19386 点的低点，离 7 月的高位 23557
点已经下跌了 17.71%，9 月 18 日的收盘价 24576 点，比 7 月有较大幅
度的上涨，主要受惠于"港股直通车"等多重利好政策。

而道·琼斯指数在 8 月 17 日创下的 12518 点的低点，离其高位
14021 点下跌了 10.71%，9 月 18 日的收盘价 13739 点，离其高位的跌
幅仅为 2.01%。显然，处于次贷危机旋涡中心的美国，其股市遭遇的
打击并不是最大的，除了其他方面的原因外，完善的市场机制，特别是
拥有一个全球最发达的股指期货市场，对有效化解市场风险起了很大的
作用。危机爆发后，一些大型基金和保险资金等机构投资者，通过在股
指期货市场上的套期保值，有效规避了自己投资组合市值下跌的风险，
也大大降低了大量抛售股票可能带来的冲击效应和"多杀多"局面的
出现。美国 CME 股指期货市场投资者结构能很好地说明这一点。2006
年，美国 CME 市场上机构法人的避险交易占整个股指期货交易量的
61.3%，非避险大额交易人占整个股指期货交易量的 7.5%，小额交易
人占整个股指期货交易量的 20.6%，价差交易占整个股指期货交易量
的 8.8%。显然，美国 CME 市场上机构法人的避险交易占绝对优势。
2007 年 8 月美国 CME 市场上股指期货成交量暴增绝不是偶然的，股指
期货对稳定市场起了重要的积极作用。

第三节　股指期货风险控制措施分析及借鉴

股指期货风险管理措施是实施风险控制的具体手段，世界各国和地
区在风险管理措施上也是各有侧重。总体而言，包括以下几个方面。

一　确定合理的市场准入制度

考察其他国家和地区的做法，我们发现在股指期货推出初期对市场
准入较为严格，待条件成熟后再逐步放开。如韩国 KCSPI200 指数期货
推出初期合约单位规模较大，主要面向有专业知识和投资经验的机构投
资者，不鼓励个人参与，对外资也有严格限制。1996 年，KCSPI200 指

数期货期权的日平均交易量为 1574 亿韩元，其中证券公司占 80.4%，个人投资者占 12%。而到 2005 年，个人投资者占到了 40%，可见市场是逐步放开的。

对于刚起步的发展中国家，对 QFII 制度的引进一定要更加慎重。当年日本的股指期货市场由于对外资全面开放，使得不熟悉股指期货交易的本土投资者损失惨重。

二 建立股票指数期货交易部门内部控制机制

英格兰银行在总结巴林银行因期货亏损导致倒闭的教训时认为，缺乏内部控制是一个极为重要的原因。英国业界由此酝酿了新的改革，英国证券投资委员会在 1997 年 5 月颁布《高级管理人员职责纲要》，明确指出内部控制在风险管理中的重要性和高级管理人员的督导职责，并提出了明确的内部控制操作指引。主要包括：第一要控制交易程序，将操作权、结算权、监督权分开，并有层级严格的业务分级授权；第二要严格交易记录和风险分析；第三要对高级管理人员从严监管，因为权力越大，存在的风险、造成的潜在损失就越大。

三 建立成熟的股指期货法律法规及全面的监管体制

1977 年初，美国堪萨斯城期货交易所提出上市股指期货产品，但当时有两个问题没有法规可循。一是股指期货到期交割是否可以采用现金结算；二是股指期货究竟由美国期货监管委员会（CFTC）还是由美国证券交易委员会（SEC）来监管。经过近五年的争论，1981 年 CFTC 的主席约翰逊与 SEC 的主席夏德达成了《夏德—约翰逊协定》，明确由 CFTC 来监管股指期货，从而为 CME1982 年推出股指期货解决了法律障碍，确立了监管主体。1982 年 CFTC 批准了股指期货交易采用现金结算。

纵观世界上现存的股指期货监管制度，其模式有多种，各有侧重点。从行政监管主体角度看，监管制度可分为一元监管制度、二元监管制度和多元监管制度；从监管组织的层次上看，监管制度可分为二级监管制度和三级监管制度。

一元三级监管模式：一元三级监管制度是以英国为代表的股指期货市场监管制度。证券投资委员会、证券期货协会、交易所构成了只有中央政府为监管主体的，以自律管理为主的三级市场监管体系，即一元三级监管制度。

二元三级监管模式：二元三级监管制度为美国期货市场的监管制度，商品期货交易委员会和证券交易委员会、全国期货行业协会与期货交易所构成三级监管模式。

多元三级监管制度：多元三级监管制度是日本股指期货市场监管制度。日本期货市场监管和美国相比，它的一级监管部门更多，实行的是典型的多元三级监管制度。

一元二级监管制度：一元二级监管制度是以中国香港地区、新加坡为代表的股指期货市场监管制度。只有政府的监管和交易所的自我管理，没有行业协会的自律管理。①

四 建立严格会员管理制度

香港市场一个成功的风险管理经验就是交易和结算的分层次运行，这是通过严格会员管理制度来实现的。1987 年 10 月，全球股灾，香港股市暴跌 4 天，股指期货交易出现严重危机，保证金不足引发的债务风险加大。香港期货交易所随后进行了一系列改革，以加强风险管理。改革内容之一是将经纪会员分为 4 个等级，并根据承受风险的大小相应提高经纪会员的股本要求，并规定每一类经纪会员要对其客户的财务状况进行不定期监察，且会员还要承担客户可能拖欠保证金的风险。

五 采用结算担保金制度

美国 CFTC（商品期货交易委员会）除规定结算会员应满足一定的财务标准外，为了防范结算会员的违约风险，结算中心还要求结算会员

---

① 王宝森：《股票指数期货的风险管理》，《经济论坛》2004 年第 5 期。

必须向结算中心交纳结算担保金（security deposit）。

六　实行大户报告制度和持仓量限制制度

大户报告制度和持仓量限制是配合使用的，目的就是避免客户过度投机，审核资金来源，控制风险。在美国，市场监管官员每天都要检查当日大户报告情况，以发现潜在的违规行为。交易所除了向公众提供交易量、空盘量、价格等信息外，还要通过特别渠道向 CFTC 报告其每一清算会员的总头寸和交易活动。

七　强调合约风险控制条款的设计

股指期货合约设计中的风险控制措施主要包括每日价格波动限制设计、持仓量限制设计以及保证金水平设计。各国在合约条款设计上差别较大，主要取决于本地市场交投状况、投资者构成、交易习惯和监管机构相关规定等。

1. 合约报价限制设计。合约报价限制直接影响到股指期货交易风险及其避险功能发挥。幅度太大，使股指期货暴露的风险太大，可能造成过度投机；限价幅度过小，则会加大操作难度和交易成本，影响交易的连贯性，打击投机者的投机热情，最终影响到市场的流动性和活跃程度。各国在限制的幅度和限制的方式上各有不同。有些市场涨跌停板采取多阶段比例限制，如美国 S&P500 指数期货设置了 5%、10%、15% 和 20% 的跌幅逐级放开的比例限制。有的交易所按合约相对比例设置波动幅度，如韩国 KCSPl200 指数期货的涨跌停板为前日收盘价的 10%。也有的交易所不设每日价格波动限制，如英国和中国香港地区就没有采取涨跌停板限制。

2. 持仓量限制设计。持仓量限制设计，大多数是交易所根据本地市场交投状况、投资者构成、交易习惯和监管机构相关规定等而定，以达到防止操纵市场的目的。

3. 保证金水平设计。保证金的确定既要考虑到发挥期货交易的"以小搏大"效应，又要充分考虑到交易标的物价格波动幅度以保证期货交易的安全性，而"每日价格波动"幅度的限制是确定保证金水平的基础。国外正反两方面的经验证明，股指期货保证金水平关系到市场的活跃和市场的风险控制，从而直接影响股指期货交易的成败，因此，对股指期货保证金率的设置要非常慎重。

4. 市场异常波动的风险控制设计。同时在期货市场和现货市场上的两栖型机构大户，其在期市中持仓利益常常远超过股市中的利益，当其过度投机导致期指异常波动时，仅靠提高保证金不足以制止股指期货混乱，此时的风险控制措施要有特别的针对性。管制的重点要严控持仓数量，可征收高额惩罚性追加保证金使机构大户两市持仓量的不对称情况得到解除。

第四节　我国股指期货的风险管理

我国股指期货的风险管理可分为三个部分：宏观风险管理、中观风险管理和微观风险管理，其中中观风险管理最为关键。

一　宏观风险管理

宏观风险管理主要指建立严密的股指期货法规与监管体系。

（一）相关法律法规的建立

国家通过制定、颁布期货交易的法律、法规、规章制度等手段来规范期货市场的组织机构及其运行机制。立法管理的中心点是遵循公开、公平、公正和诚实信用的原则，禁止欺诈、内幕交易和操作市场等违法行为的发生，从法律上规范期货市场各主体的行为，防范市场风险。股指期货的推出，在宏观风险监管上对政府监管者提出了更高的要求，需要对现有的法律法规进行修改和完善，同时，也要补充有关金融衍生产品市场的管理法规，如《股指期货交易管理办法》、《股指期货交易规则》以及《期货法》等，使股指期货有法可依、规范发展，为其在我国的顺利运行奠定良好的基础。

（二）政府管理

政府管理是指行政机关通过履行自己的职责而实施的管理。它依据法律、法规规范期货市场的组织机构和运行机制，保证期货市场的正常运作。中国证监会是中国证券期货业的监管部门，对股指期货市场行使直接的行政管理权，在风险管理中起着举足轻重的作用。其监管的主要内容有：（1）对交易所的风险监管。主要通过制定《期货交易所管理办法》对其监管。（2）对期货经纪公司的监管。主要通过《期货经纪公司管理办法》来实现对其监管。（3）对期货从业人员的管理。通过制定《期货从业人员资格管理办法》，要求从业人员必须通过中国证监会考核，才能取得从业资格而且必须通过证监会每年的年审。（4）对期货投资者的监管。（5）跨市场统一监管。应加强对证券市场和期货市场的同步监管。

（三）行业自律管理

行业自律管理是指期货市场行业协会进行的行业自治、协调和自律管理。在国际惯例中，期货行业协会组织的自律管理是期货市场宏观管理的重要内容，由于我国的特殊历史原因，虽然行业协会已在 2000 年底成立，但其并没有真正有效地承担起行业自律管理职能。从国际股指期货市场的现状及发展趋势看，股指期货行业自律管理必不可少。我国目前已形成中国证监会—中国期货业协会—期货交易所三级监管模式。要采取各种措施真正发挥中国期货业协会的作用，具体负责日常业务咨询、人员培训、行业内部协调以及制定行业操作准则等，从而为期货市场的发展发挥其应有的作用。

二　中观风险管理

中观的风险管理是整个市场风险管理的核心，在实际操作中按交易前、交易中及交易后三个阶段分别采取不同的风险防范措施。

（一）交易前的风险管理

1. 健全交易制度和规则。为加强期货交易风险管理，保护期货交易当事人的合法权益，保障中国金融期货交易所期货交易的正常进行，根据《中国金融期货交易所交易规则》，我国已制定了《中国金融期货交易所风险控制管理办法》。

2. 合理安排进入制度，严格界定市场参与主体。

操作中可以通过制定较高的保证金要求，将一部分风险承受能力低、对股指期货知识和投资风险认识不足的中小投资者暂时排除在外，以减少市场风险和最大限度降低其可能产生的负面作用。待条件成熟、取得经验后可逐步向广大投资者包括国外投资者放开。在套期保值者、套利者、投机者三者结构中，我国要加强股指期货套期保值者的培育，把大型证券公司、基金管理公司和保险公司发展为套期保值交易的主体，同时积极发展各种套利交易，引导投机者进行理性交易以促进股指期货功能的发挥。

会员管理是交易所进行风险管理的一道重要防线，交易所应严格执行会员资格审批制度，严格审查会员的资金实力和信用等级，保证符合会员要求，并要定期对会员进行检查。

3. 建立实时风险预警系统。在多年的商品期货运行中，期货交易所已在实践的基础上开发了一套行之有效的风险监测预警系统，成为我国商品期货市场监测和防范风险不可缺少的工具。对于股指期货市场而言，也应研发一套针对股指期货交易风险的实时预警系统。

《中国金融期货交易所风险控制管理办法》第四十四条规定，出现下列情形之一的，交易所有权约见指定的会员高管人员或者客户谈话提醒风险，或者要求会员或者客户报告情况：

（一）期货价格出现异常；

（二）会员或者客户交易异常；

（三）会员或者客户持仓异常；

（四）会员资金异常；

（五）会员或者客户涉嫌违规、违约；

（六）交易所接到涉及会员或者客户的投诉；

（七）会员涉及司法调查；

（八）交易所认定的其他情况。

（二）交易中的风险管理

1. 保证金制度。保证金是股指期货交易参与者履行其合约责任的财力担保，是期货交易结算的核心制度。保证金分为结算准备金和交易保证金。

《中国金融期货交易所风险控制管理办法》第五条规定股指期货合约最低交易保证金标准为10%。期货交易过程中，出现下列情形之一的，交易所可以根据市场风险状况调整交易保证金标准，并向中国证券监督管理委员会（以下简称中国证监会）报告：

（一）期货交易出现涨跌停板单边无连续报价（以下简称单边市）；

（二）遇国家法定长假；

（三）交易所认为市场风险明显变化；

（四）交易所认为必要的其他情形。

交易所调整期货合约交易保证金标准的，在当日结算时对该合约的所有持仓按照调整后的交易保证金标准进行结算。

2. 涨跌停板制度。涨跌停板的设置，能够有效地减缓或抑制突发事件或过度投机对股指期货价格的巨大冲击，减缓每一交易日的价格波动。在市场剧烈波动时，涨跌停板实施可以为市场管理者争取时间、掌握局面、缓冲风险，同时也给投资者一个理性思考判断机会，避免市场过度反应。

3. 限仓制度。限仓是指交易所规定会员或客户可持有的合约头寸的最大数额。我国交易所实行持仓限额制度。持仓限额是指交易所规定会员或者客户可以持有的、按照单边计算的某一合约持仓的最大数量。《中国金融期货交易所风险控制管理办法》第十六条规定同一客户在不同会员处开仓交易，其在某一合约的持仓合计不得超出该客户的持仓限额。会员和客户的股指期货合约持仓限额具体规定如下：

（一）对客户某一合约单边持仓实行绝对数额限仓，持仓限额为600张；

（二）对从事自营业务的交易会员某一合约单边持仓实行绝对数额限仓，每一客户号持仓限额为600张；

（三）某一合约单边总持仓量超过10万张的，结算会员该合约单边持仓量不得超过该合约单边总持仓量的25%；

（四）获批准套期保值额度的会员或者客户持仓，不受前款限制；

（五）会员、客户持仓达到或者超过持仓限额的，不得同方向开仓交易。

4. 大户报告制度。大户报告是指当会员或客户的持仓达到了交易所规定的一定数量时，会员应向交易所报告其资金情况、头寸情况等，客户也应通过其代理会员向交易所报告其有关的各项情况。大户报告制度与限仓制度密切有关，可以配合使用，能使交易所在风险尚未积聚时发现苗头，能有足够的时间来关注和控制事态的发展。

交易所实行大户持仓报告制度。交易所可以根据市场风险状况，公布持仓报告标准。

会员或者客户某一合约持仓达到交易所规定的持仓报告标准的，会员或者客户应当向交易所报告。客户未报告的，会员应当向交易所报告。《中国金融期货交易所风险控制管理办法》第二十条规定会员或者客户的持仓达到交易所规定报告标准的，应当于下一交易日收市前向交易所报告。交易所有权要求会员、客户再次报告或者补充报告。

第二十一条规定达到交易所规定报告标准的会员或者客户应当提供下列材料：

（一）《大户持仓报告表》，内容包括会员名称、会员号、客户名称和客户号、合约代码、持仓量、交易保证金、可动用资金等；

（二）资金来源说明；

（三）法人客户的实际控制人资料；

（四）开户材料及当日结算单据；

（五）交易所要求提供的其他材料。

第二十二条　会员应当对达到交易所规定报告标准的客户所提供的有关材料进行审核。会员应当保证客户所提供材料的真实性和准确性。

第二十三条　交易所有权对会员或者客户提供的材料进行核查。

第二十四条　客户在不同会员有持仓，且合计达到报告标准的，应当向交易所报告。客户未报告的，由交易所指定受托会员按照本办法第二十一条报送该客户的有关材料。

5. 稽查制度。风险管理各项规章制度的贯彻落实需要交易所实行严格的稽查制度。稽查的对象一般是会员，但在某些情况下，交易所也可协同相关的经纪会员，一起对交易所及市场监管机构认为有必要进行详细审核的客户交易状况进行稽查。稽查的内容有交易业务稽查和财务稽查。

（三）交易后的风险管理

1. 每日无负债结算制度。又称"逐日盯市"，指在每日交易结束后，期货交易所应按当日结算价结算所有合约的盈亏、交易保证金及手续费等费用，对应收应付的款项实行净额一次划转。它能保证交易所收取的交易保证金能够完全控制一天的价格波动风险。这是风险控制的核心手段。

2. 强行平仓制度。会员或客户出现不能按时缴付保证金、结算准备金不足、持仓超出限额以及交易所其他有关规定的情况时，或交易所根据其法定程序采取紧急措施时，交易所有权对相关的会员或客户实施强制性平仓。这样能及时把风险控制在最小范围内。

3. 风险准备金制度。交易所风险准备金的设立，是为了维护期货市场正常运转而提供财务担保和弥补因不可预见的风险带来的亏损。风险准备金必须单独核算，只能用于弥补风险损失。风险准备金的动用应遵循事先规定的法定程序，经交易所理事会批准，报中国证监会备案后按规定用途和程序进行。

4. 授信额度及保险赔偿。期货交易所与商业银行签订银企合作协议书，银行向期货交易所提供授信额度，在特殊情况下期货交易所可以从银行获得紧急贷款，同时，期货交易所向保险公司购买保险。在紧急情况下为保护市场的完整性，期货交易所有权从保险公司获得保险赔偿金。

三　微观市场主体风险管理

（一）期货经纪公司的风险管理

期货经纪公司主要从以下四个方面对股指期货市场的风险进行

管理。

1. 对客户的管理，具体包括：审查客户资格条件、资金来源和资信状况，评估资金来源与交易风险的互动关系；对客户加强风险意识的教育和遵纪守法的教育；严格执行客户保证金管理制度；提高客户的期货知识和交易技能水平；不同的客户、不同的资金来源实行区别对待、分类管理；建立纠纷处理预案。

2. 对雇员的管理，包括：提高雇员的期货知识水平和执业技能；加强内部监督，加强员工的职业道德教育；培养高品质的客户经理。

3. 结算与风险管理制度和措施的管理，经纪公司必须按交易所和证监会的规定建立和完善内部结算与风险管理制度；严格按照交易所规定的比例收取客户保证金，保持适度持仓；避免过度交易，严格控制好客户的风险。

4. 自我监督和检查。期货经纪公司不仅要接受中国证监会及交易所的监督与检查，还应设置内部稽核人员，形成严密的内部控制体系，及时发现问题，避免恶性重大风险事故的发生。

（二）投资者自身风险控制

投资者对自身的风险控制主要从以下几个方面考虑：

1. 分析各类市场因素，提高判断预测能力，通过灵活的交易手段降低交易风险。

2. 控制好资金和持仓比例，避免被强行平仓。由于每日结算制度的短期资金压力，投资者要学会抛弃股票市场满仓交易的操作习惯，控制好保证金的占用比率，防止强行平仓的风险。要根据交易计划加仓或止损，不可抱侥幸心理硬扛或在贪婪心理驱使下按倒金字塔方式加仓。股指期货市场上，交易所每天按照当天结算价对未平仓合约进行盈亏结算，当投资者账户内的保证金不足时，必须在规定时间内及时补足保证金。否则，投资者持有的有关合约将被强行平仓，由此造成的损失由投资者自己负责。所以，投资者需每日检查账户的赢利情况和保证金的充足情况，以控制风险暴露程度。

3. 规范自身交易行为，强化风险意识。尽量遵守自己经过详细研究和精心制定的交易计划和策略，减少交易的盲目性和随意性，更不能情绪化操作。这对个人投资者尤其重要。有些投资者平时没有养成计划交易的习惯，习惯跟风交易、从众交易；也有些交易者，虽然制定了交易计划和策略，但常常临场更改，使计划流于形式。比如，一些个人投资者容易受市场气氛的感染，利用期货"T＋0"交易制度一天之内过于频繁地买卖期货，可能已经偏离了原来的交易策略，结果是支付较多的手续费后，赢利状况依然难以预料。再比如，一些投资者事先制定了止损计划，但是建仓后行情发生不利变动时，往往抱有侥幸心理，期待行情逆转，而迟迟不执行原有计划，最终导致无法挽回的巨大损失。

4. 当利益受到不公平、不公正待遇时，可以向中国证监会及其他有关机构进行投诉，要求对有关事件和问题进行调查处理。

第八章

股指期货的操作策略与经验

第一节 期货交易常见心理误区及应对技巧

一 期货交易常见心理误区

在期货交易中，投资者常产生一些心理误区，具体表现在以下六个方面：主观教条、重蹈覆辙、固执己见、手脑不一、羊群效应、投资饥渴。

（一）主观教条

参与期货交易市场，每个人都会有自己一套想法，总会人为地认为某些事会发生，有些事不会，但是主观认定、教条拘泥，却是投资者之大忌。

（二）重蹈覆辙

"人贵有自知之明"，经常分析自身的错误才能不断提高。人在成功的时候，总是认为是自己高明，而很少归结为运气。但是，人在出错的时候，总是以运气不佳为借口，害怕承认错误，分析错误，以致以后故态复萌，再犯同类的错误。

（三）固执己见

尽管自己犯了错误，但仍一意孤行，坚持自己的主张。

（四）手脑不一

一些投资人事先已经定好了投资的计划和策略，但步入现实的期货市场时，却被外界的环境所左右。例如，预先决定当某种期价继续下跌时就立即买进，但一看市场，众人都在抛售，他买期货的手又缩了回来。也有人根本就没有计划买入某种期货，只是当众人抢购时，他也经不住诱惑。还有些人又是一直要等到更便宜的价格，似乎认为目前所有的期货合约（即使是在大势上涨时）都不值得购入，应更廉价才可以入市。于是，越等价越高，越等越不敢入市。结果是期价暴涨，他却白等了全过程。错误地分析形势和错过买卖时机，这两种错误是密切相关的。正由于错误地估计了形势，投资者往往会坐失良机。

（五）羊群效应

一些投资人有从众心理，大家都抢着买进的时候，他也抢着买；大家都抢着割肉的时候，他也抢着割。暴涨暴跌时，可能是投资者最忙碌的时候，一旦行情出乎大家的意料，只要一个人率先砍仓，其他人就会一拥而上，忘了所有的计划、方法、原则，唯恐晚了半步。结果损失惨重。

（六）投资饥渴

期市中有些投资人无法忍受手中持有太多的现金，随便草率地进场以钱换期，在这山又望那山高时，往往会有"买了就跌，一卖就涨"的情况。

二　应对技巧

（一）相信"市场永远是对的"

因为市场只有一个，价格走向也只有一个，"市场永远是对的"，如果自己的观点与市场发生矛盾，要研究自身错误在哪里，而不能一味认为市场是错的，坚持客观很重要。

期市上突发事件经常发生，不管当时看来怎样难以想到，都一样可以出人意料地发生，甚至发生之后，还有无数人以为难以想象。虽然技术分析的提高需要我们不断对行情进行预测，但交易与预测不应混淆，预测的结论是主观的，趋势是客观的。投资者在市场与自己分析结论相背时应顺应客观的市场，修正自己主观教条的判断。投资者应提高自己的哲学修养，深刻领会主观与客观的哲学含义，应认识到，主观永远不能完全真实地反映客观，摆正自己渺小与市场宏大之间的关系。

（二）经常有意识反省、检讨自己的行为

成功的投资者能从一次错误中面对现实，分析原因，吸取教训，采取措施，避免重蹈覆辙。期市投资者就像运动员一样，有时在状态中，有时却不在状态。因此，应该经常有意识反省、检讨自己的行为："目前是在做明智的投资或投机，还是在赌博？""是在顺势而为，还是在逆势而动？""是否太接近市场上大多数人的行为？""继续交易下去机会大还是风险大？""这笔交易的动机是做短线，抑或是做中长线？"这样，就可使你对相关的交易守则的印象更加深刻，并可及时发现和纠正错误的念头。"犯错—改错—再犯错—再改错"，即使最成功的期货投资者也经历过这种过程。从未在期货市场犯过错误的人，根本不存在。犯错并不可怕，可怕的是犯错之后不知改过，一犯再犯。大凡在期市角逐中，被市场淘汰者，都不是被一个"地雷"炸死，而往往是被几颗相同的"地雷"炸死。所以有错要改，非常重要，第一次追涨杀跌是正常的，毕竟市场充满太多诱惑，但每次都追涨杀跌，就是一种悲哀了。

（三）"取人之长，补己之短"

"三人行必有我师焉"，期货市场风云变幻，多向周围人请教，往往受益匪浅。"三人行必有我师焉"，不仅要向成功者请教，更要多与失败者探讨，"历史会重演"，今天别人的失败就可能成为明天自己的失败，成功者固然有好的经验，但失败者更有血的教训。期市投资避免失败比获得成功往往更重要。但请教不代表全盘接收，"取人之长，补己之短"才是上策。

（四）关注国际和当地的政治、经济形势以及企业经营成果的动向

政治、经济形势的变化以及企业经营成果经常会给期货市场带来影响。因此，在投资期市时，不能光重视期市动态，还要密切注视当地和国际政治和经济形势以及企业经营成果的动向。把对形势的估计和对期价走势的技术分析结合起来，这样才能及时捕捉买入或卖出信号。作出该买时买、该卖时卖的实际行动。

（五）走出从众误区

期货投资，人多不一定势众，反而与相反理论相矛盾，当大家都抢

着买进的时候大势就到顶了，当大家都抢着割肉的时候大势就到底了，所以从众者往往是"赔钱客"。走出从众误区，就会体会到"曲径通幽"的妙处和"众人皆醉、唯我独醒"的乐趣了。岂不知这时候是最需要冷静的时候。行情一好全仓杀进，一但有风吹草动，落荒而逃的做法，在期货市场尤其要不得。跑得快未必是好事，一两次或许能赚便宜，跑得多了恐怕就不见得了。

（六）耐心等待，综合判断介入的时机，采取正金字塔的卖出方式

避免自己"投资饥渴症"，要做到：第一，投资人不可只依据线图来做判断，应学习区分影响期价的"基本因素"市场和"技术因素"市场，综合判断介入的时机，才不致有"挂一漏万"的遗憾。第二，采取正金字塔的卖出方式：为避免卖得太早，宜采取正金字塔的卖出方式，即当期价到达自己设定的第一个获利点时，卖出六分之一的持期；至第二个获利点，出脱三分之二的持期；至第三个获利点，再卖剩余的六分之一。除非投资人非常有把握，否则同时杀出持期时，极易产生孤注一掷的危险。此外，至期货公司现场从事交易的投资人，易受"气氛效应"的影响，出现"当局者迷"的现象，为避免发生"投资饥渴"的遗憾，投资人可以电话或书面委托交易来解决。

三　股民在股指期货市场中的常见错误

期货市场和股票市场都是金融体系的重要组成部分，股票侧重于微观经济层面上经济资源的配置和公司风险定价，期货市场则侧重于宏观经济层面的社会经济风险的管理和商品价格发现。由于期货投资和股票投资都是以K线为基础进行行情分析，特别是技术分析方法如价格移动平均线、MACD、RSI等都似曾相识，这使股票投资者很容易自信地将自己在股市中的经验完全复制到期货市场，正是这种盲目的套用导致很多股民在期货市场中频频出错。股民在期货市场中的错误主要有以下几点。

（一）不止损，短线变中线，中线变长线

投资者在期货市场中最常见的错误是没有即时迅速止损。多空双向

制的期货品种由于它的杠杆作用，盈利与亏损都被放大。不及时止损所带来的后果往往是极其严重的。我们都知道在投资市场最宝贵的财富就是投资资本，资本就像我们在战场上的子弹，没有了子弹，便注定要失败。因此必须时时注意保护自己的资本，不能让损失无限扩大。很多人希望，祈祷，梦想着找到一种完美的交易手段，可以完全盈利，不用止损。一句话，不管在任何领域这种完美的赚钱方法都是不可能的。成功的交易方法就像成功的生活一样，不是通过避免损失得到的，而是通过控制损失得到的。

转换时间框架也是股民在期货市场常犯的错误。由于股票没有杠杆效应，很多股民都有亏损就拿着的习惯。而在期货市场这是行不通的，期货中的"爆仓"、追加保证金等都会让有这种思维的股民吃尽苦头。所谓的转换时间框架也是一种变相的不止损、不认错。它是这样发生的：一个投资者以想要获取一个好的短线收益的目买入一个合约，但是行情走势没有产生他想要达到的效果。这个投资者没有在短线所限定的时间框架里卖出，而是决定要持有这个合约改为中线投资或长线投资。这只是一个不想止损的理由罢了，这种转换时间框架的方法必将引起灾难，而止损是我们避免灾难发生的唯一方法。

（二）不注意资金管理，没有控制仓位

有钱就全仓杀入，不留余钱，一旦失误，损失惨重。在美国的资金管理界曾经做过一项调查：能够长期获胜的基金最重要的不是在什么时间、什么价格入场，而是基金买了多少。这也就是投资界常提到的术语：资金管理。所谓的资金管理正是要解决投不投与投多少的问题。股票市场由于没有杠杆效应，很多人并没有意识到资金管理的重要性。而在股指期货中如果不注意资金的管理方法，绝对不会摘取最终的胜利果实。

（三）等待回调

股票市场是一个只能单边做多的交易市场，而股指期货是既可以做多也可以做空的双向制市场。这就决定了股指期货行情走势与股票行情走势的根本不同。在股票市场，利好消息出台或价格突破关键位置时，将会有热钱进入，不断买入股票，推高价格。而在双向制的股指期货中，利好消息出台及关键位置被突破时，不仅有热钱进入市场，还有市场中原来的反向持仓的所有者大批平仓，变相地增大了推动价格波动的力量。所以股指期货的买卖要求投资者比在股票市场中更要反应迅速，回调的出现往往是价格已走完一个波段，此时入场往往会饱受折磨，甚至亏损。

（四）T+0 导致无计划的交易频繁

股票市场的 T+1 交易制度，使很多股民在当天进场后，发现错误也没办法在当天补救。而股指期货的 T+0 制度使投资者在当天就有机会重新进行选择。但这种制度也是一把双刃剑，由于可以自由选择，使交易次数增多，日内的波动要比股票剧烈。如果没有严格按照自己的计划操作的话，在盘中很容易因为受情绪的左右而多次判断失误，从而引起交易者的报复性情绪，导致交易频繁。所以在这种自由度较大的市场中，股民更要控制好自己的情绪，计划好自己的交易，交易好自己的计划。

第二节　投资股指期货的重要准则

在期货界有公认的期货交易的十大基本规则，有经验的期货交易员认为，这些准则是一名期货新手走向成功，在期货市场得以生存下去的关键。违反这些准则，将导致破产。在激烈的竞争中，遵循这些准则可以避免成为"祭坛上的羔羊"。一些业余的交易者永远也成不了专业交易员的原因，就是不能遵守这些交易准则。只要违反一个或一个以上这些交易准则，投资者在市场的残酷考验下就很难生存下来。

一　先学习后行动

一些新手常犯的错误，就是在进入市场时不知道他们要干什么。他们从不肯花点时间观察一下市场是如何运作的，然后再拿他们的钱去冒险。通常人们做一件事情，总要先观察，后行动。因此，在期货交易前，投资者应先学习有关交易的各种知识，应该认真地审视他们的交易系统的每一个细节，要明白这个系统可能出现的错误或可能成功的各种方式。这一受教育的过程应该包括确定交易动机、策略、如何执行交易、交易频率和交易成本。在交易的内容和交易的方法上，也要考虑你自己的个性特点。如果使用交易系统进行交易，就应该对交易系统进行反复的测试，以便确定有多大的赔钱的概率。投资者必须知道他们在方法论上的优势、工作习惯上的优势以及专业化方面的优势。假如投资者无法知道这些优势，他们将冒极大的风险。

二 要及时减少损失

遭到亏损要当机立断，中止交易，减少损失；当你的交易头寸得到赢利时，就让它进一步增长，这是一个古老的信条。很多交易员重复这个信条。很多新手常犯的毛病是赔钱的头寸抓住不放，他们想市场会逆转。当他们的头寸一得到赢利就过早出市。他们过于急切地得到初步的赢利，而失去了使赢利进一步增长的机会。他们生怕已经到手的利润跑掉。成功的交易员总是利用少量赚钱的交易来补偿一些小额的亏损。新手的通常心理趋势是一有赢利就赶快出市，见好就收，而不是让利润继续增长。后者是很难做到的。为了扩大赢利，期货界新手要学会克制满足于小额利润的欲望。

三 循规守纪至关紧要

一些使用反复测试过的交易系统、循规守纪的交易员总是赚钱的。那些缺乏行为准则的人往往不能坚持一贯的交易行为。在交易过程中三心二意、朝令夕改，缺乏一贯性，会把所有的赢利机会毁掉。如果对一种交易系统或交易计划随意改动或放弃，那么你就根本没有交易系统或交易计划。一些资深的交易员认为，当你刚赔了钱就更换或放弃某个交易系统时，也许正是这个交易系统要赚钱的转折点。因此保持一贯的交易行为是十分重要的。

四 对交易过程全神贯注

有经验的交易员都强调，应该关注交易的全过程，而不是是否赚钱，这听起来有点矛盾。一些著名的交易员认为，在期货交易中赔钱是不可避免的，亏损是交易过程不可避免的组成部分。那些注意力集中在赚钱上的交易员很可能是要赔钱的。他们无法对付那种投资过程中难以避免的下滑现象。他们赚钱时就情绪昂扬，赔钱时就垂头丧气，甚至惊惶失措。在交易过程中情绪忽高忽低不是好现象。必须心平气和地把注意力集中在交易的全过程。期货交易员无法预测市场的走向，无法预知市场会发生什么变化，但是他们可以控制交易过程。实际上他们能控制的也就是交易过程。期货市场新手的最大问题是关注赚钱和赔钱，而不是交易过程，一些老交易员说，如果你怕赔钱，你还搞什么交易？你做10 次、15 次或 20 次，肯定有一次是赔钱的交易。

五 知道什么时候出市

交易员应该知道什么时候把头寸抽出市场。不管他们使用什么系统，他们都知道什么时刻必须出市。这有助于交易员摆脱三心二意的做法，坚持某个系统，这样也可以减少亏损。可以设置一个止损指令，以便减少亏损。市场总是按自身的规律在运转。你必须按照市场的运动规律来设置止损指令。考虑到有时候当你的交易头寸出现亏损时，正是发生转机的时刻，因此不能把止损指令规定得太死。当下达止损指令时，要考虑到市场的动荡性。指令应以市场的某个指标为依据。比如，市场价的某个平均数，通常是某个阶段的最低价位，有些交易员设立止损指令十分随意，根本不考虑市场的运转方式。这样他们很可能要赔钱。规定出市指令的依据如果是某个金额的话，往往是减少了赔钱的金额，但是增加了赔钱的交易次数。如果你把止损指令规定得太死，你可能会有一系列的赔钱交易。什么时候退出一项交易，中止某笔交易头寸，有一条根据是"避免希望交易"。希望交易就是当出现亏损时，希望市场逆转。

六 管理好你的资金

资深的交易员建议规定一个准备冒风险的资金百分比。这种可以承受风险的资金百分比可以是 2% 或 3%，永远也不要改变这个百分比。保持持之以恒的投资组合的风险百分比是十分重要的一条准则，有些新手认为一两笔交易就可以赚一大笔钱，这正是专业交易员和业余交易员的一大区别。对自己的资金规定一个可冒风险的百分比，可以在连续亏损的情况下缩小交易规模，保持资本，限制其亏损的程度，由于交易的合约数量减少，资金的抽出也可以有个限度。这样就可以做到交易规模同资本的规模相一致。有些新手遇到头寸亏损时，常常会经不起诱惑：用更大的资本来冒险，盼望扭转亏损局面。越是冒更大的险，亏损也更大，合理的资金管理是分散风险，用 2% 的资金去做 5 种货币的期货所冒的风险比用 10% 的资金去做所有的货币的期货所冒的风险更大。

七 与趋势为伍

"趋势是你的朋友"，这是一些老的期货交易员不断重复的一句话。这是期货交易的一条必由之路。成功的交易员认为，重要的不是去预测市场的走向和起伏，而是跟着趋势走。很多交易员都建议跟着市场发展的趋势走，换句话说，也就是随市场的大溜走，跟着这个趋势行动，直到这一趋势结束。一些有经验的期货交易员的忠告是：永远不要对市场说三道四，发表某种意见。市场发展的大势就是你的朋友。你随着趋势去交易就是了。让市场告诉你应该朝哪个方向走。一位著名的期货交易员曾经说过，当市场形成大的趋势时，正是赚钱的时候，当市场往岔道发展时，你是赚不了大钱的。

八 在交易上不要感情用事

有经验的交易员告诫，不要用感情来交易。保持心态的平稳是十分关键的。在做多种期货交易时这一点尤其重要。职业交易员强调：要记住，市场不是个人的行为。他们认为，赔钱的交易往往是感情用事造成的。一些新手常常忘掉了一切，用感情去交易，他们必然因此而反反复复，缺乏一贯性，而且无法清醒地考虑问题。开发一种交易方法并加以坚持十分重要。如果方法行之有效，纪律和耐心就是赚钱的关键。

九　想一想谁在赔钱

一些有知名度的交易员安排他们的交易的一个很有意思的方法是，想一想，你打算从谁那里赚钱，每一个进入市场的人显然都是赚钱的，但是不可能大家都赚钱，总有人在赔钱。你赚钱，就有人赔钱。期货交易老手认为，应该知道你要从谁那里得到赢利。如果你买入，并认为他是对的，那么卖出的那一头也认为他是对的。人们要从判断错误的人那里赚钱。一些趋势交易者，或大势交易者通常是通过套期保值者来赚钱的。因为套期保值者通常是在市场上升时卖出，市场下跌时买入。

十　永远保持谦卑姿态

那些自以为比市场上所有其他人都聪明的人，认为自己总是幸运者。他们这种看法不会长期保持下去的。在市场面前应该谦卑。否则市场会让你知道这种态度会出问题的。市场会让你变得谦卑的，这是一位很有名的交易员说过的话。

第三节　股指期货的具体操作策略

一　大众投资者如何面对股指期货

（一）股指期货目前还不是中小投资者的理想投资工具

股指期货与现有的股票类产品和商品期货产品相比而言，有着更为复杂的影响因素，并决定了其不可控性更强。股票和商品都直接受供求关系影响，且其供求是在相对有限的范围内；股票和商品的供应更是有明确的信息揭示。而股指期货从供求来说则是几乎上无顶、下无底。股指期货属于高风险投资品种，中小投资者不宜参与。从指数期货合约设计层面看，股指期货的法规是为机构投资者，而不是为散户"量身定做"的。股指期货基本的三大投资策略为：套期保值、套利以及方向性买卖，这三种操作方式并不适合普通散户。持有大量股票的基金，在市场发生不利变动的时候，无法迅速出清股票，可以通过卖出股指期货，避免由于市场进一步下跌而引起的亏损。但对于普通散户来说，股票持有量有限，在股价下跌的时候，可以随时出局，并不需要进行对冲。另外，套利机会往往在瞬间出现，普通散户不可能做到随时盯市。股指期货交易和股票交易不同：在现货市场，股票下跌被"套牢"后还有可能会涨回来；而股指期货一旦做反了，保证金很容易全部赔光。

因此，一般而言，流动资金在 50 万元以下的投资者，在目前不宜投资股指期货。从股指期货仿真交易情况看，以中小客户参与为主的近期合约表现尚不活跃；客户被强行平仓逐渐增多；许多投资者对持仓风险没有概念，像买卖股票一样投资股指期货，甚至对交割月持仓没有概念，到最后交易日不主动平仓，出现被动交割现象。

（二）股指期货"陷阱"有可能存在

目前，市场上流传，市场主力已经策划了一个巨大的阴谋：在股指期货上市前，将大量持有主要权重股，待股指期货上市后，则沽空股指期货，引发股指大跌，运用股指期货的放大效应，获取更为可观的利润。这一说法在理论上是存在的。客观来说，股指期货作为机构投资者规避风险的重要工具，持有大量现货的机构投资者将会更多地选择在股指期货上做空保值。在期现指数差距加大时，套利者则会反向运作。如此反复的结果，势必形成对股指的向下动能。在股票市场和商品现货市场，一方面，其供求关系可以调节价格的超幅度波动，另一方面，其对现货的囤积成本相对较高，又会抑制相应的操控行为。而股票市场和商品期货市场是"需求单向调节"的，由于股票和商品存货都有现实的量的供应，供给很难无限制及时增加；而且除了资金成本外，几乎并无其他的囤积成本。因此，从理论上讲，股指期货内在的不稳定因素比股市和商品期货要大得多，更有可能被操控。当然，从国际资本市场的情况来看，股指期货上市前，股指上涨的概率还要大一些。我们的股指期货上市后，关键是要看指数是在相对高位还是相对低位？据分析，指数在5000点以上将属于相对高位区，在3000点附近将属于相对低位区。股指在高位区时，股指期货将具有较强的空方动能。当然，从长期看，股指期货不会影响股市的运行特征，只会使股市流动性更强。但是，有一点，我们也是不能忽视的，就是当投资者对市场趋势高度认同时，机构投资者是不必要马上建立保值仓位的。

（三）市场震荡加剧是我们必须承载的痛

2006年以来，A股市场不断走高，市场逐步呈现过热势头。在一定程度上对股指期货推出产生了影响。股指期货推出以后市场体系将会极大地丰富，对于机构投资者来说，股指期货可以作为市场的稳定器。可以利用股指期货来对冲、分散、转移风险。但是，总体而言，股指期货上市后，市场的震荡将加剧，期货权重股、相关概念股应引起高度关注。数以万计的投资者涌入期货市场，加上期货交易的杠杆和T＋0机制都将推动期货交易的活跃，这对股市也将形成分流效应。也许，我们更应该对股指期货上市后市场波动加剧有更多的思想准备。就大众投资者而言，我们必须要实现投资理念、操作手法、资金管理的革命性转变。期货市场的波动节奏远远大于股市现货市场。"先学习后行动"的准则绝不是教条。期货是一种零和交易，它的每日无负债结算模式，让人心跳地变动你的财富。基于此，投资者应理性看待股指期货对近期股市的影响。

二　股指期货的基础分析

股指期货基础分析是研究市场运动的成因，集中考察导致价格变化的供求关系。主要对影响股指期货变动的政治、经济因素、行业状况以及心理因素进行分析，通过分析影响股票指数的基础条件和决定因素，判断和预期今后的发展趋势。

（一）宏观政治因素分析

主要包括对国际形势的变化，国内政局及重大事件的分析。

（二）宏观经济状况与政策分析

主要包括对经济周期的分析，对宏观经济指标诸如GDP增长、通胀率、失业率、汇率、利率、储蓄率等的考察以及对通货变动的把握；另外，研究一个国家的财政政策、货币政策的具体内容和实施情况。

应当清楚，国家相关部门定期公布的一些宏观经济数据，会影响到政府将来的货币、财政政策，会对投资者对经济未来预期产生影响，最终反映到期货价格上来。虽然目前我国资本项目还没有放开，但我国融入全球经济的程度在逐步加深，人民币汇率也已经在进行有限制地浮动，这些都说明我国资本市场不能独立于全球金融体系之外，周边市场的变化对我国将会产生一定程度的影响。除了国内与国际市场之外，我们还要关注债券市场、外汇市场、商品市场以及房地产市场，因为各个投资品种之间有一定的相互替代作用，资金的流向会对市场产生冲击。

（三）行业分析

主要包括行业市场结构分析、行业市场生命周期分析以及影响行业成长发展的因素分析。

（四）心理因素分析

心理因素是指投资者的心理预期对期货价格的影响。主要包括两个方面：一是个人心理，二是群体心理。外界所发生的事，都会引起人们心理的变化，导致情绪变动，影响个人的选择，而集体的心理往往会影响到个人的心理，影响其投资决策。

（五）微观层次分析

主要分析上市公司经济行为和相应的经济变量，为买卖股票提供参考依据。

三 股指期货的技术分析

技术分析主要研究市场行为，是以预测股票市场价格变化的未来趋势为目的，主要依赖图表分析和技术信号分析进行投资决策。它依赖于三个基本假设：市场行为包容一切信息；价格以趋势方式演变；历史会重演。技术分析是不同研究途径和专业领域的完美结合，既适用于股市，也适用于期货。它起源于股市分析，后来才移植到期货市场，二十多年来，技术分析在金融期货市场上如鱼得水，在我国股指期货交易中也将大有用武之地。

技术分析在股市和期货市场上的用法不尽相同，但其基本原理是共同的，使用的基本工具也一样，比如 K 线图、价格形态、交易量、趋势线、移动平均线等。有效的技术分析方法包括：（1）移动平均线；（2）黄金分割；（3）形态分析；（4）波浪理论。只要在股票市场上学会运用这些知识和工具，就能轻车熟路地适应期货市场。

通过技术分析可以解决以下几方面问题：

（1）测算出买卖双方相对强弱程度；

（2）预测价格如何变动；

（3）决定何时何地买卖；

（4）有效控制风险。

当然，期货市场和股票市场毕竟有着本质的区别，技术分析在股票和期货市场中运用的差别，主要是两个市场本身的一些基本制度不同造成的。

1. 到期期限

期货合约都有失效日期，股票则不然。比如股指期货 0709 合约，表示在 2007 年 9 月的第三个星期五到期。在任何时候，同一种资产或商品在市场上都至少同时流通着 4 种以上到期月份不同的期货合约。有到期期限的特点给长期的价格预测增加了难度，特别是上市时间只有几个月就结束的合约，给基于图表的技术分析增加了不少难度。

2. 杠杆效应

期货以保证金方式进行交易，使期货交易的盈亏具有杠杆效应。价格不管朝哪个方向变化一点，都会影响总的盈亏水平。从技术分析的角度看，杠杆效应使选择入市时机这一步骤在期货市场比在股票市场更为重要。正确地选择入市和出市时机一方面是成败的关键，另一方面也是技术分析面对的一大课题。正因为这样，以技术分析为中心的交易策略才成为期货交易成败攸关、不可或缺的关键。

3. 时间区域缩小

股市分析喜欢研究更长时间的图表，他们也许想要知道 3 个月或半年后的市场，而期货投资者想知道的则是下周、明天乃至下半天的走势如何，所以期货市场的一些具有即时效用的分析工具，可能是股票投资者闻所未闻的，比如移动平均线，股市分析中使用最广泛的可能是30天或60天的平均线，而在期货市场，比较流行的移动平均线组合是4天、9天和18天。

4. 时机更重要

对期货投资来说，时机决定一切。正确判别市场方向仅仅是问题答案的小部分。入市时间相差一天，有时甚至仅几分钟，结果可能就是成与败，截然不同。弄错了市场趋势而赔了钱固然糟糕，然而大方向没有错却依然损兵折将则是期货交易最令人沮丧的地方。基本面因素很少一天一变，所以毋庸置疑，时机抉择问题实质上纯粹是技术性的。

5. 资金动向与情绪指数

在进行股市分析时，非常注重资金动向和情绪指数。情绪指数用来跟踪显示散户、基金和其他机构等各个群体的表现。资金动向用来考察不同群体的现金头寸情况，比如基金的账户，认为现金头寸越大，就越有购买股票的潜力。就技术分析而言，两者都是辅助性质的，但他们对股市分析的重要性更高。期货市场的技术分析是更为纯粹的价格研究。

在股指期货交易中，基础分析和技术分析这两种分析方法都试图解决同样的问题——预测未来价格可能运行的方向。股指期货分析方法汇总图见图8-1。

四　股指期货三大要务

归纳起来有三条：即关注权重股走势、做足收市功课、注意控制风险。

（一）关注权重股走势

期货价格会受其标的指数价格的影响，以我国为例：即将上市的股指期货是以沪深300指数为标的，这300只股票覆盖了国民经济的大部分行业。投资组合理论告诉我们，像这样一个充分分散化的投资组合只受系统性风险的影响，研究个别股票的涨跌没有意义。但实际经验告诉我们，在指数中往往会有几只股票会起一个领头羊的作用，这些股票一

```
                                          ┌─────────────────┐
                                      ┌──→│    上升趋势      │
                           ┌──────┐   │   ├─────────────────┤
                      ┌───→│按形态│───┼──→│    下跌趋势      │
            ┌──────┐  │    │ 分析 │   │   ├─────────────────┤
       ┌───→│ 趋势 │──┤    └──────┘   └──→│ 无趋势：横向延伸 │
       │    │ 分析 │  │                   ├─────────────────┤
       │    └──────┘  │    ┌──────┐   ┌──→│ 长期趋势：一年以上│
       │              │    │按时间│   │   ├─────────────────┤
       │              └───→│ 分析 │───┼──→│ 中期趋势：3—6个月 │
       │                   └──────┘   │   ├─────────────────┤
       │                              └──→│ 短期趋势：1—3个月 │
       │                                  └─────────────────┘
       │                                  ┌─────────────────┐
       │                              ┌──→│     头肩型       │
 ┌────┐│                   ┌──────┐   │   ├─────────────────┤
 │技术││              ┌───→│ 反转 │───┼──→│     三重型       │
 │分析││    ┌──────┐  │    │ 形态 │   │   ├─────────────────┤
 │    │├───→│ 形态 │──┤    └──────┘   ├──→│     双重顶       │
 └────┘│    │ 分析 │  │               │   ├─────────────────┤
       │    └──────┘  │               └──→│      圆顶        │
┌────┐ │              │               ┌──→│       V型        │
│分析│ │              │    ┌──────┐   │   ├─────────────────┤
│方法│─┤              └───→│ 持续 │───┼──→│     三角形       │
└────┘ │                   │ 形态 │   │   ├─────────────────┤
       │                   └──────┘   ├──→│     喇叭形       │
       │                              │   ├─────────────────┤
       │                   ┌──────┐   ├──→│     钻石形       │
       │              ┌───→│ 移动 │   │   ├─────────────────┤
 ┌────┐│              │    │平均线│   ├──→│      旗形        │
 │基础││    ┌──────┐  │    └──────┘   │   ├─────────────────┤
 │分析│└───→│ 技术 │──┤    ┌──────┐   ├──→│      楔形        │
 └────┘     │指标分析├───→│ RSI  │   │   ├─────────────────┤
            └──────┘  │    └──────┘   └──→│      矩形        │
                      │    ┌──────┐       └─────────────────┘
                      └───→│  KD  │
                           └──────┘
```

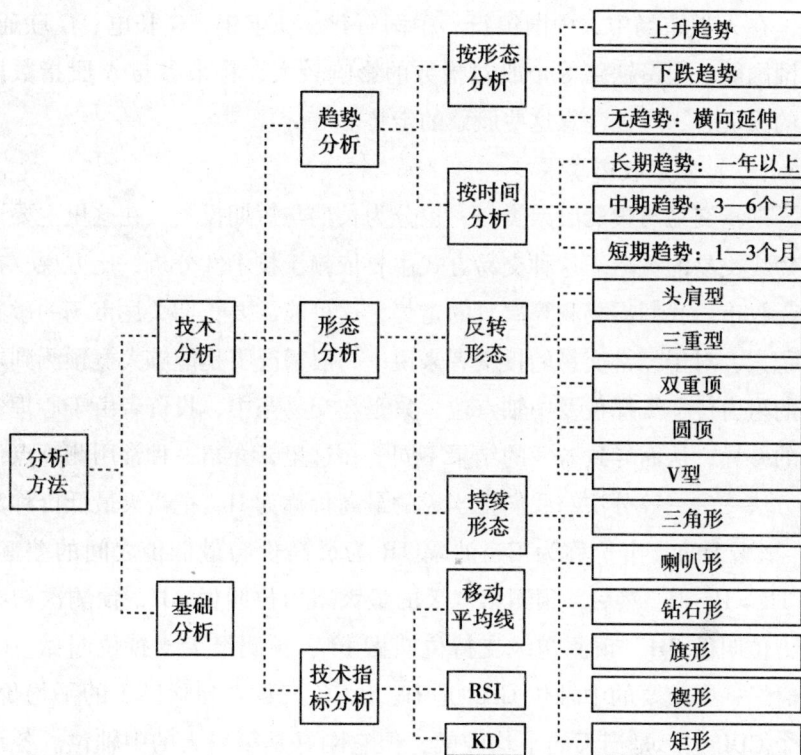

图 8 - 1　股指期货分析方法汇总图

般占指数权重比较大，或者它们代表的是一个占指数权重很大的行业，这些个股的涨跌会引领它们代表的那个板块同涨同跌，从而对指数产生一定程度的冲击。因此，关注沪深 300 的一些龙头股表现以及相关的一些政策，对把握指数的变化会有一定的参考作用。另外，成分股的分红派息、送股、配股、停牌等事件也会对指数的涨跌产生作用。

　　有句俗话说得好"大鱼吃小鱼"，一般来说，期指的大户总会有手段来控制局面，拉升或者打压成分股中权重大的股票影响现货市场，从而拉高或压低期指的走势，这在香港市场比较典型，如中移动（0941）是被市场公认的风向标，因它的盘子相对比汇丰（0005）要轻，股价亦低很多，但权重位居第二，容易被大户基金左右，此外，以汇丰、长实为首的地产股份也是基金持仓对象，它们的走势也直接影响到指数的变化，因此，我们在做指数期货投资的时候，也需密切留意。

在 A 股市场中，中国银行、中国石化、G 宝钢、G 长电、G 联通、中国国航、大秦铁路等个股对指数的影响较大，将来参与 A 股指数期货的投资者，应该注意这些股票的走势。

（二）做足收市功课

期指交易与投资股票类似，也分为长期与短期投资，在这里主要讲超短线交易的策略。这种交易方式主要依赖于技术性分析，比方说，在每天收市后我们需要测算次日的走势，这可能需要长期关注市场的敏感度积累，对于经常交易的投资者来说，一般情况下是能够大概预测到短期的阻力位、支撑位及中轴点位，只是在交易当中，投资者由于心理素质的差异，从而导致盈亏的结果不同。在这里，介绍一种常用测算点位的方法——三等分法：我们把当天的最高价称为 H，把当天最低价称为 L，把当天的收市价称为 C，波幅 TR 为最高价与最低价之间的差额，即 $TR = H - L$；然后，预测第二天的最大阻力位叫做 AH，预测次初级阻力位叫做 BH，预测初级支持位叫做 BL，预测最大支持位叫做 AL；同时，一个重要的中轴位 CDP 是 H、L、C 三数之和除以 3 的平均价，这个 CDP 实际是当天的平均波幅，但它刚好是第二天的中轴位。各预测价位的计算公式是：$CDP = (H + L + C) / 3$；$AH = CDP + TR$；$BH = 2CDP-L$；$BL = 2CDP-H$；$AL = CDP - TR$。

当然，公式是死的，市场是活的，这些指标只能作为参考的依据，同时须结合自己对市场的敏感度作修正。

（三）遵守纪律控制风险

股指期货具有较大的杠杆效应，是高风险高回报的品种，当日的涨跌波动较大，市场又经常会出现跳空缺口，因此，及时设好止损，控制风险是十分重要的。尤其是对一般资金额度有限的散户来说，当市况出现与自己期望相反的走势时，若不及时止损，时刻有"爆仓"的风险。除了设止损位之外，投资者还需切忌"手痒"，并要具有敢于承认失败的勇气。有句俗话"决定越多，错误越多"，期指一般都实行 T + 0 制度，可进行多次交易，有些投资者做了几单交易，发现均有收益，贪婪的心理就会出现，做了一单，还想多赚一点，最后的结果是赢利回吐，甚至还出现倒亏，最后以后悔收场。此外，要敢于面对失败，几单失误后，不要抱有立刻寻找一个大的机会翻本的心理，有这种心理的结果是越做越错，越错越做，恶性循环；而最好的方式是马上收手，总结经验，调整自己的状态。

第四节　股指期货的投资经验与心得

一　充分认识期货市场的高风险

期货交易中一夜致富的故事不少，不少人就是听了这种故事后进入期货市场的；期货交易之中把本钱都赔光的事例也有很多，但当事人往往不愿意讲出来。这中间，很多人因为对市场风险认识不足而遭遇重创，倾家荡产；也有很多人只是纸上富贵一时，转眼又回归赤字；甚至还有很多人只听说了"期货"二字就盲目入市，结果犯了低级错误而损失惨重。因此，在决定是否进入股指期货市场之前，投资者需要了解清楚股指期货交易的风险究竟有多大，自己是否有这个承受能力。

从事期货交易，既可能挣钱也可能亏钱，有时还可能亏得很惨。按理说，这些都是基本常识，为什么还要刻意强调呢？这是因为对初入市的交易者而言，获利的期望值都比较高，但由于没有实际操作经验以及赔钱的经历，对风险的认识通常又是比较模糊的。

一些新入市的投资者会这样想，期货交易是有风险的，不过，只要我小心一些，亏损的可能性就不大，即使亏损，也不至于大亏，抓住机会，大赢一把，什么都有了。这种想法，固然有一定的合理性，但仍旧暴露出对风险意识的认识不足。原因在于：首先，期货交易中，风险和收益是对称的，小心固然能降低风险，但同时降低了潜在的收益率；其次，在突发事件中，有时即使已经很小心了，仍旧免不了发生较大的亏损，比如，很小的持仓，但碰到接连的反方向停板，仍旧会有很大的损失；再次，机会的认定，往往是主观的，如果客观情况恰好与之相反，大赢一把很可能变为大亏一把；最后，初入市交易者在小心的心态下，如果连续挣了些小钱，往往会改变小心的心态，他们会想到，如果前几次交易的单量大一些，不是钱就挣得更多吗？在这种思想指导下，风险意识会逐渐淡化。可以说，期货交易中的成功人士都有这个经历，从小心到大意，然后在吃了大亏后再转为小心。

股指期货交易有很大的风险，但风险究竟有多大，我们看一下《期货交易风险说明书》。按照规定，交易者在开设期货交易账户之前，都必须签名确认已经阅读过《期货交易风险说明书》。《说明书》在开头就会提到："进行期货交易风险相当大，可能发生巨额损失，损失的总额可能超过您存放在期货经纪公司的全部初始保证金以及追加保证金。因此，您必须认真考虑自己的经济能力是否适合进行期货交易。"《说明书》中还会提到："在某些市场情况下，您可能会难以或无法将持有的未平仓合约平仓。例如，这种情况可能在市场达到涨跌停板时出现。出现这类情况，您的所有保证金有可能无法弥补全部损失，您必须承担由此导致的全部损失。"

充分认识股指期货交易的高风险特征，无论对打算入市的交易者还是已经入市的交易者而言，都有着十分重要的意义。它会告诉打算入市的交易者：只用"闲钱"交易，不要将赖以生存的钱投入期市，不要将不能输或输不起的钱投入期市。它会告诉初入市的交易者，应该"从小额交易做起"、"慎重地选择入市时机"；应该"量力而行，留有余地"；还应该"设立止损点位，勇于认错，不与市场作对"。

即使从交易者必须保持良好的心态来说，一个输得起的交易者也有更大的优越性。对一个输不起的交易者而言，一旦价格走势对自己的持仓有些不利，就会引发出莫名的恐惧感，这种恐惧感不仅会影响其判断力，使其发出错误的指令，而且大大限制其应有的获利能力，甚至导致巨大的风险。

二 判断您是否适合做股指期货交易

对于打算入市的交易者来说，有必要在入市之前自问一下，我适合从事期货交易吗？在决定是否入市交易前，认真考虑如下问题是很有必要的：投入期货的钱输得起吗？我有没有条件（时间和精力）从事期货交易？我有没有本事在期货市场上挣钱？首先，作为高风险交易，它不仅需要投资者预先投入一笔资金，更重要的是还得投入大量的时间和精力。您具备这些条件吗？如果您没有看盘的时间，也没有时间去阅读相关资料及分析行情，那怎么做呢？必须明白，做期货与做股票对时间的要求是不一样的，它不能像股票那样可以久拖不决，暂时缺位也无妨。特别是当行情波动较大时，如果您拥有持仓而不在现场，很可能因处理不及时而导致重大亏损。即使资金、时间、精力都不成问题，那也不能说明一定能够长期获取利润。在期货交易中，一次、二次甚至更多次获得利润并不难，而发生几次亏损也很正常，其中很可能有运气的因素。但是，要在反复的盈亏之间，保持长久的获利记录那就不是运气了。一般而言，期货交易参与者应该是"四有新人"：有资金实力、有专业知识、有相应时间、有承受能力。从大量的成功者的经验来看，他们之所以具备长期获利能力，与他们具有较高的综合知识水平是密切相关的。这种综合知识水平，既包括独立运用分析现有信息的能力，也包括长期交易中积累下来的经验教训。而这些经验教训，往往是付出沉重代价后的结果。期货交易中的佼佼者，几乎都有过痛楚的经历，有时甚至是几起几落。

最后，良好的心理素质极其重要，而良好的心理素质并不是所有人都具有的。恐惧心理、贪婪心理、贪小心理、侥幸心理及从众心理等都会导致交易失败，尽管交易者在理性上也能意识到其危害性，但一旦同样的场景出现，不少人还是会重犯过去的老错误。

如果发现自己不适合期货交易，奉劝您不要做股指期货。如果您没有时间和精力从事交易，奉劝您不要亲自做股指期货。全力以赴都无法保证一定能挣钱，三心二意就更难了。

三　新手上路须知

（一）学习为主，模拟交易是加快学习的好方法

作为一个新进入股指货市场的交易者，只有认真学习，才能达到"尽快成为熟手"的目的，才能在今后的交易中不会被一些基本问题所

困扰，才能少走弯路，早日踏上理性交易之路。新手参与仿真交易的好处是可以促使你进入状态，促使你带着问题去思考和学习更多的东西。当然仿真交易并不能完全替代真实交易。有些人会出现这种情况：在仿真交易中成绩非常突出，但一到正式交易时就亏损了，其中一个重要原因就是仿真交易使用模拟资金，无论盈亏，心态比较稳。而正式交易时，稍有盈亏，一想到这是真金白银，就无法保持以往的心态了。是否具有平稳的心态，某种程度上可以说是期货交易中能否获胜的重要因素。尽管如此，仿真交易可以促使学习速度加快这一点还是可以肯定的。

（二）从小单量开始交易

新手交易，应该从小单量开始。股指期货行情变化很快，新手由于缺乏实战及应对各种情况的经验，一旦出现不利情况而不能及时处理，必将遭受重大损失，也会严重打击新手的交易信心。

股指期货交易委托他人交易必须谨慎。委托他人交易的难点在于，你必须找到一个诚信可靠、服务周到、专业水平又高的优秀人员。

（三）股指期货网上交易好处多

股指期货网上交易与传统书面指令、电话自助委托和热自助委托相比，具有成交快、回报快、准确性高的特点，不受地域限制，交易同时可实时获得咨询及多样化分析工具。操作非常简单，即使是初入门者，花几分钟时间学一学也能掌握，至于下载行情软件和交易软件，期货公司网站上就有，实在不懂，期货公司工作人员也会乐意为您服务。至于使用，也是一学就会，易如反掌。

另外，采用网上交易的股指期货交易者需要重视安全保密。安全保密极其重要，在互联网上进行股指期货交易，必须输入自己的账户及密码，一旦你的账户及密码被不怀好意的人知晓，风险就会随之而来。如果你的账户因密码泄露而被非法进入者进行交易，很可能给你带来无法挽回的损失。这就提醒投资者，不要轻易下载那些不明真相的软件，以免给电脑黑客有可乘之机。还有一个办法就是经常更改密码，确保不被他人知悉。

（四）慎重使用市价指令

在期货交易软件上除了"限价指令"外，还有一个"市价指令"，市价指令是指按当时市场价格即刻成交的指令。这种指令的特点是成交速度快，一旦指令下达后不可更改或撤销。如果选择市价指令，就不用输入价格，但市价指令并不是万能的，在行情剧烈波动时，投资者应当谨慎使用市价指令，以免造成不必要的损失。

（五）不轻易做流动性低的远月合约

股指期货远月合约一般是机构基于某种特定原因和目的进行的交易，其价格波动性风险相当大，经常成交稀少，很可能出现买价与卖价相差很大的情况，普通投资者很难在自己愿意的价格成交，进出都不容易。此外，远期月份合约距离交割日时间长，不确定性因素比较多，价格波动区间因市场想像题材丰富而增大，意味着交易者必须承担额外的风险，不适合普通投资者参与，故对新手来说，不应交易远期月份合约。

（六）不怕错，只怕拖

"不怕错，只怕拖"是股指期货投资最重要的原则。自有期货以来，没有任何一个专家能够百战百胜，没有任何一种分析工具次次灵验！只要是人，在交易中出现考虑不周或失算是难免的。问题在于出错后，怎么应对！止损观念是"不拖"原则的最直接体现，经验表明，期货交易最重要的就是养成第一时间进行"止损"的好习惯。第一时间止损的好处是，即使行情出现不利于你的突变情况，你已在第一时间止损了，不至于措手不及，面对已成事实的巨大差价，再作止损决策就更难了。

（七）学会控制情绪很重要

股指期货交易者要学会控制自己的情绪，一是亏得起多少做多少，不要赌全部家当，这样心理负担较轻。二是事先做好一套"看对何时平仓获利、看错何时止损认赔"的计划，盈亏都在意料之中，心理承受能力增强了，情绪自然稳定。

（八）学会休息

交易者不仅应该在市况不明朗时趁机休息，还应该在大输或大赢后主动休息。休息的好处是：一使自己从狂热的情绪中解脱出来，使绷紧的神经松弛一下；二有时间总结经验教训或通过学习来补充一些新知识；三可以凭借着"无仓一身轻"的姿态观察市场，研究下一步买卖方针，这样的观察可以更客观，更有利于制定出高质量的交易计划。

（九）尊重市场、适应市场

市场总是对的，交易者必须学会尊重市场，努力适应市场。在股指期货市场，做识时务的俊杰是明智之举，而执著于正常、不正常，有理由、没理由的成见，是不适合期货市场的。

（十）管理好你的资金，坚持风险控制为先，切忌满仓操作

对投资者来讲，如果您不懂市场分析（价格预测）、没有时间盯盘（时机选择）又不具备坚强的性格（心理承受能力低），您只要做到严格的资金管理，就不会在投机市场中出现太大的风险。资金管理不好，即使行情看对了、一路顺势交易也会出现亏损；资金管理得好，即使行情看错了、始终逆势交易也不会出现风险。在资金管理中，应掌握以下原则：

第一，在投机市场中投资总额必须控制在自有资产的50%以内；

第二，每次交易量控制在可用资金的10%—30%以内，最多不能超过50%；

第三，单笔交易最大亏损额必须控制在总资金的10%以内；

第四，每次交易都应当设置止损指令，让利润充分增长；

第五，以金字塔方式买入，以金字塔方式卖出；

第六，风险收益比为1：3；

第七，交易头寸以长线短线相结合。

（十一）锁仓有害无益

投资者双向开仓即"锁仓"。国内目前交易规则规定，对投资者双向开仓，按开仓总手数计算保证金，这将占用大量保证金，同时在"解锁"时，一般比较复杂，普通投资者很难把握。无数交易者的实践证明：锁仓实际上是一种十分不可取的交易方式，交易者易犯的一个通病是，不敢面对亏损的现实，锁仓就是这种心态的流露。

（十二）参与股指期货交易应谨慎选择期货公司

投资者参与股指期货交易只能由期货公司代理进行，投资者需选择具有股指期货代理资格且信誉良好的期货公司开户交易，目前国家允许创新类券商作为期货公司 IB（Introducing Broker，介绍经纪商）代理期货公司完成客户开户，投资者可通过证券公司在期货公司开户进行股指期货交易。

（十三）指定联系方式，变更要及时通知期货公司

客户在期货公司开户合同预留的指定联系方式用于接受期货公司的各种通知，如果客户指定联系方式变更，应及时通知期货公司，保证自己指定联系方式的有效性，同时客户开仓交易后，应及时通过中国期货保证金监控中心网站关注自己账户的变动情况。

除以上须知外，初入股指期货市场的人如果利用"沪深 300 指数期货合约"进行套期保值，应了解沪深 300 指数构成，及自己所持有的股票与沪深 300 指数的关联系数，否则股指期货套期保值将面临保值失败的风险。同时要注意股指期货交易时间、结算办法等。

四　期货投资中的"八对八错"①

（一）以顺势为对，以逆势为错

价格变化具有一定的趋势性，无论是上涨趋势还是下跌趋势的形成都不容易，一旦形成很难在短时间内转变。因此，除非市场趋势已出现了明显改变，否则一定要尊重趋势！在上涨时高位建空单，或在下跌时低位建多单，都是逆势操作的行为，后果往往不堪设想。因为趋势是无敌的，是任何力量都无法阻挡的！

趋势是期货交易的精髓，读懂趋势也就获得了市场中赚钱的金钥匙。顺应趋势，可以避免亏损，可以获取利润。

（二）以轻仓为对，以重仓为错

期货的保证金制度和价格波动的随机性决定了交易中仓位控制的重

---

① 陈容：《股指期货投资必读全书》，企业管理出版社 2007 年版。

要性，一般以轻仓为宜，因为仓位一旦很重，其心态也会发生变化，往往影响正常的决策判断和交易策略，从而影响交易结果。

仓位控制是期货交易中最基础、最重要的一个环节。有投资大师这样说：真正的投资收益规则是，仓位影响态度、态度影响分析、分析影响决策、决策影响收益。

（三）以知足为对，以贪婪为错

多数投资者即使他们的分析水平、技术方法再高，最终也难免落入失败的结局，究其根源是什么呢？是贪婪。克服贪婪的主要武器是什么呢？是知足常乐。

赢利最大的敌人是贪婪，知足是期货交易中获利的要诀。

（四）以止损保赢为对，以放任自流为错

止损是期货交易中非常重要的一环，因为任何时候保本都是第一位，赚钱是第二位的。事实上，建立合理的止损原则相当有效，谨慎的自救策略的核心在于不让亏损继续扩大。相反，由于期货交易的保证金制度，如果任凭亏损单子放任自流，不但有可能加剧亏损，而且可能会导致期货账户的穿仓现象。

"留得青山在，不怕没柴烧"，止损的魅力正在于此！

（五）以客观操作为对，以主观分析为错

历史证明，个人的主观判断和市场的实际走势相吻合的时间太少了，根源在于我们所拥有资源的有限性，有限的时间、有限的精力、有限的资金、有限的认知能力，等等。既然主观的分析方法行不通，那就只有靠客观的操作方法。但在实践中，大多数投资人总会受到主观与客观之间关系的困扰，不能做到客观地操作。

客观的分析要靠明确的规则。不论主观的分析和客观的分析是否矛盾，都应该严格遵守客观规则。

（六）以等待忍耐为对，以浮躁冲动为错

看过狮子是怎样捕猎的吗？它耐心地等待猎物，只有在时机适合的时候，它才会从草丛中跳出来。成功的交易者具有同样的特点，绝对不会为交易而交易，只有出现合适的时机，才会采取行动。期货交易是如此的刺激，交易者必须培养自己的耐心，否则成功是很难的。

（七）以赢利加码为对，以被套加仓为错

实际交易中，应该在赚钱的头寸上加码，因为头寸的赢利说明价格正朝着对你有利的方向发展，说明你目前的操作是正确的，可以根据实际情况开始加码。如果价格一旦向你不利的方向发展，你必须在第一仓赢利的保护下，安全退出；如果价格继续朝向你有利的方向发展，那你就可以获得较大的利润。

一代投机大师 Jesse Livermore 多次强调，在亏损的头寸上加码是不恰当的，甚至是错误的。因为一旦出现亏损已经说明有些东西不对头了，如果再进行加码操作，那么就是错上加错，到头来往往会发展到不可收拾的地步。

（八）以心平气和为对，以患得患失为错

这是针对交易者对待亏损或者赢利的态度而言，成熟的投资者无论是亏损还是赢利，都应该做到"不管风吹浪打，胜似闲庭信步"。

其实，交易的本质就是人性和心态的交锋。期货市场中绝大多数的交易问题均源于身心。在市场和人之间，真正的难点永远是人。

第九章

沪深 300 股指期货套期保值实证研究

2006 年 10 月，沪深 300 股指期货模拟交易的推出可以说是近年来发生在我国金融领域里的最重大的事件之一，其正式上市交易也正在积极的规划和准备中。股指期货，特别是大盘股指期货，是资本市场上最重要的衍生品之一，它有三种交易目的：套期保值（Hedge）、套利（Arbitrage）和投机（Speculate）。套期保值一直是期货产品最重要的作用，用套期保值来规避现货市场的风险是期货的最基本功能，而一个期货品种的成功与否，也就取决于其套期保值效率的高低。在股指期货交易中，套期保值者在股指期货市场建立与股票现货市场头寸相反的头寸，用一个市场的收益弥补另一个市场的损失，从而达到套期保值的目的。

第一节 沪深 300 股票指数及沪深 300 股指期货

一 沪深 300 股票指数①

（一）沪深 300 股票指数的编制方法

沪深 300 指数是反映沪深两市 A 股综合表现的跨市场成分指数，其成分由 300 只规模大、流动性好的股票组成。沪深 300 指数样本空间由同时满足以下几个条件的 A 股股票组成：

---

① 中证指数有限公司：《沪深 300 指数编制细则》，2006 年 11 月 13 日。

（1）上市时间超过一个季度，除非该股票上市以来日均 A 股总市值在全部沪深 A 股中排在前 30 位；

（2）非 ST，非 * ST 股票，非暂停上市股票；

（3）经营状况良好，最近一年无重大违法违规事件，财务报告无重大问题；

（4）股价无明显的异常波动或市场操纵；

（5）剔除其他经专家委员会认定的应该剔除的股票。

为了确保指数具有广泛、公正的市场代表性和良好的可投资性，沪深 300 指数选取规模大、流动性好的 300 只股票作为样本股，选样方法为先计算样本空间股票在最近一年（新股为上市以来）的日均总市值、日均流通市值、日均流通股份数、日均成交金额和日均成交股份数五个指标，再将上述指标的比重按 2：2：2：2：1 进行加权平均，然后将计算结果从高到低排序，选取排名在前 300 位的股票。沪深 300 指数以"点"为单位，精确到小数点后 3 位。其基日为 2004 年 12 月 31 日，基点为 1000 点，以该日 300 只成分股的调整市值为基期。指数采用派许加权综合价格指数公式进行计算，计算公式如下：

$$报告期指数 = \frac{报告期成分股的调整市值}{基期} \times 1000$$

其中，调整市值 = ∑（市价 × 调整股本数），基期也称为除数。指数计算中的调整股本数是根据分级靠档的方法对成分股股本进行调整而获得的。要计算调整股本数，需要确定自由流通量和分级靠档两个因素，关于这两个因素的基本情况下面将给出。

为反映市场中实际可交易股份的股价变动情况，沪深 300 指数剔除了上市公司股本中的不流通股份，以及由于战略持股性质或其他原因导致的基本不流通的股份，剩下的股本部分称为自由流通股本，也即自由流通量。公司发行在外的 A 股总股本中，限售期内的限售股份和以下六类股份属于基本不流通的股份：

（1）公司创建者、家族、高级管理者长期持有的股份；

（2）国有股；

（3）战略投资者持股；

(4) 冻结股份;

(5) 受限的员工持股;

(6) 交叉持股。

上市公司公告明确的限售股份和上述六类股东及其一致行动人持有超过5%的股份,都被视为非自由流通股本。自由流通量的计算公式如下:

$$自由流通量 = A 股总股本 - 非自由流通股本$$

由于上市公司自由流通量可能会随着时间的变化而频繁变化,为了适度保持指数的稳定性,在计算沪深 300 指数时采用分级靠档的方法,即根据自由流通股本所占 A 股总股本的比例(即自由流通比例)赋予 A 股总股本一定的加权比例,以使用以计算指数的股本保持相对稳定。

$$自由流通比例 = 自由流通量/A 股总股本$$

$$调整股本数 = A 股总股本 \times 加权比例$$

沪深 300 指数的分级靠档方法如表 9 - 1 所示。比如,某股票自由流通比例为 7%,则采用自由流通比例为加权比例;某股票自由流通比例为 35%,则将总股本的 40% 作为加权比例。

表 9 - 1　　　　　　　　沪深 300 指数分级靠档表

自由流通比例(%)	≤10	(10, 20]	(20, 30]	(30, 40]	(40, 50]	(50, 60]	(60, 70]	(70, 80]	>80
加权比例(%)	自由流通比例	20	30	40	50	60	70	80	100

表 9 - 2　　　　　　　　　　分级靠档实例

股票	股票 A	股票 B	股票 C
A 股总股本	100000	8000	5000
非自由流通股本	91000	4500	900
自由流通量 = A 股总股本 - 非自由流通股本	9000	3500	4100
自由流通比例 = 自由流通量/A 股总股本	9.0%	43.8%	82.0%
加权比例	9.0%	50%	100%

沪深 300 指数按规定作定期调整。原则上每半年调整一次,一般为

1 月初和 7 月初实施调整，调整方案提前两周公布。每次调整的比例不超过 10%。样本调整设置缓冲区，排名在 240 名内的新样本优先进入，排名在 360 名之前的老样本优先保留。最近一次财务报告亏损的股票原则上不进入新选样本，除非这只股票影响指数的代表性。

为了保证指数的连续性，当成分股名单发生变化或成分股的股本结构发生变化或成分股的市值出现非交易因素的变动时，沪深 300 指数采用除数修正法修正原除数。修正公式为：

$$\frac{\text{修正前的调整市值}}{\text{原除数}} = \frac{\text{修正后的调整市值}}{\text{新除数}}$$

其中，修正后的调整市值 = 修正前的调整市值 + 新增（减）调整市值。

由此公式得出新除数（即修正后的除数，又称新基期），并据此计算以后的指数。具体需要修正的情况包括了以下几种：

（1）除息：凡有样本股除息（分红派息），沪深 300 指数不予修正，任其自然回落；

（2）除权：凡有成分股送股或配股，在成分股的除权基准日前修正指数，按照新的股本与市值计算成分股调整市值。

修正后的调整市值 = 除权报价 × 除权后的调整股本数 + 修正前的调整市值（不含除权股票）；

（3）停牌：当某一成分股停牌时，取其停牌前收盘价计算即时指数，直至复牌；

（4）股本变动：凡有成分股发生其他股本变动（如增发新股、配股上市和内部职工股上市引起的股本变化等），在样本股的股本变动日前修正指数。

修正后的调整市值 = 收盘价 × 变动后的调整股本数 + 修正前的调整市值（不含变动股票）；

（5）样本股调整：当指数样本股定期调整或临时调整生效时，在生效之日前修正指数。

（二）沪深 300 股票指数的样本股及各自所占权重

为了让读者对沪深 300 股票指数有更为详细的了解，下面我们先给

出指数的样本股所占权重排名前 20 的股票及所占权重，而关于沪深
300 指数全部的样本股及权重将会在附表中给出，其中数据的时间为
2007 年 8 月。

表 9 - 3　　　沪深 300 样本股所占权重排名前 20 的股票及所占权重

日期	股票代码	股票简称	权重（%）	所属行业指数
2007 - 08 - 03	000002	万科 A	3.90	300 金融
2007 - 08 - 03	600030	中信证券	3.36	300 金融
2007 - 08 - 03	600000	浦发银行	3.14	300 金融
2007 - 08 - 03	600036	招商银行	3.11	300 金融
2007 - 08 - 03	600016	民生银行	2.62	300 金融
2007 - 08 - 03	600900	长江电力	1.76	300 公用
2007 - 08 - 03	601318	中国平安	1.69	300 金融
2007 - 08 - 03	600019	宝钢股份	1.54	300 材料
2007 - 08 - 03	000001	深发展 A	1.36	300 金融
2007 - 08 - 03	600519	贵州茅台	1.32	300 消费
2007 - 08 - 03	600050	中国联通	1.17	300 电信
2007 - 08 - 03	601398	工商银行	1.10	300 金融
2007 - 08 - 03	600028	中国石化	1.09	300 能源
2007 - 08 - 03	000858	五粮液	1.04	300 消费
2007 - 08 - 03	600104	上海汽车	1.01	300 可选
2007 - 08 - 03	601600	中国铝业	1.00	300 材料
2007 - 08 - 03	600009	上海机场	0.98	300 工业
2007 - 08 - 03	002024	苏宁电器	0.95	300 可选
2007 - 08 - 03	601166	兴业银行	0.94	300 金融
2007 - 08 - 03	600011	华能国际	0.93	300 公用

（三）沪深 300 股票指数的意义

虽然沪深两个市场各自均有独立的综合指数和成分指数，且这些指
数在投资者中有较高的认同度，但是这些指数只是分别表征了两个市场
各自的行情走势，都不具有反映沪深两个市场整体走势的能力。为了切
合市场需求、适应投资者结构的变化、为市场增加一项用于观察市场走
势的指标以及进一步为市场产品创新提供条件，中证指数公司编制了沪
深 300 指数，并于 2005 年 4 月 8 日正式推出。

在沪深 300 指数的样本股选取上，剔除了 ST 股票、股价波动异常或者有重大违规行为的公司股票，集中了一批质地较好的公司。这些公司的净利润总额占市场净利润总额的比例达到 83.55%，平均市盈率和市净率水平低于市场整体水平，是市场中主流投资的目标。因此，沪深 300 指数能够反映沪深市场主流投资的动向。同时，指数样本选自沪深两个证券市场，覆盖了大部分流通市值。成分股为市场中市场代表性好、流动性高、交易活跃的主流投资股票，所以它也能够反映市场主流投资的收益情况。

与其他指数相比，沪深 300 指数具有以下几个优势：

第一，沪深证券交易所在指数编制和发布方面拥有丰富的历史经验，于 20 世纪 90 年代初就推出了国内市场上最早的指数。沪深 300 指数是在进一步借鉴国际指数编制技术的基础上形成的成果。

第二，沪深证券交易所拥有关于上市公司及市场交易主体第一手的监管信息，在样本选取上充分利用这些信息，严格筛选股票，能够最大限度降低样本股票的风险。

第三，沪深 300 指数通过沪深两个证券交易所的卫星行情系统进行实时发布，这是交易所以外的其他指数编制机构无法获得的技术条件。此外，交易所积极支持利用沪深 300 指数进行的指数产品创新，以形成在交易所上市交易的创新产品。

对于投资者来说，沪深 300 指数具有表征股票市场价格波动情况的价格揭示功能，是反映市场整体走势的又一重要指标。这一指数推出后，为投资者提供了衡量证券投资收益情况的基本尺度。在此基础上，市场中将会推出以沪深 300 指数为跟踪目标的指数基金产品，这将为中小投资者提供分散化投资的通道，也扩大了市场中机构投资者的阵容。

二 沪深 300 股指期货

(一) 股指期货合约的主要内容及设计原则

股指期货合约一般包括下列内容：

（1）合约标的；

（2）交易单位与最小变动价位；

（3）交易时间；

（4）开市价及每日价格波幅限制；

（5）合约月份及最后交易日；

（6）与交割清算有关的结算价；

（7）保证金比率；

（8）手续费及税率；

（9）会员及客户持仓限额；

（10）应急管理的程序及方法。

股指期货合约条款设计对该品种能否成功有十分重要的影响，所以合约的设计应当满足如下原则：

（1）期货合约必须保证套期保值效果，使市场参与者能够通过期货市场回避风险。

（2）期货合约必须保证流动性，必须能够吸引一般投资者并得到广大市场人士的认同，否则套期保值者无法转移其风险。

（3）期货合约的设计必须使得市场发挥价格发现的功能，通过广泛的市场人士的参与，各种影响价格的信息以最快的速度反映到交易价格上，提供预期的未来现货价格。

（4）期货合约的设计必须防止操纵行为的发生，使得期货市场产生的价格能够真实反映大多数市场人士对价格的看法。

（二）沪深300指数期货合约的设计方案

中国金融期货交易所从2006年9月25日起对沪深300期货进行仿真交易。推出仿真交易的目的有二：一是继续对股指期货合约业务规则进行论证、优化；二是开展技术系统测试。这些都关乎日后股指期货产品正常运行的成败。我们在这里给出期货交易所仿真交易合约，见表9-4所示，希望读者能对沪深300指数期货合约有个直观的了解。

表 9－4 沪深 300 股指期货仿真交易合约表

合约标的	沪深 300 指数
合约乘数	每点 300 元
报价单位	指数点
最小变动价位	0.2 点
合约月份	当月、下月及随后两个季月
交易时间	上午 9：15—11：30，下午 13：00—15：15
最后交易日交易时间	上午 9：15—11：30，下午 13：00—15：00
每日价格最大波动限制	上一交易日结算价的 ±10%
最低交易保证金	合约价值的 10%
最后交易日	合约到期月份的第三个周五，遇法定节假日顺延
交割日期	同最后交易日
交割方式	现金交割
交易代码	IF

第二节 开放式基金与封闭式基金

一 股指期货的主要参与者

从国际上看，股指期货就是以机构投资者参与为主的市场。在欧美成熟市场，机构投资者是股指期货的主要参与者。例如在美国芝加哥商业交易所（CME），参与股指期货交易的机构投资者占全部参与者的90%左右。日本的股指期货市场也是主要以机构投资者为主导的，日本的监管政策对于中小投资者进入股指期货市场有非常严格的控制，证券公司占到50%，同时外资占的比例非常大，约为40%。

在亚洲其他国家和地区，参与股指期货的中小投资者比例相对比较高，但也呈快速下降趋势。例如韩国 2005 年的个人投资者交易量占到市场交易量的 48%，但到 2006 年时，已经缩减到 37.3%，而且个人投资者主要交易小型股指期权。中国台湾地区也是如此，在 2005 年之前，个人投资者的交易量一直高于机构投资者，2005 年机构投资者交易量提升到 51.18%，超过了个人投资者。中国香港地区的股指期货市场也是由机构投资者占主导，大约为71%，个人投资者占的比例不是很大，大约为29%。但不同的股指期货合约呈现出不同的参与主体，机构投资者主要参与恒生指数期货，占到67%，个人投资者只占33%，而个人投资者对小型恒生指数期货更有兴趣，占到68%，机构投资者只占32%。

因此，从国际经验来看，股指期货并不适合中小投资者的大量参与。同时，从前段时间中国金融期货交易所开展的股指期货仿真交易来看，中小投资者确实暴露出不太熟悉交易规则、不太了解其中风险特点的问题。其实个人投资者如果想投资指数期货，分享市场平均收益，可以选择去投资 ETF 等。而且参与股指期货也可以有多种形式，例如可以通过投资基金形式来间接参与。如果中国在成功推出沪深 300 期货合约之后，市场较为成熟了，再推出适合个人投资者的小型股指期货、小型股指期权等，那时才更适合中小投资者的参与。

二 开放式与封闭式基金以及两者的差别

按基金是否可以自由赎回和基金规模是否固定，可分为封闭式基金和开放式基金。封闭式基金是指经核准的基金份额总额在基金合同期限内固定不变，基金份额可以在依法设立的证券交易场所交易，但基金份额持有人不得申请赎回的基金。由于封闭式基金在封闭期内不能追加认购和赎回，投资者只能通过经纪商在二级市场上进行基金的买卖。封闭式基金的期限是指基金的存续期，即基金从成立到终止之间的时间。决定基金的期限长短的因素主要有两个：一是基金本身投资期限的长短。一般来说，如果基金的目标是进行中长期投资，其存续期可长一些；反之，如果基金的目标是进行短期投资（如货币市场基金），其存续期可短一些。二是宏观经济形势。一般来说，如果经济稳定增长，基金存续期可长一些，否则应短一些。当然，在现实中，存续期还应依据基金发起人和众多投资者的要求来确定。基金期限届满即基金终止，管理人应组织清算小组对基金资产进行清产核资，并将清产核资后的基金净资产按照投资者的出资比例进行公正合理的分配。

开放式基金是指基金份额总额不固定，基金份额可以在基金合同约定的时间和场所申购或者赎回的基金。为了满足投资者赎回资金、实现变现的要求，开放式基金一般都从所筹集的资金中拨出一定比例，以现金形式保持这部分资产。这虽然会影响基金的赢利水平，但作为开放式基金来说是必需的。

封闭式基金与开放式基金有以下主要区别：

（1）期限不同。封闭式基金有固定的封闭期，通常是 5 年以上，一般为 10 年或 15 年，经受益人大会通过并经主管机关同意可以适当延长期限。开放式基金没有固定期限，投资者可随时向基金管理人赎回基金份额，若大量赎回甚至会导致清盘。

（2）发行规模限制不同。封闭式基金的基金规模是固定的，在封闭期限内未经法定程序认可不能增加发行。开放式基金没有发行规模限制，投资者可随时提出申购或赎回申请，基金规模随之增加或减少。

（3）基金份额交易方式不同。封闭式基金的基金份额在封闭期限内不能赎回，持有人只能在证券交易场所出售给第三者，交易在基金投资者之间完成。开放式基金的投资者则可以在首次发行结束一段时间后，随时向基金管理人或中介机构提出申购或赎回申请，绝大多数开放式基金不上市交易，交易在投资者与基金管理人或其代理人之间进行。

（4）基金份额的交易价格计算标准不同。封闭式基金与开放式基金的基金份额除了首次发行价格是按面值加上一定百分比的购买费计算外，以后的交易价格不同。封闭式基金的买卖价格受市场供求关系的影响，常出现溢价或折价现象，并不必然反映单位基金份额的净资产值。开放式基金的交易价格则取决于每一基金份额净资产值的大小，其申购价一般是基金份额净资产值加一定的购买费，赎回价是基金份额净资产值减去一定的赎回费，不直接受市场供求的影响。

（5）基金份额资产净值公布的时间不同。封闭式基金一般每周或更长时间公布一次，开放式基金一般在每个交易日连续公布。

（6）交易费用不同。投资者在买卖封闭式基金时，在基金价格之外要支付手续费；投资者在买卖开放式基金时，则要支付申购费和赎回费。

（7）投资策略不同。封闭式基金在封闭期内基金规模不会减少，因此可进行长期投资，基金资产的投资组合能有效地在预定计划内进行。开放式基金因基金份额可随时赎回，为应付投资者随时赎回兑现，所筹集的资金不能全部用来投资，更不能把全部的资金用于长期投资，必须保持基金资产的流动性，在投资组合上需保留一部分现金和高流动性的金融工具。

三　我国的开放式基金与封闭式基金的现状

2001 年 9 月，我国第一支开放式基金——"华安创新"诞生，使我国基金业发展实现了从封闭式基金到开放式基金的历史性跨越，标志着我国基金业进入了一个全新的发展阶段。从近年来我国开放式基金的发展看，我国基金业在发展中表现出以下几方面的特点：

（1）基金品种日益丰盛，基本涵盖了国际上主要的基金品种；

（2）合资基金管理公司发展迅猛，市场地位不断提高；

（3）营销和服务创新活跃；

（4）法律规范进一步完善；

（5）封闭式基金和开放式基金的发展形成了鲜明对比。

自 1999 年 4 月底我国封闭式基金首次出现折价交易后，封闭式基金的高折价已成为其进一步发展的巨大障碍。2001 年 9 月开放式基金推出之前，我国共有 47 只封闭式基金。2002 年 8 月我国的封闭式基金增加到 54 只，但其后由于封闭式基金一直处于高折价交易状态，再没有发行新的封闭式基金，从而使封闭式基金在我国的发展陷入了停滞状态。特别是 2006 年随着一只封闭式基金到期转为开放式基金，2006 年末我国封闭式基金的数量减少到了 53 只。与封闭式基金发展的停滞不前相比，我国开放式基金的发展却是蒸蒸日上。截至 2006 年末，我国的基金管理公司已有 58 家，管理的基金数量已达 307 只。其中开放式基金占了 254 只，占基金全部数量的比例达到了 83%。基金资产总规模达到 8565 亿元人民币，其中开放式基金的资产规模为 6941 亿元，占到中国基金市场资产规模的 81%。

第三节　套期保值策略

一　套期保值比率与套期保值效率的测度

（一）套期保值比率（Hedge Ratio）

套期保值比率是套期保值中一个非常重要的概念。套期保值比率指的是套期保值者在对现货实行套期保值时，用来计算所需买进或卖出某种期货合约数量的比率。套期保值者决定用股指期货合约作为保值工具后，他还必须确定用多少张这样的合约才能达到预期的套期保值目标。这就是套期保值比率的确定。

（二）套期保值比率的主要研究方法[①]

目前对期货市场最佳套期保值比率的研究可分为两大类：一类是从组合资产收益风险最小化的角度，研究最小风险套期保值比率；另一类是同时考虑组合资产收益和收益方差，从效用最大化的角度研究均值—风险套期保值比率。考虑到目前降低组合资产收益风险是股指期货持有者最重要的目的，本章将只介绍基于收益风险最小化的最优套期保值比率的研究方法，它主要包括普通最小二乘回归（OLS）、向量自回归模型（VAR）、向量误差修正模型（VECM）、广义自回归条件异方差模型（GARCH 类）。

从收益风险最小化的角度研究期货市场套期保值问题，就是将现货市场和期货市场的交易头寸视为一个投资组合，在组合资产收益风险最小化的条件下，确定最优套期保值比率。

1. 普通最小二乘回归（OLS）

传统回归模型对最小风险套期保值比率的估计主要通过 OLS 进行，具体的模型如下：

$$R_{st} = \alpha + \beta R_{ft} + \varepsilon_t$$

[①]　参考蒋瑛琨、彭艳《股指期货的套期保值理论及实证研究——股指期货系列报告之二》，国泰君安证券，2006 年 8 月 14 日。

其中，R_{st}、R_{ft} 分别代表现货市场、期货市场的价格变化。斜率系数 β 的估计值即为最小方差套期保值比率。令 $\text{Var}(R_{st}) = \sigma_{ss}$，$\text{Var}(R_{ft}) = \sigma_{ff}$，$\text{Cov}(R_{st}, R_{ft}) = \sigma_{sf}$，有 $h = \beta = \dfrac{\text{Cov}(R_{st}, R_{ft})}{\text{Var}(R_{ft})} = \dfrac{\sigma_{sf}}{\sigma_{ff}}$。传统的最优套期保值比率估计方法在早期占据了很重要的地位。

2. 向量自回归模型（VAR）

随着时间序列计量经济学的发展，很多学者开始批评运用 OLS 计算最小风险套期保值比率的缺点。研究人员发现利用 OLS 进行最小风险套期保值比率的计算会受到残差项序列相关的影响，同时解释变量与被解释变量的协方差以及解释变量的方差也应该是考虑时变信息的条件统计量。为了消除残差项的序列相关及增加模型的信息量，有学者提出利用双变量向量自回归模型（VAR）估计套期保值比率，具体模型如下。

在二元 VAR 模型中，期货价格和现货价格存在如下关系式：

$$R_{st} = a_s + \sum_{i=1}^{P} \beta_{si} R_{st-i} + \sum_{i=1}^{P} \gamma_{si} R_{ft-i} + \varepsilon_{st}$$

$$R_{ft} = a_f + \sum_{i=1}^{P} \beta_{fi} R_{st-i} + \sum_{i=1}^{P} \gamma_{fi} R_{ft-i} + \varepsilon_{ft}$$

其中，a_s、a_f 为截距项，β_{si}、β_{fi}、γ_{si}、γ_{fi} 为回归系数，ε_{st}、ε_{ft} 为服从独立同分布的随机误差项。最佳滞后值 p 应保证能消除残差项的自相关性。

最优套期保值比率为：

$$h = \frac{\text{Cov}(R_{st}, R_{ft})}{\text{Var}(R_{ft})} = \frac{\sigma_{sf}}{\sigma_{ff}}$$

3. 向量误差修正模型（VECM）

如果非平稳时间序列经过一阶差分后就变成平稳的，即原始序列是一阶单整序列；如果两个非平稳序列之间存在一个平稳的线性组合，则两个序列之间就具有协整关系；如果两个序列之间存在协整关系，那么它们之间存在长期均衡关系。在短期内也许会出现失衡，这就是均衡误差，利用这个误差可以把短期行为和它的长期值联系起来。有研究证明，如果连续时间序列是协整的，那么一定存在一个误差修正表达式，于是就提出了存在协整关系时期货价格与现货价格的误差修正模型。

即如果 R_{st}、R_{ft} 序列之间存在协整关系，则可以建立如下的 VECM 模型：

$$R_{st} = a_s + \sum_{i=1}^{P} \beta_{si} R_{st-i} + \sum_{i=1}^{P} \gamma_{si} R_{ft-i} + \theta_s Z_{t-1} + \varepsilon_{st}$$

$$R_{ft} = a_f + \sum_{i=1}^{P} \beta_{fi} R_{st-i} + \sum_{i=1}^{P} \gamma_{fi} R_{ft-i} + \theta_f Z_{t-1} + \varepsilon_{ft}$$

其中，Z_{t-1} 为误差修正项，它是具有协整关系的 S_{t-1} 与 F_{st} 的一个线性组合。θ_s 和 θ_f 至少有一个不等于零。最优套期保值比率为：$h = \dfrac{\text{Cov}(R_{st}, R_{ft})}{\text{Var}(R_{ft})} = \dfrac{\sigma_{sf}}{\sigma_{ff}}$。

4. 广义自回归条件异方差模型（GARCH 类）

OLS 以及 VAR、VECM 等方法假定残差项服从正态分布或联合正态分布，方差和协方差为常数，因而计算得出的最优套期比率为一常数，不随时间改变。但大量实证研究表明，资产期货价格波动呈现出异方差的时变特征，因此最优套期保值比率是时变的，由此产生动态套期保值（Dynamic hedging）理论。学者们利用自回归条件异方差模型（ARCH）推断时变的最优动态套期保值比率，结果发现最优套期比率随时间而显著变化。

Lien（1996）提出了广义自回归条件异方差模型，该模型不仅考虑一阶矩期货价格与现货价格变动之间的协整关系，同时考虑了二阶矩期货价格变动方差以及现货价格变动方差之间的相互影响，同时期货价格变动条件方差、期货价格变动与现货价格变动的条件协方差不再为一常数。条件均值模型如前述模型形式，实证分析中可采用多种设定，多元条件方差模型由下式给出：

$$\begin{bmatrix} \sigma_{ss,t} \\ \sigma_{sf,t} \\ \sigma_{ff,t} \end{bmatrix} = \begin{bmatrix} c_{ss,t} \\ c_{sf,t} \\ c_{ff,t} \end{bmatrix} + \begin{bmatrix} a_{11}, a_{12}, a_{13} \\ a_{21}, a_{22}, a_{23} \\ a_{31}, a_{32}, a_{33} \end{bmatrix} \times \begin{bmatrix} \varepsilon_{st-1}^2 \\ \varepsilon_{st-1}\varepsilon_{ft-1} \\ \varepsilon_{ft-1}^2 \end{bmatrix} + \begin{bmatrix} b_{11}, b_{12}, b_{13} \\ b_{21}, b_{22}, b_{23} \\ b_{31}, b_{32}, b_{33} \end{bmatrix} \times \begin{bmatrix} \sigma_{ss,t-1} \\ \sigma_{sf,t-1} \\ \sigma_{ff,t-1} \end{bmatrix}$$

这里 σ_{ss}、σ_{ff} 分别是均值方程的残差项 ε_{st}、ε_{ft} 的条件方差，σ_{sf} 代表现

货市场与期货市场的条件协方差。鉴于模型中需要估计的参数比较多，Engle 和 Bollerslev（1988）建议假设矩阵 A_i 和 B_i 为对角矩阵，非对角位置为 0。也就是说，条件方差仅依赖于它自身的滞后残差以及滞后阶数。由此，条件方差表示为：

$$\sigma_{ss,t} = c_{ss} + a_{ss}\varepsilon_{st-1}^2 + \beta_{ss}\sigma_{ss,t-1}$$

$$\sigma_{sf,t} = c_{sf} + a_{sf}\varepsilon_{st-1}\varepsilon_{ft-1} + \beta_{sf}\sigma_{sf,t-1}$$

$$\sigma_{ff,t} = c_{ff} + a_{ff}\varepsilon_{ft-1}^2 + \beta_{ff}\sigma_{ff,t-1}$$

与前述模型不同，基于 GARCH 类模型得到的最优套期保值比率是时变的。其表达式为：

$$h_{t-1} = \frac{\mathrm{Cov}\ (R_{st},\ R_{ft}\ |\ I_{t-1})}{\mathrm{Var}\ (R_{ft}\ |\ I_{t-1})} = \frac{\sigma_{sf,t}\ |\ I_{t-1}}{\sigma_{ff,t}\ |\ I_{t-1}}$$

其中，h_{t-1} 为 $t-1$ 时刻的最优套期保值比率，I_{t-1} 表示 $t-1$ 时刻的信息集。由于条件矩会随着信息集的更新而变化，因此最优套期保值比率是时变的。

基于 GARCH 类的动态套期保值模型包括多种变型，区别主要表现在，条件均值方程是一元还是二元模型，是否包括协整变量之间的误差修正项，条件方差方程中对不同参数的简化设定是否包含了不同类信息的非对称效应。按条件异方差的设定方式，常用的多元 GARCH 模型包括 DCC（动态条件相关模型）、BEKK（对角 BEKK 模型）等。

（三）套期保值效率的测度

在期货的套期保值交易中，除了设计套期保值比率外，还有一项比较重要的工作，那就是对套期保值效率进行测度。

一种比较有效的方法就是比较套期保值前后收益方差的变化。我们将效率 E 定义为：

$$\frac{\mathrm{Var}(U) - \mathrm{Var}(P)}{\mathrm{Var}(U)}$$

其中 Var（U）为未套期保值收益的方差，而 Var（P）则为套期保值后收益的方差。我们知道，Var（U）$= X_s^2\sigma_s^2$，Var（P）$= X_s^2\ (\sigma_s^2 + b^2\sigma_f^2 - 2b\sigma_{fs})$，而 $b = \sigma_{fs}/\sigma_f^2$，所以，E 又可表示为 $\sigma_{fs}^2/\sigma_f^2\sigma_s^2$。也就是说，E 和 S_{t+k}（现货价格）与 F_{t+k}（期货价格）之间的相关性存在平方

关系。这样一种平方关系由回归方程 $S_t = a + bF_t + \varepsilon_t$ 中的 R^2 来估测。比如，某投资者估测 $\rho_{fs} = 0.8$，则 $E = 0.8^2 = 0.64$。

在这种方法中，E 主要测度的是风险的比例变化值。它还可以用做比较针对特定现货资产并且持有至特定日期的不同期货和约间的保值效率 σ_r。

这种测度方法通常只适用于风险最小化套期保值比率。当套期保值的目标发生变化时，比如要求收益最大化，测度的方法也会随之改变。假设套期保值者目标在于实现最优夏普比率，即达到 $(P - C) / \sigma_P$ 最大化，P 为 t 至 t + k 时刻被保值组合的收益回报；C 为无风险利率，σ_P 为 P 的标准差。那么，相应的测度方法为 $E = (C + \Theta\sigma_r - r) / \sigma_r$，r 为预期现货资产收益，$\sigma_r$ 是现货资产的标准差，Θ 为无风险资产至保值头寸直线的斜率。针对这种风险收益比率的测度指标还有 $E[Q] \sigma_r^2 / (E[r] \sigma_Q^2 (C_P - 2b))$，$C_P$ 为套期保值比率。又如，如果对组合进行完全套期保值，即风险最小化套期保值比率为 1，那么由资本资产定价模型 CAPM 可知，股票组合收益就等于无风险利率。

这样，我们就有了两种测度手段：$E[\Omega_t]$ 和 $Var(\Omega_t)$，其中 Ω_t 就是 t 期内充分保值下的股票组合收益率减去无风险利率。如果 $E[\Omega_t]$ 和 $Var(\Omega_t)$ 值越小，那么，套期保值的效果就越好。若无风险利率为常数，则 $Var(\Omega_t)$ 就是组合收益的方差。

二　套期保值的主要风险分析

（一）基差风险

套期保值的风险主要包括：基差风险和保证金管理风险（逐日结算风险）。其中基差风险是影响套期保值效果的主要因素。所谓基差是指现货价格与期货价格相差的那部分，用公式表示为：基差 = 现货价格 – 期货价格。由于持有成本等因素，期货价格与现货价格波动并不完全一致，因此，基差大小常常随着时间变化而发生波动，当期货合约趋近到期日时，期货价格与现货价格会趋于一致即基差趋于零。

假设 S_1、S_2 分别为时刻 t_1、t_2 的现货价格，而 F_1、F_2 分别为时刻 t_1、

t_2 的期货价格，那么，t_1、t_2 的基差分别为 $b_1 = S_1 - F_1$、$b_2 = S_2 - F_2$。

假设套期保值者在现货市场持有多头头寸，在时刻 t_1 执行空头套期保值，在时刻 t_2 平仓。则该套期保值者在期货市场的盈亏状况是 $F_1 - F_2$。整体套保效果为：$S_2 + F_1 - F_2 = F_1 + b_2$。其中 F_1 是确定的，而 b_2 则是不确定的，它将给套保者带来一定的风险。

所以我们建议，在实际套期保值时，为规避或减小基差风险，应尽可能使保值期与期货合约到期日保持一致或接近。

（二）保证金管理风险

保证金管理也就是资金的分配。如果保证金投入不足，异常的市场波动将迫使套保者追加保证金，若未能及时追加，清算所将强行平仓套保者的部分头寸，致使预定的套期保值策略无法正常实施；如果保证金投入过多，资金不能发挥最大的效应，使得套保者的整体效率受到影响。

因此，保证金管理的目标就是在符合交易所规定的前提下，动态判断未来波动趋势，适时增加或减少账户中的保证金，追求最低保证金投入下的效用最大化。

（三）交叉保值风险

如果要保值的资产与股指期货标的指数的价格走势并不完全一致，则存在交叉保值风险。该风险是股票组合的非系统风险，并不随交割期临近而趋向于 0。以沪深 300 股指期货合约为例，如果投资者对股指期货的标的指数产品（如嘉实 300 基金、大成 300 基金）或其他指数产品（易方达 50、ETF 基金等）进行套期保值，由于主要基准指数价格之间高度相关，因此交叉套期保值风险较低。如果投资者对所持有的股票组合进行套期保值，则由于个股相对于沪深 300 指数的 β 值过高或过低以及 β 值的时变性，存在一定程度的交叉套期保值风险。对此，投资者首先应对个股的 β 值进行分析，仅对 β 值比较接近于 1 的股票所构成的组合进行套期保值。在此基础上，还需对个股 β 值随时间的变化进行动态跟踪，对保值组合中 β 值过低以及不稳定的股票进行调整。

（四）期货价格偏离合理价格的风险

如果投资者保值期与期货合约到期日不一致，则投资者可能在非交割日对期货头寸进行平仓，此时期货合约的交易价格可能偏离合理价值。由于套利机制的作用，期货价格应不至于偏离合理价格太远。但在融券交易未实施的条件下，虽然正向套利策略能够实施，但当期货价格低于合理价值时，由于不能采取"卖现货、买期货"的反向套利策略，则期货价格低于合理价值的状况可能由于缺乏套期机制的作用而难以扭转。不过鉴于到期日期货价格与现货价格的收敛，期货价格大幅以及长时间偏离合理价格的概率并不大，加之手中持有现货的投资者可能实施变通的反向套利策略，因此期货价格偏离合理价格的风险应不至于过高。

第四节　沪深300股指期货套期保值实证研究

股指期货交易推出的主要目的是进行套期保值，交易初期由于市场准入门槛较高，所以，股指期货市场的主要参与者是证券公司等大型机构投资者。本节我们选取封闭式基金184689（基金惠普）、开放式基金040002（华安180）分别和沪深股指期货进行套期保值研究，以检验套保效果，即沪深股指期货推出后机构投资者是否可以有效地进行套期保值。并将套保的时间区间分为1日、10日、20日，以此来检验套保效果是否会随着套保时间的变化而呈现规律性变化。

一　模型介绍

（一）OLS（普通最小二乘法）

本书主要采用普通最小二乘法来估计最优套期保值率和套期保值效率。

假设套期保值者持有收益率为 R_s 的股票现货投资组合，期货收益率为 R_f。他若想对冲现货股票组合的系统性风险，就要在期货市场建立一定的期货合约空头头寸，卖出一定数量的期货合约。这就涉及一个比例问题，究竟要卖出多少期货合约，即最优套保率（h）的问题。根据风险最小化理论，认为最优的套保率（h）应该是使得现货和期货组

合的收益率的风险最小。投资者持有的期货和现货的组合设为 R_h，

$$R_h = R_s - hR_f \qquad (9.4.1)$$

其收益率为 $\sigma_h^2 = \sigma_s^2 + h^2\sigma_f^2 - 2h\sigma_{sf}$ $\qquad (9.4.2)$

σ_s^2 是现货股票组合收益率方差，σ_f^2 是期货收益率的方差，σ_{sf} 是现货收益率与期货收益率的协方差。

为使 σ_h^2 最小，在式（9.4.2）两边对 h 求导，得：$h^* = \dfrac{\sigma_{sf}}{\sigma_f^2}$，此时，

应该购买的股指期货合约份数 $N = h^* \times \dfrac{S_t}{F_t}$，$S_t$ 表示现货投资的期初市场价值；F_t 表示股指期货合约的期初市场价值。

不同组合的套期保值有效性由进行了套期保值的组合的方差与没有进行套期保值的组合的方差相比较降低的百分比来测度。因此，用套期保值前后投资组合收益方差减小的比例 HP 衡量套期保值的效果：

$$HP = \frac{Var（U）-Var（H）}{Var（U）} = \frac{\sigma_s^2 - \sigma_H^2}{\sigma_s^2} = \frac{\sigma_s^2 - （\sigma_s^h - h^2\sigma_f^2 + 2h\sigma_{sf}）}{\sigma_s^2} \quad (9.4.3)$$

其中，Var（U）表示套期保值前投资组合的期望收益率的方差，

Var（H）表示套期保值后投资组合的期望收益率的方差。将 $h^* = \dfrac{\sigma_{sf}}{\sigma_f^2}$，

代入式（9.4.3）的 h 处，得 $HP = \dfrac{\sigma_{sf}^2}{\sigma_f^2\sigma_s^2}$。

将式（9.4.1）移项，得 $R_s = \alpha + \beta R_f + \varepsilon$ $\qquad (9.4.4)$

Ederington（1979）证明了最小方差的套期保值比率刚好是从普通最小二乘回归（OLS）得到的斜率系数，其中现货价格和期货价格分别为因变量和自变量。而衡量套保效果的值 HP 为方程的判定系数 R^2，即

$$R^2 = \frac{\sigma_{sf}^2}{\sigma_f^2\sigma_s^2} = HP。$$

（二）单变量 GARCH 模型

OLS 简单线性回归方程要求模型的残差项是独立同分布的，而金融数据的条件方差往往表现为时变性和聚集性特征，即残差往往具有序列自相关和异方差性，与经典回归理论假设不符。采用普通最小二乘法

时，若回归方程的残差项存在条件异方差，则估计出的 β 值就不具有有效性和无偏性，针对这个问题，Engle 首先提出了 ARCH 模型对方差进行建模，Bollerslev 将 ARCH 模型发展为广义 ARCH 模型（GARCH）。Park 和 Switzer（1995）利用标准普尔 500 指数期货和多伦多 35 指数期货的日数据对基于 GARCH 模型的动态套期保值策略的套期保值效果进行了研究，他们论证了在同时考虑交易成本的情况下，与传统的 OLS 模型相比，GARCH 模型能够获得更加优越的套期保值效果。Lypny 和 Powalla（1998）选取德国股票指数 DAX 期货，研究了基于 GARCH（1，1）的协方差结构与平均收益率的误差修正表述相结合的动态套期保值策略的套期保值有效性。他们发现，与简单的常数套期保值策略和拥有误差修正表述但是没有 GARCH（1，1）协方差结构的套期保值策略相比，采用该模型对套期保值效果可以有显著的改善。这与 Park 和 Switzer（1995）的研究结果一致。因此，可以采用单变量 GARCH 模型，通过最大似然估计（MLE）计算最优套期保值比率 β。

GARCH（p，q）模型的一般表述形式如下：

$$R_s = \alpha + \beta R_f + \varepsilon \tag{9.4.5}$$

残差项：$\varepsilon_t \mid \Omega_{t-1} \sim N(0, h_t)$

条件方差方程：

$$h_t = \alpha_0 + \sum_{i=1}^{q} \alpha_i \beta_{t-i}^2 + \sum_{j=1}^{p} \delta_j h_{t-j} \tag{9.4.6}$$

其中，R_s，R_f 分别表示股票现货收益率和股指期货收益率，α 为模型中的截距项，β 为斜率（最优套期保值比率），ε 为残差项，Ω_{t-1} 为 t−1 期的信息集，h_t 为 t 期的条件方差，p 和 q 分别代表 GARCH 模型中自回归项和移动平均项的阶数。

二 数据选取及实证研究

本书采用中国金融期货交易所沪深 300 股指期货的仿真交易数据的日收盘价格，从 2006 年 11 月 1 日到 2007 年 5 月 25 日，除去节假日，总共 132 个数据作为股指期货的研究样本，采用高盛的逐步移仓方法计算。封闭式指数基金选取 184689（基金惠普），开放式指数基金选取

040002（华安180）作为研究样本，数据来自 CCER（中国金融研究中心）数据库。

（一）所选数据介绍

184689（基金惠普）的资产组合及基金重仓股明细见表 9 - 5 和 9 - 6。

表 9 - 5 （截止日期 2007 - 09 - 30）

资产组合

序号	项目	占总资产比例（%）
1	股票	66. 84
2	债券	17. 51
3	银行存款及清算备付金合计	13. 14
4	权证	2. 16
5	其他资产	0. 35

表 9 - 6

基金重仓股

序号	股票名称	股票代码	股票数量（股）	占资产净值比例（%）
1	中国船舶	600150	2420000. 00	8. 25
2	万科 A	000002	15515125. 00	5. 60
3	招商地产	000024	5186017. 00	5. 10
4	华侨城 A	000069	5400000. 00	4. 12
5	招商银行	600036	8300000. 00	3. 95
6	青岛海尔	600690	12000000. 00	3. 44
7	苏宁电器	600690	4361522. 00	3. 72
8	中国远洋	601919	6142321. 00	3. 44
9	泸州老窖	000568	4000000. 00	3. 12
10	同方股份	600100	6450000. 00	2. 83

040002（华安180）的资产组合及基金重仓股明细见表 9 - 7 和 9 - 8。

表9-7

资产组合

序号	项目	占资产比例（%）
1	股票	91.13
2	银行存款和清算备付金合计	5.07
3	债券	2.01
4	其他资产	1.79

表9-8

基金重仓股

序号	股票名称	股票代码	股票数量（股）	占资产净值比例
1	招商银行	600036	4600000.00	3.54
2	万科A	000002	5450000.00	3.31
3	中信证券	600030	1600000.00	3.11
4	浦发银行	600000	2676137.00	2.83
5	民生银行	600016	7703136.00	2.45
6	兴业银行	601166	779332.00	0.88
7	交通银行	601328	2000000.00	0.52
8	海泰发展	600082	943250.00	0.36
9	法拉电子	600563	703888.00	0.31
10	宝胜股份	600973	337946.00	0.24

资料来源：新浪财经。

　　为避免交易量稀薄和到期日效应，我们在研究中选择距离到期日最近的期货合约，并在该合约到期日之前转移到下一张最临近到期日的合约。我们这里采用逐步移仓方法，将总头寸按数量平均分为五份，在前一个合约到期前的五天，每天移仓1/5至下一个合约，并以两个头寸的加权平均价格作为连续价格。计算方式如表9-9。

　　股指期货和现货的日收益率序列分别为它们的每日对数价格的变化，用公式表示为：$R_{f,t} = \ln\left(\dfrac{P_{f,t}}{P_{f,t-1}}\right)$，t到t-1之间的期限为1天，即套期保值期限为1天。

表 9 – 9

日期	3月合约	4月合约	直接连续价格	调整连续价格
2007-3-23	4751		4751	$4751 \times 1 = 4751$
2007-3-24	4857	4809	4857	$4857 \times 0.8 + 4809 \times 0.2 = 4847.4$
2007-3-25	4722	4633	4722	$4722 \times 0.6 + 4633 \times 0.4 = 4698.4$
2007-3-26	4614	4570	4614	$4614 \times 0.4 + 4570 \times 0.6 = 4587.6$
2007-3-27	4601	4632	4601	$4601 \times 0.2 + 4632 \times 0.8 = 4625.8$

（二）对封闭式基金的套期保值研究

第一步，我们选取封闭式基金184689（基金惠普）的日收盘价格，根据式 $R_{s,t} = \ln\left(\dfrac{P_{s,t}}{P_{s,t-1}}\right)$ 分别计算出收益率 R_s 和 R_f。

第二步，将第一步中计算得到的收益率 R_s 和 R_f 代入式（9.4.5）$R_s = \alpha + \beta R_f + \varepsilon$，用 Eviews 5.0 中的最小二乘法（OLS）回归得到 β 值和判定系数 R^2，Ederington 已证明最小方差的套期保值差比即最小二乘回归（OLS）得到的斜率 β，而衡量套保效果的值 HP 为判定系数 R^2。

回归结果如下：

表 9 – 10　　　　　　　　　　模型总述

模型	拟合优度 R^2	调整的 R^2	F-stat 值	显著性水平	D-W 值	White – Test 值相伴概率
	0.402	0.398	86.83	0	2.0379	0.566

表 9 – 11　　　　　　　　　　回归分析结果

变量	相关系数	标准差	T 检验	P-value 值
R_f	0.551	0.059	9.3184	0
C	0.001	0.001974	0.548751	0.5841

注：表示在5%的显著性水平下统计显著。

从表 9 – 10 和表 9 – 11 可以看出，整个模型的 F 统计值为 86.83，相伴概率为 0，故其在 5% 的显著性水平下显著。DW 检验可检验残差是否存在序列自相关，White 检验可检验残差是否具有异方差性。一般认为，当 DW 的检验值在"2"左右，残差不具备序列自相关。White

检验值的相伴概率越大（若在 5% 的显著性水平下，大于 0.05），残差存在异方差的可能性越小。由回归分析，得 D - W 值为 2.0379，认为不存在序列自相关；White 检验值的相伴概率为 0.566，表明存在异方差性的可能性很小。故模型总体上是有效的，但 R^2 比较小。R_f 的相关系数为 0.551，T 检验为 9.3184，P-value 值为 0，故 R_f 统计显著；常数 C 的相关系数为 0.001，T 检验为 0.548751，P-value 值为 0.5841，统计不显著。

综上，股指期货和封闭式 184689（基金惠普）的套期保值最优套保比（h）为 0.551，套保效果（HP）为 0.398，套保效果比较差。封闭式基金同股指期货的套期保值效果较差，究其原因，可能是由于封闭式基金 184689 中股票仅占总资产的 66.84%，其资产并不是完全标的股指期货；仿真交易的参与者有限、市场深度不够等原因都可能导致套保效果不理想。

第三步，我们将套保期限从 1 日延长为 10 日、20 日，比较套保效果的优劣是否和套保时间长度有关系。

我们取 t 到 t - 1 之间的间隔为 10 天，根据式（9.4.5）$R_s = \alpha + \beta R_f + \varepsilon$，用最小二乘法（OLS）回归得出各组的最优套保比 h 和套期保值效率 HP。

表 9 - 12   OLS 模型拟合

模型	拟合优度 R^2	调整的 R^2	F-stat 值	显著性水平	D-W 值	White - Test 值相伴概率
	0.244	0.2377	38.73	0	0.227	. 0.003289

对该模型分别进行 DW 检验和 White 检验，由表 9 - 12，可以看出 D - W 值为 0.227，远远小于 2，而 White 检验的相伴概率为 0.003289。由此可知，该方程进行最小二乘回归后，残差存在严重的序列自相关和异方差性。从检验结果可以看出，该回归中残差存在序列自相关和异方差现象。若残差存在自相关和异方差，则使用最小二乘法估计的结果有偏且不具有最小方差性。针对这种情况，可以对方程用 ARCH 或 GARCH 模型来处理。因此，我们对残差进行 ARCH Test 检验，滞后阶

数为 1，结果如表 9 – 13：

表 9 – 13

ARCH Test:			
F-statistic	154. 4478	Probability	0. 000000
Obs * R-squared	68. 34278	Probability	0. 000000

由表 9 – 13 可知，相伴概率为 0，可见该方程具有 GARCH 效应。所以我们采用 GARCH（1，1）对式（9.4.5）$R_s = \sigma + \beta R_f + \varepsilon$ 用极大似然进行回归，结果如表 9 – 14 所示。并对回归后的残差进行检验，发现无 ARCH 效应。

表 9 – 14

Dependent Variable: RS			
Method: ML - ARCH			
Date: 11/13/07　Time: 21 : 41			
Sample（adjusted）:（132 个样本）			
Included observations: 122 after adjusting endpoints			
Convergence not achieved after 100 iterations			
	Coefficient	Std. Error	z-Statistic	Prob.
RF	0. 313326	0. 038945	8. 045343	0. 0000
C	0. 018925	0. 003560	5. 315809	0. 0000
	Variance Equation			
C	0. 000790	0. 000228	3. 461095	0. 0005
ARCH（1）	0. 950950	0. 272784	3. 486086	0. 0005
GARCH（1）	– 0. 107145	0. 032980	– 3. 248756	0. 0012
R-squared	0. 233116	Mean dependent var		0. 048529
Adjusted R-squared	0. 206898	S. D. dependent var		0. 073424
S. E. of regression	0. 065388	Akaike info criterion		– 3. 079690
Sum squared resid	0. 500250	Schwarz criterion		– 2. 964771
Log likelihood	192. 8611	F-statistic		8. 891371
Durbin-Watson stat	0. 236657	Prob（F-statistic）		0. 000003

由表 9 – 14 可知，最优套期保值比率（h）为 0.31，套保效果（HP）为 0.206。

第四步，用同样的方法将套保期限改为 20 天，对式（9.4.5）$R_s = \sigma + \beta R_f + \varepsilon$ 进行回归，得 h 为 0.4 和 HP 为 0.054。由表 9 – 15 可知，套保时间越长，效果越差。

表 9 – 15　　　　　　　封闭式基金套保时间长度比较

套保期限	h	HP
1 日	0.551	0.398
10 日	0.31	0.206
20 日	0.4	0.054

（三）对开放式基金的套期保值研究

我们用上述方法和步骤对股指期货和开方式基金 040002（华安 180）进行套期保值，所得结果如表 9 – 16 所示：

表 9 – 16

Variable	Coefficient	Std. Error	t-Statistic	Prob.
RF	0.428257	0.035902	11.92853	0.0000
C	0.003545	0.001198	2.959668	0.0037
R-squared	0.524494	Mean dependent var		0.006913
Adjusted R-squared	0.520808	S. D. dependent var		0.019247
S. E. of regression	0.013324	Akaike info criterion		– 5.783386
Sum squared resid	0.022900	Schwarz criterion		– 5.739490
Log likelihood	380.8118	F-statistic		142.2899
Durbin-Watson stat	2.155195	Prob（F-statistic）		0.000000

对残差进行检验，发现其具有异方差性，无自相关。用加权最小二乘法可以修正异方差问题，因此我们用加权最小二乘进行修正，令权重为 1/｜resid｜，resid 为回归结果的残差。再用 OLS 进行回归，结果如表 9 – 17 所示：

表 9 - 17

Weighting series：1/ABS（RESID）				
Variable	Coefficient	Std. Error	t-Statistic	Prob.
RF	0. 426666	0. 001814	235. 1866	0. 0000
C	0. 003570	2. 38E-05	149. 8278	0. 0000
Weighted Statistics				
R-squared	0. 999325	Mean dependent var		0. 009008
Adjusted R-squared	0. 999320	S. D. dependent var		0. 052133
S. E. of regression	0. 001360	Akaike info criterion		– 10. 34818
Sum squared resid	0. 000238	Schwarz criterion		– 10. 30428
Log likelihood	679. 8057	F-statistic		55312. 74
Durbin-Watson stat	2. 090907	Prob（F-statistic）		0. 000000

进行修正后，最优套期保值比率（h）为 0.427，套保效果（HP）为 0.999。将套保期限从 1 日延长为 10 日、20 日，比较一下套保效果的优劣和套保时间长度的关系，并进行回归分析。

我们取 t 到 t – 1 之间的间隔为 10 天，根据公式 $R_s = \alpha + \beta R_f + \varepsilon$，用最小二乘法回归得出最优套期保值比率 h 和套期保值效率 HP，即回归方程的可决系数 R^2。结果如表 9 – 18 所示：

表 9 - 18

Variable	Coefficient	Std. Error	t-Statistic	Prob.
RF	0. 382372	0. 028593	13. 37303	0. 0000
C	0. 040287	0. 003566	11. 29730	0. 0000
R-squared	0. 598445	Mean dependent var		0. 070182
Adjusted R-squared	0. 595098	S. D. dependent var		0. 048230
S. E. of regression	0. 030689	Akaike info criterion		– 4. 113543
Sum squared resid	0. 113020	Schwarz criterion		– 4. 067576
Log likelihood	252. 9261	F-statistic		178. 8380
Durbin-Watson stat	0. 394737	Prob（F-statistic）		0. 000000

对该模型分别进行 White 检验和 DW 检验，检验发现该残差序列自

相关，继而检验是否具有 ARCH 效应，结果如表 9 - 19 所示：

表 9 - 19

ARCH Test:			
F-statistic	36. 59043	Probability	0. 000000
Obs * R-squared	28. 45575	Probability	0. 000000

该模型存在 ARCH 效应，所以我们采用 ARCH （1） 对式 （9.4.5）
$R_s = \sigma + \beta R_f + \varepsilon$ 用极大似然进行回归，结果如表 9 - 20 所示，并对回归
残差进行检验，发现无 ARCH 效应。

表 9 - 20

	Coefficient	Std. Error	z-Statistic	Prob.
RF	0. 428529	0. 024219	17. 69424	0. 0000
C	0. 043799	0. 003464	12. 64293	0. 0000
	Variance Equation			
C	0. 000332	7. 04E-05	4. 719339	0. 0000
ARCH （1）	0. 662102	0. 257379	2. 572475	0. 0101
R-squared	0. 567749	Mean dependent var		0. 070182
Adjusted R-squared	0. 556760	S. D. dependent var		0. 048230
S. E. of regression	0. 032109	Akaike info criterion		-4. 282653
Sum squared resid	0. 121660	Schwarz criterion		-4. 190718
Log likelihood	265. 2418	F-statistic		51. 66318
Durbin-Watson stat	0. 370166	Prob （F-statistic）		0. 000000

最优套期保值比 （h） 为 0. 43，套保效果 （HP） 为 0. 57。用同样
的方法对套保期限为 20 天进行回归，得 h 为 0. 49 和 HP 为 0. 66。对于
开放式基金而言，套保时间长短的效果差异不是很明显（见表 9 - 21）。

表 9 - 21　　　　　　　　**开放式基金套保时间长度比较**

套保期限	h	HP
1 日	0. 427	0. 999
10 日	0. 43	0. 57
20 日	0. 49	0. 66

由于开放式指数基金同股指期货的标的物比较接近，所以套期保值效果比较好。在具体实施套期保值时，要对最优套期保值比率和效果密切跟踪，随时进行增仓或减仓操作。

在构造出相同标的的沪深 300 股指期货的套期保值策略组合基础上，运用最小二乘法（OLS）和 GARCH 模型进行最优套保率和套期保值策略的绩效评价。可以看出，沪深 300 股指期货在股票现货市场的套期保值中，有效地实现了保值避险或投机赢利的目的。

目前我国证券市场的系统性风险很大，高波动性使投资者面临巨大的投资风险。虽然通过选择指数基金等组合投资分散化的策略可消除非系统风险，但却无法规避大部分的系统风险。而沪深 300 股指期货则提供了规避系统性风险的有效手段。基于风险转移机制的研究，对这种以相同标的沪深 300 指数套期保值策略组合方差的风险管理分析，可以发现，所构建的套期保值策略，使沪深 300 指数基金与沪深 300 股指期货投资组合的系统风险得到最大化的分散和转移。那么，这种风险转移是通过沪深 300 指数基金与沪深 300 股指期货之间套期保值的交易来完成的，期货市场既不会使沪深 300 指数基金现货价格风险完全消除，也不会增加其现货市场的风险。由于承担风险的投资者进入，沪深 300 指数基金系统风险最大化地分散和转移，原有的现货市场价格风险让渡给沪深 300 股指期货期货市场。

指数多元化的现状与指数投资一元化的市场需求，使得沪深 300 指数作为统一指数成为我国证券市场在指数与指数衍生产品应用讨论中的核心问题之一。以沪深 300 指数为标的的指数类金融衍生产品的上市，着眼于未来，我国衍生金融工具市场的建立和发展必将深化和发展我国现有的资本市场。积极探索市场工具和交易机制的创新，是未来证券市场发展的必然选择。

附录 1

沪深 300 最新样本统计

（截至 2007 年 11 月 16 日）

| 序号 | 股票代码 | 股票简称 | 样本入权 | | | 入股后表现 | | |
			入选日期	流通权重比（%）	流通市值（亿元）	成交总额（百万元）	累计换手（%）	累计涨跌幅（%）
1	600030	中信证券	2005-04-08	5.03	2780.67	448467.92	1440.76	3163.25
2	600028	中国石化	2005-04-08	3.63	2010.02	571279.12	1499.47	623.58
3	600016	民生银行	2005-04-08	3.56	1970.94	627871.01	1199.19	551.88
4	600036	招商银行	2005-04-08	3.45	1906.46	560892.06	881.52	625.88
5	000002	万 科 A	2005-04-08	3.23	1784.35	536063.69	1042.32	1236.34
6	600000	浦发银行	2005-04-08	3.12	1723.56	224812.35	718.78	834.51
7	601857	中国石油	2007-11-19	2.11	1164.60			
8	601398	工商银行	2006-11-10	1.80	994.19	499594.64	1035.06	142.82
9	601318	中国平安	2007-03-15	1.78	982.26	171857.77	319.13	172.45
10	600900	长江电力	2005-04-08	1.61	890.07	320462.47	877.94	129.71
11	601088	中国神华	2007-10-23	1.55	857.30	47992.90	50.67	-14.15
12	600019	宝钢股份	2005-04-08	1.55	855.13	442486.06	1061.59	224.31
13	600050	中国联通	2005-04-08	1.51	835.95	610532.65	1548.22	393.18
14	600519	贵州茅台	2005-04-08	1.33	734.23	102933.64	471.75	975.67
15	600018	上港集团	2006-10-26	1.21	671.36	225291.96	1099.52	130.95
16	002024	苏宁电器	2005-07-01	1.17	645.99	83201.54	673.67	1602.85/
17	000001	深发展 A	2005-04-08	1.08	598.42	218006.73	849.34	588.31
18	601628	中国人寿	2007-01-23	1.06	588.15	218577.35	595.18	39.76
19	601006	大秦铁路	2006-08-15	1.01	559.48	211330.97	933.86	285.16
20	000858	五 粮 液	2005-04-08	0.84	465.77	316244.23	1387.04	847.82

续表

序号	股票代码	股票简称	样本入权			入股后表现		
			入选日期	流通权重比（%）	流通市值（亿元）	成交总额（百万元）	累计换手（%）	累计涨跌幅（%）
21	601600	中国铝业	2007-04-30	0.82	451.08	275068.18	733.55	499.32
22	600005	武钢股份	2005-04-08	0.76	422.28	279138.37	1460.99	475.18
23	600048	保利地产	2007-01-04	0.76	420.75	71381.45	488.01	269.41
24	600739	辽宁成大	2005-04-08	0.73	404.74	187741.25	1528.84	4129.61
25	600011	华能国际	2005-04-08	0.69	383.92	93339.47	1246.41	216.56
26	600104	上海汽车	2005-04-08	0.68	377.10	152369.09	990.12	626.82
27	601166	兴业银行	2007-02-26	0.68	376.65	103517.94	465.37	96.97
28	601988	中国银行	2006-07-19	0.67	368.71	328975.04	1283.33	99.44
29	000623	吉林敖东	2005-04-08	0.66	364.73	188387.25	1523.53	2504.80
30	601328	交通银行	2007-05-29	0.61	337.67	117172.67	440.69	11.83
31	600009	上海机场	2005-04-08	0.59	323.97	145024.59	698.41	138.80
32	600383	金地集团	2006-01-01	0.57	315.73	64428.82	707.68	1010.22
33	600320	振华港机	2005-04-08	0.57	314.75	242531.22	1752.04	553.40
34	600015	华夏银行	2005-04-08	0.56	311.85	253571.27	1775.25	518.23
35	000898	鞍钢股份	2005-04-08	0.55	303.03	176169.41	1520.60	679.90
36	000983	西山煤电	2005-04-08	0.54	299.03	141468.81	1903.96	662.23
37	000069	华侨城A	2005-04-08	0.53	294.54	81996.36	791.40	676.49
38	000527	美的电器	2005-04-08	0.53	293.50	59048.76	590.47	1289.71
39	600177	雅戈尔	2005-04-08	0.53	293.03	247117.30	1463.28	679.64
40	600150	中国船舶	2007-01-04	0.51	281.11	28062.26	204.93	556.51
41	600309	烟台万华	2005-04-08	0.51	280.87	78850.63	687.64	460.22
42	600795	国电电力	2005-04-08	0.50	275.09	146063.12	1370.53	257.63
43	000024	招商地产	2005-04-08	0.48	264.79	42821.96	724.13	1385.40
44	000568	泸州老窖	2005-04-08	0.44	246.09	58540.06	930.70	2418.10
45	601111	中国国航	2007-01-04	0.43	239.29	132976.12	984.14	299.40
46	000792	盐湖钾肥	2005-04-08	0.43	236.44	69570.88	814.25	561.63
47	000063	中兴通讯	2005-04-08	0.42	232.57	154666.29	911.96	130.72
48	600642	申能股份	2005-04-08	0.41	228.72	209342.51	1491.81	241.67
49	000825	太钢不锈	2005-04-08	0.41	228.37	147978.71	1084.96	976.65
50	000039	中集集团	2005-04-08	0.41	224.91	205811.57	1601.91	109.63
51	600029	南方航空	2005-04-08	0.40	222.00	104416.12	1683.14	496.77

续表

| 序号 | 股票代码 | 股票简称 | 样本入权 | | | 入股后表现 | | |
			入选日期	流通权重比（%）	流通市值（亿元）	成交总额（百万元）	累计换手（%）	累计涨跌幅（%）
52	600031	三一重工	2005-04-08	0.40	220.14	110248.09	1776.80	1831.06
53	000878	云南铜业	2005-04-08	0.39	216.47	159133.35	2354.79	2018.23
54	000402	金融街	2005-04-08	0.38	212.53	130681.97	1173.71	715.13
55	600583	海油工程	2005-04-08	0.36	201.44	64680.94	637.56	502.20
56	600331	宏达股份	2006-01-01	0.36	200.80	84062.51	1603.30	1145.23
57	000651	格力电器	2005-04-08	0.36	199.87	62349.46	848.56	743.64
58	000562	宏源证券	2006-07-03	0.36	198.84	145178.37	1572.29	350.89
59	600010	包钢股份	2005-04-08	0.36	196.95	230474.22	2174.91	341.51
60	000709	唐钢股份	2005-04-08	0.35	195.96	82841.28	947.02	323.27
61	000060	中金岭南	2005-04-08	0.35	194.96	173258.66	2171.63	1487.22
62	600649	原水股份	2005-04-08	0.35	194.21	114677.44	1269.08	407.92
63	000157	中联重科	2005-04-08	0.35	192.66	66624.77	1294.31	1674.26
64	600881	亚泰集团	2005-04-08	0.34	187.58	225585.56	1835.66	1316.15
65	600585	海螺水泥	2005-04-08	0.34	186.58	38201.69	712.12	974.24
66	601998	中信银行	2007-05-18	0.34	185.97	94646.49	576.56	-5.36
67	000629	攀钢钢钒	2005-04-08	0.33	180.23	122308.50	1523.47	276.56
68	600001	邯郸钢铁	2005-04-08	0.32	174.55	140284.09	1279.96	159.84
69	000960	锡业股份	2005-04-08	0.31	173.55	68770.83	1706.48	1310.40
70	601588	北辰实业	2007-07-02	0.30	166.50	56519.62	413.39	8.93
71	600887	伊利股份	2005-04-08	0.29	162.47	107774.94	1106.59	185.53
72	600717	天津港	2005-04-08	0.29	157.67	135636.61	1623.22	319.73
73	600037	歌华有线	2005-04-08	0.28	155.61	84234.88	972.40	547.95
74	601333	广深铁路	2007-07-02	0.28	154.82	48947.56	290.64	12.71
75	600832	东方明珠	2005-04-08	0.28	153.40	148880.21	1502.39	240.86
76	600655	豫园商城	2006-07-03	0.27	150.92	60902.20	970.04	268.54
77	000933	神火股份	2005-04-08	0.27	150.44	70967.08	2002.95	710.62
78	600550	天威保变	2006-01-01	0.27	149.66	75040.98	1556.44	582.21
79	000758	中色股份	2005-04-08	0.27	149.49	85910.28	1504.35	1109.39
80	600497	驰宏锌锗	2007-01-04	0.27	149.42	122059.13	980.26	183.63
81	600489	中金黄金	2007-01-04	0.27	148.08	53110.00	737.78	441.07
82	600631	百联股份	2005-04-08	0.26	144.66	70865.76	1126.11	557.55

序号	股票代码	股票简称	样本入权			入股后表现		
			入选日期	流通权重比（%）	流通市值（亿元）	成交总额（百万元）	累计换手（%）	累计涨跌幅（%）
83	000800	一汽轿车	2005-04-08	0.26	144.42	106260.26	1845.99	825.32
84	600362	江西铜业	2005-04-08	0.26	144.34	145029.03	2777.90	1246.11
85	600811	东方集团	2005-04-08	0.26	144.00	167970.11	1818.47	680.40
86	000630	铜陵有色	2005-04-08	0.25	139.67	177725.00	2489.86	587.79
87	601666	平煤天安	2007-07-02	0.25	137.71	36359.16	303.69	106.66
88	601699	潞安环能	2007-07-02	0.25	135.98	12545.41	103.73	56.57
89	600690	青岛海尔	2005-04-08	0.25	135.80	78670.68	897.84	333.84
90	600026	中海发展	2005-04-08	0.24	135.40	109060.27	2067.68	320.41
91	600008	首创股份	2005-04-08	0.24	133.67	125735.14	1547.97	472.90
92	000031	中粮地产	2005-04-08	0.24	132.86	105322.35	2277.75	1181.31
93	600660	福耀玻璃	2005-04-08	0.24	132.14	41231.51	798.42	270.79
94	000652	泰达股份	2006-01-01	0.24	131.81	117143.65	1441.99	698.72
95	000751	锌业股份	2007-01-04	0.24	131.23	109932.45	1099.12	243.88
96	600635	大众公用	2005-04-08	0.24	130.65	110845.67	1513.20	657.94
97	000046	泛海建设	2007-07-02	0.23	129.12	10513.18	88.27	68.43
98	600219	南山铝业	2007-07-02	0.23	129.07	51866.62	333.55	14.50
99	000897	津滨发展	2007-01-04	0.23	128.02	69545.60	1132.07	146.09
100	000839	中信国安	2005-04-08	0.23	127.76	115635.37	1557.74	402.36
101	000027	深能源A	2005-04-08	0.23	124.52	117719.64	1435.60	286.41
102	600100	同方股份	2005-04-08	0.22	122.46	96493.08	1446.46	407.87
103	000932	华菱管线	2005-04-08	0.22	121.81	107354.50	1615.24	157.64
104	000612	焦作万方	2007-07-02	0.22	121.37	30196.03	249.71	58.32
105	600675	中华企业	2005-04-08	0.22	119.63	108867.62	1827.79	896.12
106	600271	航天信息	2006-04-21	0.21	117.50	26703.37	486.70	198.11
107	600601	方正科技	2005-04-08	0.21	117.40	131207.22	1521.66	140.90
108	600895	张江高科	2005-04-08	0.21	116.90	83733.83	1418.83	609.40
109	600547	山东黄金	2007-01-04	0.21	114.44	32226.47	545.47	368.81
110	600748	上实发展	2007-01-04	0.21	114.17	38273.12	707.03	312.98
111	600221	海南航空	2005-04-08	0.21	113.69	69051.76	2123.74	381.45
112	600058	五矿发展	2005-04-08	0.21	113.47	94393.80	2181.73	619.85
113	600688	S上石化	2005-04-08	0.20	112.10	106743.21	1810.35	250.44

续表

序号	股票代码	股票简称	样本入权			入股后表现		
			入选日期	流通权重比（%）	流通市值（亿元）	成交总额（百万元）	累计换手（%）	累计涨跌幅（%）
114	600472	包头铝业	2007-01-04	0.20	111.80	59858.23	998.56	492.26
115	600685	广船国际	2007-07-02	0.20	111.12	19697.14	174.15	37.62
116	000768	西飞国际	2006-01-01	0.20	110.66	95754.05	1664.78	686.57
117	600596	新安股份	2007-01-04	0.20	109.16	18907.28	253.33	176.90
118	000488	晨鸣纸业	2005-04-08	0.19	107.54	95014.84	1943.30	215.76
119	600456	宝钛股份	2006-07-03	0.19	105.91	52726.75	887.28	124.09
120	000717	韶钢松山	2005-04-08	0.19	105.25	81815.37	1587.85	326.94
121	600432	吉恩镍业	2007-01-04	0.19	105.20	54804.74	993.11	446.72
122	000937	金牛能源	2005-04-08	0.19	104.96	80342.20	2452.36	288.53
123	600839	四川长虹	2005-04-08	0.19	104.05	108125.60	1221.82	270.28
124	000793	华闻传媒	2006-04-21	0.19	103.96	102946.51	958.41	225.64
125	000807	云铝股份	2005-04-08	0.19	103.84	115265.20	2353.27	1476.90
126	600886	国投电力	2005-04-08	0.19	103.47	63352.21	1460.47	221.70
127	600569	安阳钢铁	2005-04-08	0.19	103.31	66788.66	1204.35	465.57
128	600868	梅雁水电	2005-04-08	0.18	102.15	109678.66	1459.82	221.50
129	600068	葛洲坝	2007-01-04	0.18	101.19	92450.33	1006.13	282.40
130	000539	粤电力A	2005-04-08	0.18	100.33	46535.34	858.09	337.29
131	600500	中化国际	2005-04-08	0.18	99.91	103380.22	1919.46	277.49
132	600428	中远航运	2005-04-08	0.18	99.30	68791.55	1800.98	317.77
133	601872	招商轮船	2007-07-02	0.18	98.41	46785.74	428.26	4.92
134	600269	赣粤高速	2005-04-08	0.18	97.51	83181.96	1356.49	259.53
135	600096	云天化	2005-04-08	0.18	97.07	60472.04	1763.88	461.46
136	601991	大唐发电	2007-07-02	0.17	96.28	61585.23	502.78	-7.83
137	600694	大商股份	2005-04-08	0.17	93.77	38745.18	595.00	348.22
138	600027	华电国际	2006-01-01	0.17	93.67	79080.06	1864.05	361.94
139	600210	紫江企业	2005-04-08	0.16	90.88	109290.88	2253.58	302.58
140	600357	承德钒钛	2005-04-08	0.16	90.68	99691.48	2606.45	430.82
141	000680	山推股份	2005-04-08	0.16	90.59	91934.43	1904.71	619.03
142	600997	开滦股份	2005-04-08	0.16	89.04	55611.84	1860.10	657.04
143	000528	柳　工	2005-04-08	0.16	88.97	54377.66	1553.46	1104.90
144	000625	长安汽车	2005-04-08	0.16	88.93	95449.70	2101.44	480.20

续表

序号	股票代码	股票简称	样本入权			入股后表现		
			入选日期	流通权重比（%）	流通市值（亿元）	成交总额（百万元）	累计换手（%）	累计涨跌幅（%）
145	600004	白云机场	2005-04-08	0.16	87.90	57496.21	1160.07	228.63
146	601001	大同煤业	2007-01-04	0.16	87.22	47672.43	756.09	184.30
147	600591	上海航空	2005-04-08	0.16	86.36	53387.33	1910.69	348.78
148	600143	金发科技	2006-07-03	0.16	86.04	42438.47	516.52	202.24
149	600022	济南钢铁	2005-04-08	0.16	85.72	41975.61	1317.12	631.66
150	600183	生益科技	2005-04-08	0.15	85.01	86417.08	2109.05	434.27
151	600348	国阳新能	2005-04-08	0.15	84.61	62349.12	1637.77	507.72
152	000401	冀东水泥	2005-04-08	0.15	83.75	40717.74	1027.53	748.13
153	600879	火箭股份	2005-04-08	0.15	83.64	79471.39	1265.01	307.73
154	600643	S 爱 建	2005-04-08	0.15	83.38	55485.73	1483.05	330.57
155	600123	兰花科创	2005-04-08	0.15	83.17	69980.19	1727.63	430.06
156	000422	湖北宜化	2006-01-01	0.15	83.12	54725.89	1472.82	891.61
157	600098	广州控股	2005-04-08	0.15	83.06	58790.30	1086.88	237.26
158	600616	第一食品	2006-07-03	0.15	82.66	33438.20	675.84	111.77
159	600859	王 府 井	2007-07-02	0.15	82.31	7226.83	78.85	-14.77
160	600741	巴士股份	2005-04-08	0.15	82.15	81573.76	1429.43	486.78
161	600308	华泰股份	2005-04-08	0.15	81.47	64984.73	1434.13	359.53
162	000829	天音控股	2007-07-02	0.15	81.25	9950.71	105.72	-35.52
163	600108	亚盛集团	2005-04-08	0.14	80.00	123303.20	2136.90	368.56
164	600780	通宝能源	2005-04-08	0.14	79.84	60651.89	1660.21	314.54
165	600307	酒钢宏兴	2005-04-08	0.14	79.65	53427.76	1860.52	711.11
166	000900	现代投资	2005-04-08	0.14	79.24	70447.02	1733.78	342.39
167	600786	东方锅炉	2005-07-01	0.14	78.78	32962.52	985.04	583.36
168	600600	青岛啤酒	2005-04-08	0.14	77.73	42513.23	1039.12	406.11
169	000959	首钢股份	2007-07-02	0.14	77.76	26215.99	289.02	15.56
170	000009	S深宝安A	2005-04-08	0.14	77.74	60452.13	1400.72	353.04
171	000729	燕京啤酒	2005-04-08	0.14	76.95	76212.84	1365.50	193.74
172	600653	申华控股	2005-04-08	0.14	76.55	93326.84	1327.62	133.78
173	600066	宇通客车	2007-01-04	0.14	75.79	20591.81	343.29	121.26
174	600256	广汇股份	2005-04-08	0.14	75.53	66293.42	2180.13	500.68
175	600808	马钢股份	2005-04-08	0.14	75.36	96364.53	1892.89	319.33

续表

序号	股票代码	股票简称	样本入权			入股后表现		
			入选日期	流通权重比（％）	流通市值（亿元）	成交总额（百万元）	累计换手（％）	累计涨跌幅（％）
176	600508	上海能源	2005-04-08	0.13	74.21	60380.89	1968.83	529.21
177	000778	新兴铸管	2005-04-08	0.13	74.12	65495.84	1322.15	273.95
178	600196	复星医药	2005-04-08	0.13	73.62	93843.24	1971.38	181.06
179	000089	深圳机场	2005-04-08	0.13	72.90	97049.27	1755.83	297.67
180	600236	桂冠电力	2005-04-08	0.13	70.84	48767.49	1244.16	276.52
181	600761	安徽合力	2007-01-04	0.13	70.54	25286.33	439.25	36.09
182	600282	南钢股份	2005-04-08	0.13	70.31	45628.20	1552.71	275.65
183	600117	西宁特钢	2005-04-08	0.12	69.07	49211.87	2042.04	780.44
184	600835	上海机电	2005-04-08	0.12	68.93	50184.97	1484.08	433.40
185	000012	南 玻 A	2005-04-08	0.12	68.80	44416.66	1753.68	419.46
186	600812	华北制药	2005-04-08	0.12	68.14	70134.44	1894.41	241.66
187	600188	兖州煤业	2005-04-08	0.12	67.90	98105.73	2449.94	261.29
188	600087	南京水运	2005-04-08	0.12	67.70	54608.60	1854.09	479.07
189	600418	江淮汽车	2006-01-01	0.12	67.54	75115.90	1527.37	185.04
190	600361	华联综超	2006-07-03	0.12	67.33	19927.79	447.79	66.11
191	600837	海通证券	2007-07-02	0.12	67.20	28101.22	459.69	44.39
192	000088	盐 田 港	2005-04-08	0.12	66.42	87198.75	1684.06	76.52
193	600266	北京城建	2005-04-08	0.12	66.23	66909.38	2062.98	787.30
194	600299	星新材料	2006-07-03	0.12	66.14	17597.44	387.95	476.02
195	600663	陆 家 嘴	2005-04-08	0.12	66.05	59282.34	1564.57	501.04
196	000061	农 产 品	2005-04-08	0.12	65.15	30618.65	1069.26	548.56
197	600779	水 井 坊	2005-04-08	0.12	65.08	68498.42	2099.43	426.61
198	600797	浙大网新	2005-04-08	0.12	64.40	92187.20	2237.04	234.71
199	600153	建发股份	2005-04-08	0.12	64.15	58185.69	1661.93	404.02
200	000538	云南白药	2005-07-01	0.12	64.00	33598.16	714.70	145.65
201	600110	中科英华	2005-04-08	0.12	63.77	63782.63	2546.70	635.85
202	600125	铁龙物流	2005-07-01	0.11	63.30	58755.29	1238.33	475.68
203	600718	东软股份	2005-04-08	0.11	63.06	31730.76	1053.38	548.57
204	000036	华联控股	2005-04-08	0.11	62.99	96141.28	2303.23	35.69
205	600549	厦门钨业	2006-07-03	0.11	62.95	42046.44	916.82	77.53
206	600528	中铁二局	2007-07-02	0.11	62.17	26664.08	361.37	38.50

续表

序号	股票代码	股票简称	样本入权			入股后表现		
			入选日期	流通权重比（%）	流通市值（亿元）	成交总额（百万元）	累计换手（%）	累计涨跌幅（%）
207	000690	宝新能源	2007-07-02	0.11	62.03	18807.34	297.77	32.55
208	000503	海虹控股	2005-04-08	0.11	61.80	122111.34	2806.35	50.82
209	000559	万向钱潮	2005-04-08	0.11	61.61	50448.40	1613.24	454.59
210	000425	徐工科技	2005-04-08	0.11	61.05	44348.87	1600.80	758.63
211	600875	东方电机	2006-07-03	0.11	60.30	20533.16	565.27	259.05
212	000822	山东海化	2005-04-08	0.11	59.82	79590.85	2074.29	236.85
213	600006	东风汽车	2005-04-08	0.11	59.29	84464.44	1777.64	345.37
214	000962	东方钽业	2005-04-08	0.11	59.16	54807.56	2746.35	649.85
215	600747	大显股份	2005-04-08	0.11	59.06	62763.81	2089.51	461.01
216	000917	电广传媒	2005-04-08	0.11	58.76	61701.91	2132.72	399.27
217	600628	新世界	2006-07-03	0.11	58.56	34900.99	619.48	93.54
218	600220	江苏阳光	2005-04-08	0.11	58.21	77220.55	1829.34	283.74
219	600350	山东高速	2005-04-08	0.10	57.86	54402.38	1309.66	215.89
220	600588	用友软件	2006-07-03	0.10	57.36	20261.11	491.33	107.36
221	600851	海欣股份	2005-04-08	0.10	57.04	96798.56	2099.97	247.49
222	000930	丰原生化	2005-04-08	0.10	56.89	136701.36	3193.07	286.14
223	600598	北大荒	2005-04-08	0.10	56.83	86722.84	2363.89	362.12
224	600961	株冶集团	2007-07-02	0.10	56.77	21909.01	481.19	55.38
225	600770	综艺股份	2005-04-08	0.10	56.37	51720.79	2144.87	433.64
226	000021	长城开发	2005-04-08	0.10	56.03	59486.63	1430.68	295.75
227	600161	天坛生物	2007-01-04	0.10	55.52	21180.30	458.02	89.28
228	000876	新希望	2007-07-02	0.10	54.51	16959.36	284.69	17.62
229	000636	风华高科	2005-04-08	0.10	53.89	62690.63	1920.53	135.55
230	000541	佛山照明	2005-04-08	0.10	53.71	52645.22	1518.61	131.16
231	600062	双鹤药业	2006-01-01	0.10	53.63	23046.67	814.18	561.35
232	600270	外运发展	2005-04-08	0.10	53.56	58820.54	1709.75	308.52
233	600020	中原高速	2005-04-08	0.10	52.73	72470.60	2044.73	151.45
234	600132	重庆啤酒	2006-07-03	0.09	51.88	29472.80	648.28	88.89
235	600820	隧道股份	2005-04-08	0.09	51.62	38036.50	1151.10	490.73
236	600415	小商品城	2006-07-03	0.09	51.32	25184.92	500.16	26.41
237	000410	沈阳机床	2005-04-08	0.09	50.87	46519.35	1336.58	624.55

续表

序号	股票代码	股票简称	样本入权			入股后表现		
			入选日期	流通权重比（%）	流通市值（亿元）	成交总额（百万元）	累计换手（%）	累计涨跌幅（%）
238	600085	同仁堂	2005-04-08	0.09	50.89	51254.08	1210.57	96.01
239	000581	威孚高科	2005-04-08	0.09	50.74	49678.11	1471.89	119.09
240	000400	许继电气	2005-04-08	0.09	49.90	53118.73	1968.58	469.55
241	600021	上海电力	2005-04-08	0.09	49.62	44403.55	1715.41	177.34
242	600316	洪都航空	2007-01-04	0.09	47.84	35754.02	1030.92	81.47
243	002008	大族激光	2007-01-04	0.09	47.57	16258.99	408.30	81.24
244	600639	浦东金桥	2005-04-08	0.09	47.25	46789.52	1672.36	555.35
245	600033	福建高速	2005-04-08	0.08	45.63	56366.57	1657.85	139.01
246	000682	东方电子	2005-04-08	0.08	45.63	51126.28	1398.63	140.18
247	600809	山西汾酒	2006-07-03	0.08	44.52	27380.68	697.60	72.77
248	600208	新湖中宝	2007-07-02	0.08	44.32	12966.77	261.28	33.14
249	600170	上海建工	2005-04-08	0.08	43.65	50746.98	1636.56	317.66
250	000927	一汽夏利	2005-04-08	0.08	43.47	53305.98	2231.32	798.18
251	000912	泸天化	2005-04-08	0.08	43.33	62322.85	2208.13	236.83
252	000767	漳泽电力	2005-04-08	0.08	42.80	55840.49	1646.44	341.57
253	600863	内蒙华电	2005-04-08	0.08	42.68	45746.11	1522.84	262.60
254	002069	獐子岛	2007-07-02	0.08	42.62	3652.77	146.97	-5.16
255	600662	强生控股	2005-04-08	0.07	40.97	66801.32	1766.33	265.61
256	000550	江铃汽车	2005-04-08	0.07	40.51	29324.62	1869.96	445.45
257	600102	莱钢股份	2005-04-08	0.07	39.46	40749.09	1414.38	358.37
258	600118	中国卫星	2007-01-04	0.07	39.38	24679.49	691.02	77.84
259	600190	锦州港	2007-01-04	0.07	38.78	25327.47	918.61	70.45
260	600787	中储股份	2007-01-04	0.07	38.41	33935.72	819.58	78.40
261	000059	辽通化工	2005-07-01	0.07	37.28	38807.06	1818.85	332.91
262	600312	平高电气	2007-01-04	0.07	37.05	17115.99	458.68	26.99
263	600012	皖通高速	2005-04-08	0.07	36.29	36338.19	1396.89	55.21
264	600535	天士力	2006-07-03	0.07	36.14	25298.06	809.66	63.10
265	600849	上海医药	2005-04-08	0.06	35.80	42794.59	1456.76	186.79
266	000970	中科三环	2005-04-08	0.06	34.20	55963.38	1760.44	130.46
267	600521	华海药业	2006-07-03	0.06	34.15	21916.64	902.93	93.14
268	600160	巨化股份	2007-01-04	0.06	34.03	28945.98	1041.70	148.36

续表

序号	股票代码	股票简称	样本入权			入股后表现		
			入选日期	流通权重比（%）	流通市值（亿元）	成交总额（百万元）	累计换手（%）	累计涨跌幅（%）
269	002097	山河智能	2007-07-02	0.06	33.86	8286.60	242.36	44.90
270	600597	光明乳业	2005-04-08	0.06	33.58	51821.98	2244.88	170.99
271	000828	东莞控股	2005-04-08	0.06	32.96	41120.87	1643.17	226.64
272	000617	石油济柴	2006-07-03	0.06	32.86	16342.17	695.26	199.96
273	600754	锦江股份	2006-07-03	0.06	32.72	23497.29	900.10	95.04
274	600151	航天机电	2006-07-03	0.06	32.26	74644.39	1993.82	23.89
275	600007	中国国贸	2007-01-04	0.06	31.74	35409.42	956.19	58.32
276	002078	太阳纸业	2007-07-02	0.06	31.22	5819.36	202.16	2.96
277	600017	日照港	2007-07-02	0.06	30.48	11201.72	408.33	32.10
278	600501	航天晨光	2007-04-30	0.05	30.05	23327.25	735.35	-20.22
279	000786	北新建材	2005-04-08	0.05	29.32	38117.12	1637.90	272.56
280	600874	创业环保	2005-04-08	0.05	29.28	36277.27	2459.35	207.71
281	000969	安泰科技	2006-01-01	0.05	28.10	38824.81	1708.66	185.43
282	000997	新大陆	2006-07-03	0.05	27.96	27896.98	1374.85	68.10
283	600171	上海贝岭	2005-04-08	0.05	27.80	45230.09	1737.02	47.92
284	600060	海信电器	2005-04-08	0.05	27.49	34627.76	1603.37	231.94
285	600088	中视传媒	2005-04-08	0.05	26.59	34661.11	2167.57	285.90
286	600078	澄星股份	2005-04-08	0.05	25.91	44651.49	2233.41	182.36
287	000066	长城电脑	2005-04-08	0.05	25.84	36318.08	1644.50	97.61
288	600498	烽火通信	2006-07-03	0.05	25.24	23016.57	1270.16	86.57
289	600035	楚天高速	2005-04-08	0.04	24.77	34255.36	1732.54	160.06
290	000708	大冶特钢	2005-04-08	0.04	24.11	27502.41	1888.81	207.85
291	000068	S 三星	2005-04-08	0.04	23.18	24658.45	1859.32	51.23
292	600410	华胜天成	2006-07-03	0.04	22.62	21309.27	1047.85	105.13
293	600003	ST东北高	2007-07-02	0.04	22.18	7339.29	299.70	-5.12
294	600460	士兰微	2006-07-03	0.04	21.63	29811.45	1404.82	1.93
295	000029	深深房A	2006-07-03	0.04	19.77	32713.73	1820.23	78.59
296	601002	晋亿实业	2007-07-02	0.03	19.19	8080.07	337.05	0.33
297	002106	莱宝高科	2007-07-02	0.03	16.84	4382.75	209.72	-11.53
298	002110	三钢闽光	2007-07-02	0.03	14.48	6241.29	391.06	2.70
299	002051	中工国际	2007-01-04	0.02	13.51	17409.68	1151.06	51.06
300	002083	孚日股份	2007-07-02	0.02	12.02	3967.38	248.17	-15.71

附录2

中国金融期货交易所交易规则

第一章 总则

第一条 为规范期货交易行为，保护期货交易当事人的合法权益和社会公共利益，根据国家有关法律、行政法规、规章和《中国金融期货交易所章程》，制定本规则。

第二条 中国金融期货交易所（以下简称交易所）根据公开、公平、公正和诚实信用的原则，组织经中国证券监督管理委员会（以下简称中国证监会）批准的期货合约、期权合约交易。

第三条 本规则适用于交易所组织的期货、期权交易活动。交易所、会员、客户、期货保证金存管银行及期货市场其他参与者应当遵守本规则。

第二章 品种与合约

第四条 交易所上市经中国证监会批准的交易品种。

第五条 期货合约是指由交易所统一制定的、规定在将来某一特定的时间和地点交割一定数量标的物的标准化合约。

第六条 期权合约是指由交易所统一制定的、规定买方有权在将来某一时间以特定价格买入或者卖出约定标的物（包括期货合约）的标准化合约。

第七条 期货合约主要条款包括合约标的、报价单位、最小变动价位、合约月份、交易时间、最低交易保证金、每日价格最大波动限制、最后交易日、交割方式、交易代码等。

第八条 期权合约主要条款包括合约标的、报价单位、最小变动价位、合约月份、交易时间、执行价格间距、卖方交易保证金、每日价格最大波动限制、最后交易日、执行方式、交易代码等。

第九条 合约的附件与合约具有同等法律效力。

第十条 交易日为每周一至周五（国家法定假日除外）。每一交易日各品种的交易时间安排，由交易所另行公告。

第三章 会员管理

第十一条 会员是指根据有关法律、行政法规和规章的规定，经交易所批准，有权在交易所从事交易或者结算业务的企业法人或者其他经济组织。

第十二条 交易所的会员分为交易结算会员、全面结算会员、特别结算会员和交易会员。

第十三条 交易结算会员、全面结算会员和特别结算会员具有与交易所进行结算的资格。交易结算会员只能为其客户办理结算、交割业务。全面结算会员可以为其客户和与其签订结算协议的交易会员办理结算、交割业务。特别结算会员只能为与其签订结算协议的交易会员办理结算、交割业务。

第十四条 交易会员可以从事经纪或者自营业务，不具有与交易所进行结算的资格。

第十五条 会员的接纳、变更和终止，须经交易所会员资格审查委员会预审，董事会批准，报告中国证监会，并予以公布。

第十六条 会员享有下列权利：

（一）在交易所从事规定的交易、结算和交割等业务；

（二）使用交易所提供的交易设施，获得有关期货交易的信息和服务；

（三）按照交易所交易规则行使申诉权；

（四）交易所交易规则及其实施细则规定的其他权利。

第十七条　会员应当履行下列义务：

（一）遵守国家有关法律、行政法规、规章和政策；

（二）遵守交易所的章程、交易规则及其实施细则和有关决定；

（三）按照规定缴纳各种费用；

（四）接受交易所监督管理；

（五）履行与交易所所签订协议中规定的相关义务；

（六）交易所规定应当遵守的其他义务。

第十八条　申请成为交易所会员应当符合法律、行政法规、规章和交易所规定的资格条件。

第十九条　申请或者变更会员资格应当向交易所提出书面申请，在获得交易所批准后，与交易所签订相关协议。

第二十条　会员发生合并、分立的，应当向交易所重新申请会员资格，由交易所进行审核。

第二十一条　交易所建立会员联系人制度。会员应当设业务代表一名、业务联络员若干名，组织、协调会员与交易所的各项业务往来。

第二十二条　会员违反交易所的会员管理规定或者不再满足会员资格条件的，交易所有权暂停其业务或者取消其会员资格。

第二十三条　交易所制定会员管理办法，对会员进行监督管理。

第四章　交易业务

第二十四条　期货交易是指在交易所内集中买卖某种期货合约、期权合约的交易活动。

第二十五条　会员可以根据业务需要向交易所申请设立一个或者一个以上的席位。

第二十六条　客户委托会员进行交易，应当事先通过会员办理开户登记。

第二十七条　会员在为客户开立账户前，应当向客户出示《期货交易风险说明书》，经客户签字确认后，与客户签订《期货经纪合同》。

第二十八条　交易所实行客户交易编码制度。会员和客户应当遵守一户一码制度，不得混码交易。

第二十九条　客户可以通过书面、电话、互联网等委托方式以及中国证监会规定的其他方式，向会员下达交易指令。

第三十条　交易指令分为市价指令、限价指令及交易所规定的其他指令。

市价指令是指不限定价格的、按照当时市场上可执行的最优报价成交的指令。市价指令的未成交部分自动撤销。

限价指令是指按照限定价格或者更优价格成交的指令。限价指令当日有效，未成交部分可以撤销。

第三十一条　会员接受客户委托指令后，应当将客户的所有指令通过交易所集中交易，不得进行场外交易。

第三十二条　交易指令成交后，交易所按照规定发送成交回报。

第三十三条　每日交易结束后，会员应当按照规定方式获取并核对成交记录。

会员有异议的，应当在当日以书面形式向交易所提出。未在规定时间内提出的，视为对成交记录无异议。

第三十四条　交易所实行套期保值额度审批制度。套期保值额度由交易所根据套期保值申请人的现货头寸、资信状况和市场情况审批。

第三十五条　会员进行期货交易，应当按照规定向交易所缴纳手续费。

第五章　结算业务

第三十六条　结算业务是指交易所根据交易结果、公布的结算价格和交易所有关规定对交易双方的交易盈亏状况进行资金清算和划转的业务活动。

第三十七条　期货交易的结算，由交易所统一组织进行。

第三十八条　交易所实行会员分级结算制度。交易所对结算会员进行结算，结算会员对其受托的交易会员进行结算，交易会员对其客户进行结算。

第三十九条　交易所实行保证金制度。保证金是交易所向结算会员收取的用于结算和担保期货合约履行的资金。

经交易所批准，会员可以用中国证监会认定的有价证券充抵保证金。

第四十条　保证金分为结算准备金和交易保证金。结算准备金是指未被合约占用的保证金；交易保证金是指已被合约占用的保证金。

第四十一条　结算会员向交易会员收取的保证金不得低于交易所规定的保证金标准。结算会员有权根据市场运行情况和交易会员的资信状况调整对其收取保证金的标准。

第四十二条　交易所在期货保证金存管银行开设专用结算账户，用于存放结算会员的保证金及相关款项。

结算会员应当在保证金存管银行开设期货保证金账户，用于存放其客户及受托交易会员的保证金及相关款项。

第四十三条　交易所与结算会员之间的期货业务资金往来应当通过交易所专用结算账户和结算会员专用资金账户办理。

第四十四条　会员应当将客户缴纳的保证金存放于期货保证金账户，并与其自有资金分别保管，不得挪用。

第四十五条　交易所实行当日无负债结算制度。

第四十六条　结算会员结算准备金余额低于规定水平且未按时补足的，如结算准备金余额小于规定的最低余额，不得开仓；如结算准备金余额小于零，交易所可以按照规定对其进行强行平仓。

第四十七条　交易会员只能委托一家结算会员为其办理结算交割业务，交易会员应当与结算会员签订协议，并将协议报交易所备案。

第四十八条　交易会员和结算会员可以根据交易所规定，向交易所申请变更委托结算关系，交易所审批后为其办理。

第四十九条 结算会员应当建立结算风险管理制度。结算会员应当及时准确地了解客户及受托交易会员的盈亏、费用及资金收付等财务状况，控制客户及受托交易会员的风险。

第五十条 交易所应当按照手续费收入的20%的比例提取风险准备金。风险准备金应当单独核算，专户存储。

第六章 交割业务

第五十一条 期货交易的交割，由交易所统一组织进行。

第五十二条 期货交割采用现金交割或者实物交割方式。

第五十三条 现金交割是指合约到期时，按照交易所的规则和程序，交易双方按照规定结算价格进行现金差价结算，了结到期未平仓合约的过程。

第五十四条 实物交割是指合约到期时，按照交易所的规则和程序，交易双方通过该合约所载标的物所有权的转移，了结到期未平仓合约的过程。

第七章 风险控制

第五十五条 交易所实行价格限制制度。价格限制制度分为熔断制度与涨跌停板制度。熔断与涨跌停板幅度由交易所设定，交易所可以根据市场风险状况调整期货合约的熔断与涨跌停板幅度。

第五十六条 交易所实行持仓限额制度。持仓限额是指交易所按照一定原则规定的会员或者客户持有合约的最大数量，获批套期保值额度的会员或者客户持仓不受此限。同一客户在不同会员处开仓交易的，其对某一合约的持仓合计不得超出该客户的持仓限额。

第五十七条 交易所实行大户持仓报告制度。会员或者客户对某一合约持仓达到交易所规定的持仓报告标准的，会员或者客户应当向交易所报告。客户未报告的，会员应当向交易所报告。

交易所可以根据市场风险状况，制定并调整持仓报告标准。

第五十八条　交易所实行强行平仓制度。会员或者客户存在违规超仓、未按照规定及时追加保证金等违规行为或者交易所规定的其他情形的，交易所有权对相关会员或者客户采取强行平仓措施。

强行平仓盈利部分按照有关规定处理，发生的费用、损失及因市场原因无法强行平仓造成的损失扩大部分由相关会员或者客户承担。

第五十九条　交易所实行强制减仓制度。期货交易出现涨跌停板单边无连续报价或者市场风险明显增大情况的，交易所有权将当日以涨跌停板价格申报的未成交平仓报单，以当日涨跌停板价格与该合约净持仓盈利客户按照持仓比例自动撮合成交。

第六十条　交易所实行结算担保金制度。结算担保金是指结算会员依交易所规定缴纳的，用于应对结算会员违约风险的共同担保资金。

第六十一条　交易所实行风险警示制度。交易所认为必要的，可以分别或者同时采取要求会员和客户报告情况、谈话提醒、发布风险警示函等措施，以警示和化解风险。

第六十二条　期货交易出现涨跌停板单边无连续报价或者市场风险明显增大情况的，交易所可以采取调整涨跌停板幅度、提高交易保证金标准及强制减仓等风险控制措施化解市场风险。

交易所采取强制减仓措施的，应当经交易所董事会执行委员会审议批准。

采取上述风险控制措施后仍然无法释放风险的，交易所应当宣布进入异常情况，由交易所董事会决定采取进一步的风险控制措施。

第六十三条　结算会员无法履约时，交易所有权采取下列措施：

（一）暂停开仓；

（二）按照规定强行平仓，并用平仓后释放的保证金履约赔偿；

（三）依法处置充抵保证金的有价证券；

（四）动用该违约结算会员缴纳的结算担保金；

（五）动用其他结算会员缴纳的结算担保金；

（六）动用交易所风险准备金；

（七）动用交易所自有资金。

交易所代为履约后，由此取得对违约会员的相应追偿权。

第六十四条 有根据认为会员或者客户违反交易所交易规则及其实施细则并且对市场正在产生或者将产生重大影响的，为防止违规行为后果进一步扩大，交易所可以对该会员或者客户采取下列临时处置措施：

（一）限制入金；

（二）限制出金；

（三）限制开仓；

（四）提高保证金标准；

（五）限期平仓；

（六）强行平仓。

前款第（一）、（二）、（三）项临时处置措施，可以由交易所总经理决定，其他临时处置措施由交易所董事会决定，并及时报告中国证监会。

第八章 异常情况处理

第六十五条 在期货交易过程中，出现下列情形之一的，交易所可以宣布进入异常情况，采取紧急措施化解风险：

（一）因地震、水灾、火灾等不可抗力或者计算机系统故障等不可归责于交易所的原因导致交易无法正常进行；

（二）会员出现结算、交割危机，对市场正在产生或者将产生重大影响；

（三）出现本规则第六十二条情况并采取相应措施后仍未化解风险；

（四）交易所规定的其他情况。

出现前款第（一）项异常情况时，交易所总经理可以采取调整开市收市时间、暂停交易等紧急措施；出现前款第（二）、（三）、（四）

项异常情况时，交易所董事会可以决定采取调整开市收市时间、暂停交易、调整涨跌停板幅度、提高交易保证金、限期平仓、强行平仓、限制出金等紧急措施。

第六十六条 交易所宣布进入异常情况并决定采取紧急措施前应当报告中国证监会。

第六十七条 交易所宣布进入异常情况并决定暂停交易的，暂停交易的期限不得超过3个交易日，但经中国证监会批准延长的除外。

第九章 信息管理

第六十八条 交易所期货交易信息所有权属于交易所，由交易所统一管理和发布。

第六十九条 交易所期货交易信息是指期货、期权上市合约的交易行情、各种交易数据、统计资料、交易所发布的各种公告信息以及中国证监会指定披露的其他相关信息。

第七十条 交易所发布的信息包括：合约名称、合约月份、开盘价、最新价、涨跌、收盘价、结算价、最高价、最低价、成交量、持仓量及其持仓变化、会员成交量和持仓量排名等其他需要公布的信息。

信息发布应当根据不同内容按照实时、每日、每周、每月、每年定期发布。

第七十一条 交易所应当采取有效通讯手段，建立同步报价和即时成交回报系统。

第七十二条 交易所的行情发布正常，但因公共媒体转发发生故障，影响会员和客户交易的，交易所不承担责任。

第七十三条 交易所、会员不得发布虚假的或者带有误导性质的信息。

第七十四条 交易所、会员和期货保证金存管银行不得泄露业务中获取的商业秘密。

经批准，交易所可以向有关监管部门或者其他相关单位提供相关信息，并执行相应的保密规定。

第七十五条 为保证交易数据的安全，交易所应当实行异地数据备份。

第七十六条 交易所管理和发布信息，有权收取相应费用。

第十章 监督管理

第七十七条 交易所依据本规则和有关规定，对与交易所期货交易有关的业务活动实施自律监督管理。

第七十八条 交易所监督管理的主要内容为：

（一）监督、检查期货市场法律、行政法规、规章和交易规则的落实执行情况，控制市场风险；

（二）监督、检查各会员业务运作及内部管理状况；

（三）监督、检查各会员的财务、资信状况；

（四）监督、检查期货保证金存管银行及期货市场其他参与者与期货有关的业务活动；

（五）调解、处理期货交易纠纷，调查处理各种违规案件；

（六）协助司法机关、行政执法机关依法执行公务；

（七）对其他违背公开、公平、公正原则、制造市场风险的行为进行监督管理。

第七十九条 交易所履行监督管理职责时，可以行使下列职权：

（一）查阅、复制与期货交易有关的信息、资料；

（二）对会员、客户、期货保证金存管银行以及期货市场其他参与者等单位和人员进行调查、取证；

（三）要求会员、客户、期货保证金存管银行以及期货市场其他参与者等被调查者对被调查事项做出申报、陈述、解释、说明；

（四）交易所履行监督管理职责所必需的其他职权。

第八十条 交易所、会员和期货保证金存管银行应当遵守中国证监会有关期货保证金安全存管监控的规定。

第八十一条 交易所履行监督管理职责时，可以按照有关规定行使调查、取证等职权，会员、客户、期货保证金存管银行及期货市场其他参与者应当配合。

第八十二条 会员、客户、期货保证金存管银行及期货市场其他参与者应当接受交易所对其期货业务的监督管理，对不如实提供资料、隐瞒事实真相、故意回避调查或者妨碍交易所工作人员行使职权的单位和个人，交易所可以按照有关规定采取必要的限制性措施或者进行处罚。

第八十三条 交易所每年应当对会员遵守交易所交易规则及其实施细则的情况进行抽样或者全面检查，并将检查结果上报中国证监会。

第八十四条 交易所发现会员、客户、期货保证金存管银行及期货市场其他参与者在从事期货相关业务时涉嫌违规的，应当立案调查；情节严重的，交易所可以采取相应措施防止违规行为后果进一步扩大。

第八十五条 交易所工作人员不能正确履行监督管理职责的，会员、客户、期货保证金存管银行及期货市场其他参与者有权向交易所或者中国证监会投诉、举报。经查证属实的，应当严肃处理。

第八十六条 交易所制定违规违约处理办法对违规违约行为进行处理。

第八十七条 交易所在中国证监会统一组织和协调下，与证券交易所、证券登记结算机构和期货保证金安全存管监控机构等相关机构，建立对期货市场和相关市场的信息共享等监管协作机制。

第十一章 争议处理

第八十八条 会员、客户、期货保证金存管银行及期货市场其他参与者之间发生的有关期货业务纠纷，可以自行协商解决，也可以提请交易所调解。

第八十九条 提请交易所调解的当事人，应当提出书面调解申请。经调解达成协议后，交易所制作调解书，经双方当事人签收后生效。

第九十条 当事人也可以依法向仲裁机构申请仲裁或者向人民法院

提起诉讼。

第九十一条 会员与交易所发生争议，可以依照与交易所签订的协议约定申请仲裁或者向人民法院提起诉讼。

第十二章　附则

第九十二条 交易所可以根据本规则制定实施细则或者办法。

第九十三条 本规则由交易所董事会负责解释。

第九十四条 本规则的制定和修改须经交易所股东大会通过，报中国证监会批准。

第九十五条 本规则自 2007 年 6 月 27 日起施行。

附录3

中国金融期货交易所违规违约处理办法

第一章　总则

第一条　为依法对期货市场进行管理，规范期货交易行为，保障期货市场参与者的合法权益，根据《期货交易管理条例》、《期货交易所管理办法》、《中国金融期货交易所章程》和《中国金融期货交易所交易规则》等有关规定，制定本办法。

第二条　中国金融期货交易所（以下简称交易所）对参与期货交易的会员、客户、期货保证金存管银行及期货市场其他参与者违规违约行为的调查、认定和处理适用本办法。

第三条　交易所根据公平、公正的原则，以事实为依据，依照国家法律、行政法规、规章和本办法，对期货市场的违规行为和违约行为进行调查、认定和处理。

违规行为涉嫌犯罪的，移交司法机关处理。

第四条　交易所调查、认定和处理违规行为和违约行为，应当做到事实清楚、证据确凿、程序规范、适用规定准确、处理决定适当。

第二章　稽查与立案、调查

第五条　稽查是指交易所根据其各项规章制度，对会员、客户、保证金存管银行及期货市场其他参与者的业务活动进行的监督和检查。

稽查包括日常稽查和专项稽查。

第六条　交易所履行监管职责时，可以行使下列职权：

（一）查阅、复制与期货交易有关的信息、资料；

（二）对会员、客户、保证金存管银行等单位和人员进行调查、取证；

（三）要求会员、客户、保证金存管银行等被调查者申报、陈述、解释、说明有关情况；

（四）制止、纠正、处理违规违约行为；

（五）交易所履行监管职责所必需的其他职权。

第七条　会员、客户、保证金存管银行及期货市场其他参与者应当接受交易所的监督检查，配合交易所履行监管职责，如实提供交易所要求提供的文件和资料。

第八条　交易所受理书面或者口头投诉、举报。受理口头投诉、举报应当制作笔录或者录音。

第九条　投诉、举报人应当身份真实、明确；除法律、行政法规和规章另有规定外，交易所应当为投诉人、举报人保密。

第十条　对日常稽查和专项稽查工作中发现的、投诉举报的、监管部门和司法机关等单位移交的或者通过其他途径获得的线索进行审查后，认为有违规行为发生的，交易所应当予以立案调查。

第十一条　对已立案的期货违规案件，交易所指定专人负责调查。

第十二条　调查取证应当由两名以上调查人员参加，并出示合法证件或者交易所的证明文件。

第十三条　调查人员认为自己与本案有利害关系或者存在其他可能影响案件公正处理情形的，应当申请回避。

被调查人员认为调查人员与本案有关、可能影响公正办案的，有权申请有关人员回避。

交易所认为调查人员应当回避的，指令其回避。

第十四条　证据包括书证、物证、视听资料、电子记录、证人证言、当事人陈述、调查笔录、鉴定结论等能够证明案件真相的一切材料。法律法规另有规定的，依照法律法规执行。

证据应当调查核实方能作为定案的根据。

第十五条　询问被调查人应当制作调查笔录。调查笔录应当交被调查人核对，核对无误后由被调查人和调查人员签名。被调查人拒绝签名的，调查人员应当注明原因。

书证、物证的提取应当制作提取笔录，注明提取的时间和地点，并由被调查人签名。被调查人拒绝或者无法签名的，由见证人签名。

视听资料、电子记录的收集应当注明收集或者制作的时间、地点、方式、使用的设备及保存的条件，并由被调查人或者见证人签名。

调查取证时需要复制原件的，应当注明原件的保存单位（或者个人）和出处，由原件保存单位（或者个人）签注"与原件核对无误"，并由其盖章或者签名。

鉴定结论应当由中国证监会或者交易所认可的鉴定单位做出，并由鉴定单位和鉴定人签字盖章。

第十六条　会员、客户和期货保证金存管银行涉嫌违规，经交易所立案调查的，在确认违规行为之前，为防止违规后果进一步扩大，保障处理决定的执行，交易所可以对被调查人采取下列限制性措施：

（一）限期说明情况；

（二）暂停登录新的客户编码；

（三）限制入金；

（四）限制出金；

（五）限制开仓；

（六）降低持仓限额；

（七）提高保证金标准；

（八）限期平仓；

（九）强行平仓。

采取前款第（一）至（六）项限制性措施，可以由交易所总经理决定；其他限制性措施由交易所董事会决定，并及时报告中国证监会。

第十七条　交易所调查人员在稽查、立案调查过程中，应当严格遵守保密制度，不得滥用职权。

违反前款规定的，交易所根据不同情节对其给予相应的处分。

第三章 违规违约处理

第十八条 会员具有下列违反会员管理规定情形之一的，责令改正，并根据情节轻重给予谈话提醒、书面警示、通报批评、公开谴责、限制开仓、强行平仓、取消会员资格的处罚：

（一）以欺骗手段获取会员资格或者在资格变更中具有违规情形；

（二）有重大变更事项或者会员经营状况和财务状况发生重大变化，未按照规定的期限和要求向交易所书面报告，或者未按照规定的期限和要求向交易所报送财务报表等有关材料；

（三）任用不具备资格的期货从业人员；

（四）违反交易所会员联系人制度规定；

（五）不按照规定缴纳各种费用、不履行会员义务；

（六）拒不配合交易所稽查；

（七）违反交易所会员管理规定的其他情形。

第十九条 会员或者客户具有下列违反交易管理规定情形之一的，责令改正，并根据情节轻重给予谈话提醒、书面警示、通报批评、公开谴责、限制开仓、强行平仓、取消会员资格、宣布为市场禁止进入者的处罚：

（一）接受不符合规定条件的单位或者个人委托；

（二）违规办理开户手续；

（三）违反交易编码管理规定；

（四）违反交易所席位管理规定；

（五）窃取商业秘密或者破坏交易所系统；

（六）违反交易所交易管理规定的其他情形。

上述违规行为同时构成违约的，应当按照相关协议中关于违约责任条款的约定，向交易所支付惩罚性违约金。没有违规所得或者违规所得不满 10 万元的，支付 50 万元以下惩罚性违约金；违规所得 10 万元以上的，支付违规所得 1 倍以上 5 倍以下惩罚性违约金。

会员有本条所列行为的，交易所可以给予责任人暂停从事交易所期货业务的处罚；情节严重的，取消其从事交易所期货业务的资格。

第二十条　会员具有下列欺诈客户行为之一的，责令改正，并根据情节轻重给予谈话提醒、书面警示、通报批评、公开谴责、限制开仓、强行平仓、取消会员资格、宣布为市场禁止进入者的处罚：

（一）向客户做获利保证或者不按照规定向客户出示风险说明书；

（二）在经纪业务中与客户约定分享利益、共担风险；

（三）不按照规定接受客户委托或者不按照客户委托内容擅自进行期货交易；

（四）隐瞒重要事项或者使用其他不正当手段，诱骗客户发出交易指令；

（五）向客户提供虚假成交回报；

（六）未将客户交易指令下达到交易所；

（七）交易所规定的其他欺诈客户的行为。

上述违规行为同时构成违约的，依照本办法第十九条第二款的规定处理。

会员有本条所列行为的，对责任人依照本办法第十九条第三款的规定处理。

第二十一条　全面结算会员、特别结算会员有下列行为之一的，责令改正，并根据情节轻重给予谈话提醒、书面警示、通报批评、公开谴责、限制开仓、强行平仓、取消会员资格、宣布为市场禁止进入者的处罚：

（一）不按照规定接受交易会员委托或者不按照交易会员委托内容擅自进行期货交易；

（二）未将交易会员的交易指令下达到期货交易所；

（三）向交易会员提供虚假成交回报；

（四）违反交易所交易管理规定的其他行为。

上述违规行为同时构成违约的，依照本办法第十九条第二款的规定处理。

全面结算会员、特别结算会员有本条所列行为的，对责任人依照本办法第十九条第三款的规定处理。

第二十二条 会员或者客户有下列影响期货交易价格行为之一的，责令改正，并根据情节轻重给予书面警示、通报批评、公开谴责、限制开仓、强行平仓、取消会员资格、宣布为市场禁止进入者的处罚：

（一）单独或者合谋，集中资金优势、持仓优势或者利用信息优势联合或者连续买卖合约，操纵期货交易价格；

（二）蓄意串通，按照事先约定的时间、价格和方式相互进行期货交易，影响期货交易价格或者期货交易量；

（三）以自己为交易对象，自买自卖，影响期货交易价格或者期货交易量；

（四）为影响期货市场行情囤积相关现货；

（五）不以成交为目的或者明知申报的指令不能成交，仍恶意或者连续输入交易指令企图影响期货价格，扰乱市场秩序、转移资金或者进行利益输送；

（六）利用内幕信息或者国家秘密进行期货交易或者泄露内幕信息影响期货交易；

（七）通过其他方式影响期货交易价格的行为。

上述违规行为同时构成违约的，依照本办法第十九条第二款的规定处理。

会员有本条所列行为的，对责任人依照本办法第十九条第三款的规定处理。

第二十三条 会员或者客户在进行套期保值额度申请和交易时，有欺诈或者违反交易所规定行为的，交易所有权不受理套期保值申请或者取消已批准的套期保值额度，并视情节轻重，给予谈话提醒、书面警示、通报批评、取消会员资格、宣布为市场禁止进入者的处罚；对已使用套期保值额度建仓的会员或者客户，交易所还有权采取强行平仓，并依照本办法第十九条第二款的规定处理。

第二十四条 会员具有下列违反结算管理规定行为之一的，责令改正，并根据情节轻重给予谈话提醒、书面警示、通报批评、公开谴责、限制开仓、强行平仓、取消会员资格、宣布为市场禁止进入者的处罚：

（一）未将自有资金与客户资金分户存放；

（二）未对客户保证金实行分账管理；

（三）无正当理由拖延客户出入金；

（四）向客户收取的交易保证金低于规定标准；

（五）允许客户在保证金不足时开仓交易；

（六）挪用或者擅自允许他人挪用客户资金或者套用不同账户资金；

（七）任用不具备期货从业人员资格的员工办理结算交割业务；

（八）未按照规定向客户提供有关成交结果、资金结算报表；

（九）未按照规定设立结算部门；

（十）未实行当日无负债结算制度；

（十一）违反期货保证金安全存管监控机构有关规定；

（十二）未按照规定提取、管理和使用风险准备金；

（十三）伪造、涂改或者未按照规定保存期货交易、结算、交割资料；

（十四）违反交易所结算管理规定的其他行为。

上述违规行为同时构成违约的，依照本办法第十九条第二款的规定处理。

会员有本条所列行为的，对责任人依照本办法第十九条第三款的规定处理。

第二十五条 结算会员具有下列违反结算管理规定行为之一的，责令改正，并根据情节轻重给予谈话提醒、书面警示、通报批评、公开谴责、限制开仓、强行平仓、取消会员资格、宣布为市场禁止进入者的处罚：

（一）未按时足额缴纳保证金；

（二）交易结算会员私下为交易会员进行结算；

（三）未按照规定向交易所足额缴纳结算担保金；

（四）任用不具备结算交割员资格的人员办理结算交割员业务；

（五）结算交割员未按照规定办理结算交割员业务的。

上述违规行为同时构成违约的，依照本办法第十九条第二款的规定处理。

结算会员有本条所列行为的，对责任人依照本办法第十九条第三款的规定处理。

第二十六条 全面结算会员、特别结算会员受托为交易会员结算，具有下列违反结算管理规定行为之一的，责令改正，并根据情节轻重给予谈话提醒、书面警示、通报批评、公开谴责、限制开仓、强行平仓、取消会员资格、宣布为市场禁止进入者的处罚：

（一）违反规定受托为不符合规定条件的交易会员进行结算；

（二）未与交易会员签订委托结算协议，或者未将委托结算协议向交易所报备，自行为交易会员进行结算的；

（三）未对交易会员保证金实行分账管理；

（四）允许交易会员在保证金不足的情况下进行开仓交易；

（五）向交易会员收取的最低结算准备金低于交易所规定标准；

（六）向交易会员收取的保证金低于交易所保证金标准的；

（七）挪用交易会员保证金，或者违规划转交易会员保证金的；

（八）未对交易会员执行当日无负债结算的；

（九）向交易会员收取结算担保金的；

（十）在协议有效期间，擅自终止为交易会员结算的；

（十一）违反中国证监会和交易所规定的其他行为。

上述违规行为同时构成违约的，依照本办法第十九条第二款的规定处理。

全面结算会员、特别结算会员有本条所列行为的，对责任人依照本办法第十九条第三款的规定处理。

第二十七条 结算交割员具有下列行为之一的，给予谈话提醒、书面警示、通报批评处罚；情节严重的，给予暂停结算交割员资格或者取消结算交割员资格的处罚：

（一）采取虚假、欺骗和不正当手段骗取结算交割员资格；

（二）伪造、涂改、借用结算交割员证件；

（三）未按照规定办理结算交割员业务。

第二十八条 期货保证金存管银行未履行法定或者约定义务的，责令改正，交易所对其处以谈话提醒、书面警示、通报批评、公开谴责、暂停或者终止交易所期货保证金存管业务的处罚。

期货保证金存管银行的违规行为同时构成违约的，依照本办法第十九条第二款的规定处理。

第二十九条 会员或者客户具有下列违反风险控制管理规定行为之一的，责令改正，并根据情节轻重给予谈话提醒、书面警示、通报批评、公开谴责、限制开仓、强行平仓、取消会员资格、宣布为市场禁止进入者的处罚：

（一）利用分仓等手段，规避交易所的持仓限制，超量持仓；

（二）未按照大户持仓报告制度及时向交易所履行申报义务，或者作虚假报告、隐瞒不报；

（三）会员未按照规定采取强行平仓措施；

（四）违反风险警示制度有关要求；

（五）违反交易所风险控制制度的其他行为。

上述违规行为同时构成违约的，依照本办法第十九条第二款的规定处理。

会员有本条所列行为的，对责任人依照本办法第十九条第三款的规定处理。

第三十条 会员、客户、信息服务机构、期货保证金存管银行及期货市场其他参与者具有下列违反信息管理办法规定行为之一的，责令改正，并根据情节轻重给予谈话提醒、书面警示、通报批评、公开谴责、强行平仓、限制开仓、取消会员资格、宣布为市场禁止进入者的处罚：

（一）会员未将交易所发布的即时行情和公告信息等市场信息及时

在营业场所公布；

（二）未经交易所授权，擅自发布、传输和传播交易所信息；

（三）未经交易所授权，将交易信息出售或者转让他人，或者以任何方式再转接到其他地方；

（四）未经交易所授权，向其他机构传输交易信息，供其进行再传播或者增值开发；

（五）未经交易所授权，将交易信息用于信息经营协议载明用途之外；

（六）未经交易所授权，擅自对交易信息进行增值开发或者未履行约定的增值开发成果备案义务；

（七）发现传输或者传播的交易信息内容有错误，未按照规定处理；

（八）不履行保密义务，擅自公开不宜公开的信息；

（九）故意制造、散布虚假或者误导性信息；

（十）违反交易所信息管理办法规定的其他行为。

上述违规行为构成违约行为的，依照本办法第十九条第二款的规定处理。

有本条所列行为的，对责任人依照本办法第十九条第三款的规定处理。

第三十一条 会员、客户、期货保证金存管银行及期货市场其他参与者违反本办法规定，有下列行为之一的，责令改正，给予谈话提醒、书面警示、通报批评、限制开仓、取消会员资格、宣布为市场禁止进入者的处罚：

（一）故意规避或者拒绝、阻挠交易所依法对期货交易相关行为进行监督检查；

（二）进行虚假性、误导性或者遗漏重要事实的申报、陈述、解释或者说明；

（三）提供虚假的文件、资料或者信息。

第三十二条 被交易所宣布为市场禁止进入者的，自宣布生效之日起 20 个交易日内了结持仓、交易业务和相关债权债务。

被中国证监会或者其他期货交易所宣布为市场禁止进入者的，在市场禁止进入期限内不得从事本交易所的期货业务。

第三十三条　交易所工作人员违反有关规定的，按照法律、行政法规、规章和交易所内部规章制度处理。

第三十四条　有多种违规行为的，分别定性，数罚并用，多次违规的，从重或者加重处罚。

第四章　裁决与执行

第三十五条　交易所对违规行为调查核实后，事实清楚、证据确凿的，依照交易所章程、交易规则及本办法规定予以裁决。

第三十六条　交易所做出裁决，应当制作处理决定书。处理决定书应当包括下列内容：

（一）当事人的姓名或者名称、住所；

（二）违规事实和证据；

（三）处理或者处罚的种类和依据；

（四）处理或者处罚决定的履行方式和期限；

（五）申请复议的途径和期限；

（六）做出处理决定的日期。

第三十七条　处理决定书应当送达当事人，并同时分送有关协助执行部门。处理决定书可以邮寄送达，邮件寄出后，市内 3 日、市外 7 日视为送达；当事人非会员的，可以由会员送达。

按照中国证监会的规定需要抄报违规处理情况的，同时抄报中国证监会。

第三十八条　处理决定书自送达之日起生效。

当事人对处理决定书不服的，可以于处理决定书生效之日起 10 日内向交易所书面申请复议一次，复议期间不停止决定的执行。

第三十九条　交易所应当于收到复议申请书之日起 30 日内做出复

议决定，复议决定为终局决定。

第四十条 处理决定中包括惩罚性违约金的，当事人应当在处理决定书生效之日起5日内将惩罚性违约金如数缴纳至交易所指定的银行账户。逾期不缴付的，当事人是结算会员的，交易所从结算会员专用资金账户中划付。当事人不是结算会员的，有关结算会员应当协助交易所划拨其在该结算会员处的资金。

对会员工作人员的惩罚性违约金，由会员代缴。

第五章 纠纷调解

第四十一条 会员、客户、期货保证金存管银行及期货市场其他参与者之间发生期货交易纠纷的，可以自行协商解决，也可以提请交易所调解。

第四十二条 交易所的调解机构是交易所董事会下设的调解委员会，其常设办事机构设在交易所监查部门。

第四十三条 调解应当在事实清楚、责任明确的基础上依据国家有关期货交易的法律、行政法规、规章和交易所的规章制度进行。

第四十四条 当事人向调解委员会提出调解申请，应当从其知道或者应当知道其合法权益被侵害之日起30日内提出。

第四十五条 当事人申请调解应当符合下列条件：

（一）有调解申请书；

（二）有具体的事实、理由和请求；

（三）属于调解委员会的受理范围。

第四十六条 当事人向调解委员会申请调解，应当提交书面申请和有关材料。

调解申请书应当写明下列事项：

（一）当事人的姓名、性别、年龄、职业、工作单位和住所，或者单位名称、住所和法定代表人或者负责人的姓名、职务；

（二）请求调解的事实、理由及要求；

（三）有关证据。

第四十七条　当事人根据有关规定负有举证的责任。调解委员会认为必要时，可以调查收集证据。

第四十八条　调解委员会应当在查明事实，分清是非和当事人自愿的基础上调解，促使当事人相互谅解，达成协议。

第四十九条　经调解达成的协议应当记录在案，并制作调解书，由双方当事人签收后生效。

第五十条　调解书应当写明下列内容：

（一）双方当事人的名称、住所、法定代表人或者负责人的姓名及职务；

（二）争议的事项和请求；

（三）协议结果。

第五十一条　调解委员会应当在受理调解后 30 日内结案；到期未结案的，调解委员会应当向当事人说明理由。双方当事人要求继续调解的，调解委员会应当继续调解。一方要求终止调解的，应当终止调解。

第五十二条　调解不成的，当事人可以依法提请仲裁机构仲裁或者向人民法院提起诉讼。

第六章　附则

第五十三条　本办法未作规定的违规行为处理，适用交易所其他相关规则的规定。

第五十四条　本办法所称"以上"、"以下"均含本数。

第五十五条　本办法由交易所负责解释。

第五十六条　本办法自 2007 年 6 月 27 日起实施。

附录 4

中国金融期货交易所结算细则

第一章 总则

第一条 为规范期货结算行为，保护期货交易当事人的合法权益和社会公共利益，防范和化解期货市场风险，保障中国金融期货交易所（以下简称交易所）期货结算的正常进行，根据《中国金融期货交易所交易规则》，制定本细则。

第二条 结算业务是指交易所根据交易结果、公布的结算价格和交易所有关规定对交易双方的交易保证金、盈亏、手续费及其它有关款项进行资金清算和划转的业务活动。

第三条 交易所的结算实行保证金制度、当日无负债结算制度、结算担保金制度和风险准备金制度等。

第四条 交易所实行会员分级结算制度。交易所对结算会员结算，结算会员对其受托的客户、交易会员结算，交易会员对其受托的客户结算。

第五条 交易所、会员、客户、期货保证金存管银行应当遵守本细则。

第二章 结算机构

第六条 结算机构是指交易所内设置的结算部和会员的结算部门。

交易所结算部负责交易所期货交易的统一结算、保证金管理、结算担保金管理、风险准备金管理及结算风险的防范。

第七条 交易所结算部的主要职责为：

（一）登录编制结算会员的结算账表；

（二）办理资金往来汇划业务；

（三）统计、登记和报告交易结算情况；

（四）处理会员交易中的账款纠纷；

（五）办理结算、交割业务；

（六）管理保证金、结算担保金、风险准备金；

（七）控制结算风险；

（八）监督期货保证金存管银行与交易所的期货结算业务；

（九）法律、行政法规、规章和交易所规定的其他职责。

第八条 会员应当设立结算部门。

第九条 在交易所成交的期货合约均应当通过交易所结算部进行结算。

第十条 交易所实行会员分级结算制度。交易所结算部负责交易所与结算会员之间的结算工作；结算会员的结算部门负责该结算会员与交易所、客户、交易会员之间的结算工作；交易会员的结算部门负责该交易会员和结算会员、客户之间的结算工作。

第十一条 交易所有权检查会员的结算资料、财务报表及相关的凭证和账册。

第十二条 会员结算部门应当妥善保管结算资料、财务报表及相关凭证、账册，以备查询和核实。

第十三条 结算交割员是指经结算会员单位授权，代表结算会员办理结算和交割业务的人员。每一结算会员应当指派两名以上（含两名）的结算交割员。

结算交割员应当符合中国证券监督管理委员会（以下简称中国证监会）关于期货从业人员资格的有关规定，经交易所培训合格，取得《中国金融期货交易所结算交割员培训合格证书》，并经所属结算会员授权后取得《中国金融期货交易所结算交割员证》（以下简称《结算交割员证》）。

第十四条 结算交割员应当履行下列职责：

（一）办理结算会员出入金业务；

（二）获取交易所提供的结算数据，并及时进行核对；

（三）办理其他结算、交割业务。

第十五条 结算交割员在交易所办理结算与交割业务时，应当出示《结算交割员证》，否则交易所不予办理。

第十六条 《结算交割员证》仅限本人使用，不得伪造、涂改、借用。结算会员在其结算交割员发生变动时，应当及时到交易所办理相关手续。

第十七条 结算机构及其工作人员应当保守交易所和会员的商业秘密。

第三章　期货保证金存管银行

第十八条 期货保证金存管银行是与交易所签订协议，协助交易所办理期货交易结算业务的银行。

第十九条 期货保证金存管银行享有下列权利：

（一）开设交易所专用结算账户和会员期货保证金账户；

（二）存放用于期货交易的保证金等相关款项；

（三）了解会员在交易所的资信情况；

（四）法律、行政法规、规章和交易所规定的其他权利。

第二十条 期货保证金存管银行应当履行下列义务：

（一）根据交易所提供的票据或者指令优先划转结算会员的资金；

（二）及时向交易所通报会员在资金结算方面的不良行为和风险；

（三）保守交易所和会员的商业秘密；

（四）在交易所出现重大风险时，协助交易所化解风险；

（五）向交易所提供会员期货保证金账户的资金情况；

（六）根据交易所的要求，协助交易所核查会员资金的来源和去向；

（七）根据中国证监会或者交易所的要求，对会员期货保证金账户中的资金采取必要的监管措施；

（八）根据交易所交易规则及其实施细则开展业务；

（九）法律、行政法规、规章和交易所规定的其他义务。

第四章　日常结算

第二十一条　交易所在期货保证金存管银行开设专用结算账户，用于存放结算会员的保证金及相关款项。

第二十二条　结算会员应当在期货保证金存管银行开设期货保证金账户，用于存放保证金及相关款项。

第二十三条　结算会员在交易所所在地的期货保证金存管银行开设的期货保证金账户称为专用资金账户。

交易所与结算会员之间期货业务资金的往来通过交易所专用结算账户和结算会员专用资金账户办理。

第二十四条　交易所对结算会员存入交易所专用结算账户的保证金实行分账管理，为各结算会员设立明细账户，按日序时登记核算每一结算会员出入金、盈亏、交易保证金、手续费等。

第二十五条　结算会员对客户、交易会员存入结算会员保证金账户的保证金实行分账管理，为每一客户、交易会员设立明细账户，按日序时登记核算出入金、盈亏、交易保证金、手续费等。

第二十六条　交易会员只能委托一家特别结算会员或者全面结算会员为其进行结算。

第二十七条　交易所实行结算担保金制度。结算担保金是指由结算会员依交易所规定缴纳的，用于应对结算会员违约风险的共同担保资金。

第二十八条　交易所在银行开立结算担保金专用账户，对结算会员缴纳的结算担保金进行专户管理。

结算会员应当在交易所指定的银行开立结算担保金专用账户，用于与交易所结算担保金专用账户之间进行结算担保金缴纳、调整的资金划转。结算担保金的缴纳、调整的标准按照《中国金融期货交易所风险控制管理办法》及其他相关规定执行。

第二十九条 交易所在结算担保金专用账户下为每一结算会员设立明细账户，并按照中国证监会和交易所有关规定进行管理，所得收入在扣除必要费用和税费后依照相关规定返还结算会员。交易所按照季度核算每一结算会员的结算担保金变化。

第三十条 交易所、结算会员应当按照有关规定和期货保证金存管银行签订期货保证金存管协议。

交易所有权在不通知结算会员的情况下通过期货保证金存管银行从结算会员专用资金账户中收取各项应收款项，并且有权随时查询该账户的资金情况。

第三十一条 结算会员开立、更名、更换或者注销专用资金账户，应当凭交易所签发的专用通知书到期货保证金存管银行办理。

第三十二条 交易所实行保证金制度。保证金分为结算准备金和交易保证金。

第三十三条 结算准备金是指结算会员在交易所专用结算账户中预先准备的资金，是未被合约占用的保证金。

第三十四条 结算会员的结算准备金最低余额标准为人民币 200 万元，应当以自有资金缴纳。交易所有权根据市场情况调整结算会员结算准备金最低余额标准。

第三十五条 交易所根据结算会员每日结算准备金余额中的货币资金部分，以不高于交易所与银行协商确定的利率标准计算利息，在每年的 3 月下旬、6 月下旬、9 月下旬、12 月下旬将利息划入结算会员专用资金账户或者转入结算会员结算准备金。

第三十六条 交易保证金是指结算会员存入交易所专用结算账户中确保履约的资金，是已被合约占用的保证金。当买卖双方成交后，交易所按照保证金标准向双方收取交易保证金。

交易所按照买入和卖出的持仓量分别收取交易保证金。

第三十七条　交易保证金的收取标准按照《中国金融期货交易所风险控制管理办法》的有关规定执行。

第三十八条　结算会员向客户、交易会员收取交易保证金的标准不得低于交易所向结算会员收取交易保证金的标准。交易会员向客户收取交易保证金的标准不得低于结算会员向交易会员收取交易保证金的标准。

第三十九条　交易所实行当日无负债结算制度。

当日交易结束后，交易所按照当日结算价对结算会员结算所有合约的盈亏、交易保证金及手续费、税金等费用，对应收应付的款项实行净额一次划转，相应增加或者减少结算准备金。

结算会员在交易所结算完成后，按照前款原则对客户、交易会员进行结算；交易会员按照前款原则对客户进行结算。

第四十条　交易所根据当日成交合约按照规定标准计收结算会员的手续费。股指期货的手续费标准为成交金额的万分之零点五。

交易所有权对手续费标准进行调整。

第四十一条　当日结算价是指某一期货合约最后一小时成交价格按照成交量的加权平均价。

合约最后一小时无成交的，以前一小时成交价格按照成交量的加权平均价作为当日结算价。该时段仍无成交的，则再往前推一小时。以此类推。合约当日最后一笔成交距开盘时间不足一小时的，则取全天成交量的加权平均价作为当日结算价。

合约当日无成交的，当日结算价计算公式为：当日结算价＝该合约上一交易日结算价＋基准合约当日结算价－基准合约上一交易日结算价，其中，基准合约为当日有成交的离交割月最近的合约。合约为新上市合约的，取其挂盘基准价为上一交易日结算价。基准合约为当日交割合约的，取其交割结算价为基准合约当日结算价。根据本公式计算出的当日结算价超出合约涨跌停板价格的，取涨跌停板价格作为当日结算价。

采用上述方法仍无法确定当日结算价或者计算出的结算价明显不合理的，交易所有权决定当日结算价。

第四十二条 期货合约以当日结算价作为计算当日盈亏的依据。具体计算公式如下：

当日盈亏 = ∑［（卖出成交价 – 当日结算价）×卖出量×合约乘数］+ ∑［（当日结算价 – 买入成交价）×买入量×合约乘数］+（上一交易日结算价 – 当日结算价）×（上一交易日卖出持仓量 – 上一交易日买入持仓量）×合约乘数

第四十三条 当日盈亏在当日结算时进行划转，盈利划入结算会员结算准备金，亏损从结算会员结算准备金中扣划。

当日结算时，结算会员账户中的交易保证金超过上一交易日结算时的交易保证金部分从结算准备金中扣划，交易保证金低于上一交易日结算时的交易保证金部分划入结算准备金。

手续费、税金等各项费用从结算准备金中扣划。

第四十四条 结算准备金余额的具体计算公式如下：

当日结算准备金余额 = 上一交易日结算准备金余额 + 上一交易日交易保证金 – 当日交易保证金 + 当日盈亏 + 入金 – 出金 – 手续费等。

第四十五条 结算完毕后，结算会员的结算准备金余额低于最低余额标准时，该结算结果即视为交易所向结算会员发出的追加保证金通知，两者的差额即为追加保证金金额。

交易所发出追加保证金通知后，可以通过期货保证金存管银行从结算会员专用资金账户中扣划。若未能全额扣款成功，结算会员应当在下一交易日开市前补足至结算准备金最低余额。未能补足的，如结算准备金余额小于结算准备金最低余额，不得开仓；如结算准备金余额小于零，交易所按照《中国金融期货交易所风险控制管理办法》的规定进行处理。

第四十六条 交易所可以根据市场风险状况，在交易过程中向风险较大的结算会员发出追加保证金的通知，并可以通过期货保证金存管银行从结算会员专用资金账户中扣划。若未能全额扣款成功，结算会员应当按照交易所的要求在规定时间内补足保证金。结算会员未能按时补足的，交易所有权对其采取限制开仓、强行平仓等风险控制措施。

第四十七条　交易所本着安全、准确、快捷的原则为结算会员办理出入金业务。

入金是指从结算会员专用资金账户向交易所专用结算账户划入资金的行为；出金是指从交易所专用结算账户向结算会员专用资金账户划出资金的行为。

（一）入金

1. 票据支付。结算会员可以用专用资金账户开出的支票、本票和贷记凭证入金。结算会员用此类方式划入的资金，经期货保证金存管银行确认到账后，交易所将增加结算会员在交易所内的结算准备金。

2. 银行扣划。结算会员可以在每个交易日交易结束之前向交易所提出书面或者电子划款申请，经期货保证金存管银行确认到账后，交易所将增加结算会员在交易所内的结算准备金。

（二）出金

结算会员可以在每日交易结束之前向交易所提出书面或者电子划款申请，经交易所审核后通知期货保证金存管银行于当日收市后在结算会员的专用资金账户和交易所专用结算账户之间进行划转。

第四十八条　结算会员出金应当符合交易所规定。结算会员的出金标准为：

可出金额 = 实有货币资金 − 交易保证金 − 结算准备金最低余额

交易所可以根据市场风险状况对结算会员出金标准做适当调整。

第四十九条　有下列情形之一的结算会员、交易会员和客户，交易所可以限制结算会员出金：

（一）涉嫌重大违规，经交易所立案调查的；

（二）因投诉、举报、交易纠纷等被司法部门、交易所或者其他有关部门正式立案调查，且正处在调查期间的；

（三）交易所认为市场出现重大风险时；

（四）交易所认为必要的其他情形。

第五十条　当日结算完成后，结算会员应当通过交易所系统获得相关的结算数据。

第五十一条　因特殊情况造成交易所不能按时提供结算数据的，交易所另行通知提供结算数据的时间和方式。

第五十二条　结算会员每天应当及时取得交易所提供的结算数据，做好核对工作，并妥善保存，该数据应当至少保存 20 年，但对期货交易有争议的，应当保存至该争议消除时为止。

第五十三条　结算会员对结算数据有异议的，应当在不迟于下一交易日开市前 30 分钟以书面形式通知交易所。情况特殊的，结算会员可以在下一交易日开市后 2 小时内以书面形式通知交易所。

结算会员未在前款规定时间内对结算数据提出书面异议的，视为认可结算数据的正确性。

第五十四条　交易所在每月的第一个交易日向结算会员提供上月的《中国金融期货交易所资金结算核对单》（加盖结算专用章），在每季的第一个交易日向结算会员提供上季的《中国金融期货交易所结算担保金核对单》（加盖结算专用章），作为结算会员核查的依据。

第五章　交易会员更换结算会员

第五十五条　会员出现下列情形之一的，交易所可以为交易会员办理更换结算会员手续：

（一）结算协议期满后，结算会员与交易会员不再续约；

（二）结算协议履行期间，结算会员与交易会员同意提前终止结算协议；

（三）全面结算会员或者特别结算会员因故不能为交易会员进行结算；

（四）交易所认定的其他情形。

第五十六条　发生第五十五条第（一）项情形的，交易会员和移入结算会员应当在交易会员和移出结算会员的结算协议期满前 30 日之前向交易所提交下列材料：

（一）《交易会员更换结算会员申请书》；

（二）交易会员和移入结算会员签订的结算协议；

（三）交易所规定的其他材料。

发生第五十五条第（二）、（三）、（四）项情形的，交易会员和移入结算会员除提交前款规定材料外，还应当提交交易会员与移出结算会员结算协议的终止协议。

第五十七条　交易所对申请材料进行审批。交易所批准后，通知交易会员、移出结算会员、移入结算会员变更结算关系的约定日期。

第五十八条　交易所在约定日结算后为交易会员、结算会员办理变更结算关系，将交易会员的持仓及相应的交易保证金从移出结算会员移至移入结算会员，并提供移转的持仓清单由交易会员、移出结算会员、移入结算会员确认。

第五十九条　会员应当核对移转的持仓清单，一经确认，不得更改。

第六十条　在约定日结算后，出现下列情形之一的，交易所可以暂停办理变更手续：

（一）市场出现重大风险时；

（二）交易所认定的其他情形。

第六十一条　交易所按照持仓移转的数量收取变更手续费。变更手续费标准为人民币 10 元/手，从移入结算会员的结算准备金中扣划。

交易所有权对变更手续费标准进行调整。

第六章　客户移仓

第六十二条　会员因故不能从事金融期货经纪业务或者发生合并、分立、破产时，由会员提出移仓申请并经交易所批准，或者中国证监会要求移仓的，交易所可以对该会员进行客户移仓。

第六十三条　会员提交的移仓申请材料应当包括移出会员及其客户、移入会员同意移仓的声明书及需要移转的客户持仓的详细清单。移入会员或者移出会员为交易会员的，还应当提交其委托结算的结算会员同意移仓的声明书。

第六十四条　移仓申请批准后，交易所通知会员约定移仓日。

第六十五条　交易所将在约定移仓日的当日结算完成后，为会员实施客户移仓，并提供移转的客户持仓清单由移入会员、移出会员确认。移入会员或者移出会员为交易会员的，还应当将移转的客户持仓清单提交给其委托结算的结算会员确认。

第六十六条　移仓内容包括客户的持仓及相应的交易保证金。

第六十七条　会员应当核对移转的客户持仓清单，一经确认，不得更改。

第七章　交割结算

第六十八条　期货交割采用现金交割或者实物交割方式。

现金交割是指合约到期时，按照交易所的规则和程序，交易双方按照交易所公布的交割结算价进行现金差价结算，了结到期未平仓合约的过程。

实物交割是指合约到期时，按照交易所的规则和程序，交易双方通过该合约所载标的物所有权的转移，了结到期未平仓合约的过程。

第六十九条　股指期货合约采用现金交割方式。

股指期货合约最后交易日收市后，交易所以交割结算价为基准，划付持仓双方的盈亏，了结所有未平仓合约。

第七十条　股指期货交割结算价为最后交易日标的指数最后2小时的算术平均价。交易所有权根据市场情况对股指期货的交割结算价进行调整。

第七十一条　股指期货的交割手续费标准为交割金额的万分之零点五，交易所有权对交割手续费标准进行调整。

第八章　风险与责任

第七十二条　结算会员对其在交易所成交的合约负有承担风险的责任。

第七十三条　风险管理实行分级负责。交易所对结算会员进行风险管理，结算会员对与其签订结算协议的交易会员进行风险管理，会员对其受托的客户进行风险管理。

第七十四条　结算会员无法履约时，交易所有权按照规定依次采取下列保障措施：

（一）暂停开仓；

（二）强行平仓，并用平仓后释放的保证金履约赔偿；

（三）动用该违约结算会员缴纳的结算担保金；

（四）动用其他结算会员缴纳的结算担保金；

（五）动用交易所风险准备金；

（六）动用交易所自有资金。

交易所代为履约后，由此取得对违约会员的相应追偿权。

第七十五条　交易所实行风险准备金制度。风险准备金是指由交易所设立，用于为维护期货市场正常运转提供财务担保和弥补因交易所不可预见风险带来亏损的资金。

第七十六条　风险准备金的来源：

（一）交易所按照手续费收入的 20% 的比例，从管理费用中提取；

（二）符合国家财政政策规定的其他收入。

当风险准备金达到一定规模时，经中国证监会批准后可以不再提取。

第七十七条　风险准备金应当单独核算，专户存储。

第七十八条　风险准备金的动用应当经交易所董事会批准，并报告中国证监会后，按照规定的用途和程序进行。

第九章 附则

第七十九条 违反本细则规定的，交易所按照本细则和《中国金融期货交易所违规违约处理办法》的有关规定处理。

第八十条 本细则由交易所负责解释。

第八十一条 本细则自 2007 年 6 月 27 日起实施。

参考文献

［1］陈信华：《金融衍生工具——定价原理、运作机制及实际运用》，上海财经大学出版社2004年版。

［2］张学东：《股价指数期货理论与实践研究》，中国社会科学出版社2005年版。

［3］叶永刚、黄河、王学群：《股票价格指数期货》，武汉大学出版社2004年版。

［4］杨丹：《股指期货投资》，暨南大学出版社2004年版。

［5］宋逢明：《金融工程原理：无套利均衡分析》，清华大学出版社1999年版。

［6］殷家祥：《股指期货投资与交易实务》，西南财经大学出版社2006年版。

［7］章晟、谭显荣：《股指期货实务》，湖北科学技术出版社2006年版。

［8］李子奈、潘文卿：《计量经济学（第二版）》，高等教育出版社2000年版。

［9］邢精平：《股指期货：方案设计与运作分析》，中国财政经济出版社2007年版。

［10］姜昌武：《股指期货投资攻略》，中国金融出版社2007年版。

［11］季冬生、魏建华、应展宇：《股指期货：中国金融市场品种》，中国时代经济出报社2002年版。

[12] 鲍建平：《股票指数期货：市场运作与投资策略》，海天出版社 2002 年版。

[13] 杨星：《股指期货》，广东经济出版社 2002 年版。

[14] 赵广辉：《股指期货：理论、实务与投资》，机械工业出版社 2002 年版。

[15] 赵曙东：《股指期货投资》，江苏人民出版社 2002 年版。

[16] 刘仲元：《股指期货教程》，上海远东出版社 2007 年版。

[17] 张鸿儒：《股指期货入门与实战》，地震出版社 2006 年版。

[18] 杨继：《股指期货投资指引》，武汉大学出报社 2007 年版。

[19] 易丹辉：《数据分析与 Eviews 应用》，中国统计出版社 2002 年版。

[20] 邹建中：《股指期货操作精解》，广东人民出版社 2007 年版。

[21] ［英］洛仑兹·格利茨：《金融工程学（修订版）》，经济科学出版社 1998 年版。

[22] 郭洪钧：《股指期货的定价问题》，《上海财经大学学报》2007 年第 6 期。

[23] 王芬、鄢方霞：《对我国股指期货定价的探析》，《时代经贸》2007 年第 3 期。

[24] 马忠强、葛成杰：《香港 H 股金融股指期货走势的实证研究》，国泰君安期货 2007 年 5 月 22 日。

[25] 吴育华、徐忠东：《股指期货定价方法研究》，《现代财经》2006 年第 6 期。

[26] 王鹏飞：《论股票指数期货的定价原理与模型》，《金融观察》2006 年第 3 期。

[27] 俞明南、杨德礼：《信息在九八港股港汇保卫战中的作用分析》，《大连理工大学学报（社会科学版）》1999 年第 6 期。

[28] 陈小明：《从巴林银行倒闭谈加强银行内控建设的重要性》，《安徽农村金融》2006 年第 7 期。

[29] 张雪莹：《股票现货市场与期货市场的联合监管问题初

探——基于 1987 年 10 月美国股市和期市暴跌的经验》,《上海金融》2007 年第 5 期。

［30］尚期：《美国股指期货市场发展特点及其借鉴意义》,《全球瞭望》2006 年第 7 期。

［31］罗国庆、王福玲：《全球股指期货合约设计比较及启示》,《价格月报》2007 年第 8 期。

［32］左浩苗：《韩国股指期货市场的发展经验及启示》,《财经论坛》2006 年第 8 期。

［33］王沛英：《香港股指期货市场的发展及其启示》,《决策参考》2004 年第 1 期。

［34］王沛英、王学军：《对香港股指期货市场的考察与分析》,《亚太经济》2004 年第 3 期。

［35］王聪轩、刘磊磊：《新华富时 A50 股指期货推出对国内市场的影响》,《财经论坛》2007 年第 6 期。

［36］刘超：《国外股指期货对我国的借鉴分析》,《商场现代化》2005 年第 24 期。

［37］余述胜：《国外股指期货交易风险控制措施分析及借鉴》,《武汉金融》2006 年第 11 期。

［38］张维、王平、熊熊：《印度股票市场与期货市场信息传递性研究》,《上海金融》2006 年第 9 期。

［39］王宝森：《股票指数期货的风险管理》,《证券广场》2004 年第 5 期。

［40］曹忠忠、吴光伟、赵广君：《我国开设股指期货需着重注意的几个问题》,财经市场。

［41］陈南旺、徐贞如：《论我国股指期货交易的风险与对策》,《价格月刊》2007 年第 5 期。

［42］吴云剑、熊适时：《开放金融条件下股指期货的风险管理研究》,《财经论坛》2007 年第 7 期。

［43］王怡德、刘芳：《我国开设股指期货的风险及其防范措施》,

《北京师范大学学报（社会科学版）》，2004 年第 4 期。

[44] 王雅玲：《对我国股指期货风险管理的思考》，《特区经济》2007 年第 5 期。

[45] 耿志明：《论中国股指期货市场的制度创新与风险控制》，《郑州大学学报》2005 年第 3 期。

[46] 王周伟：《从风险特性看中国股指期货市场的稳定机制建设》，《上海金融》2007 年第 8 期。

[47] 梁燕：《完善我国金融期货市场监管制度研究》，上海社会科学院。

[48] 《美国次贷危机与全球股市动荡中的股指期货——交易量暴增 风险管理功能显现》，海通证券。

[49] 张宗成、苏振华：《运用股指期货对证券的复合套期保值战略》，《华中科技大学学报（自然科学版）》第 32 卷第 1 期。

[50] 李强：《股指期货对股票市场影响的研究综述》，《金融论坛》2007 年第 4 期。

[51] 袁象、余思勤：《BVaR 方法在股指期货投资中的应用》，《数理统计与管理》2007 年第 7 期。

[52] 王宏伟：《股指期货理论与实证研究方法初探》，《金融与经济》2006 年第 3 期。

[53] 王晓琴、米红：《沪深 300 股指期货套期保值实证研究》，《学术论坛》2007 年第 7 期。

[54] 李旭东、郑颖：《股指期货推出后的投资机会与风险控制》，《商场现代化》2007 年第 2 期。

[55] 赵琨、张梅琳：《开放式基金与股指期货》，《财经论坛》2005 年第 5 期。

[56] 张广毅、杭敬、路正南：《基于 VAR 技术的香港恒生指数期货交易》，《财经论坛》2004 年第 5 期。

[57] 袁萍：《推出股指期货对我国股票市场基金风险管理的影响》，《金融改革》2007 年第 4 期。

［58］岳意定、肖赛君：《我国现阶段推行股指期货的研究》，《金融经济》2006 年第 7 期。

［59］杨帆、朱邦毅：《论股指期货引入对股票市场现货市场的联动影响》，《证券经纬》2007 年第 2 期。

［60］郭洪钧：《股票指数：期货价格与现货价格的领先—滞后关系》，《经济理论与经济管理》2007 年第 6 期。

［61］任燕燕：《股指期货与现货之间超前滞后关系的研究》，《山东大学学报》2006 年第 5 期。

［62］邱晓明：《股指期货推出对我国证券市场投资者投资策略影响分析》，《商场现代化》2006 年第 33 期。

［63］朱疆：《股指期货的市场功能及其对证券市场的探讨》，《四川工业学院学报》2002 年第 4 期。

［64］李华、程睛：《股指期货推出对股票市场波动性的影响研究——来自日本的实证分析》，《金融与经济》2006 年第 2 期。

［65］何丽君、梁钧：《股指期货对 A 股市场的影响及券商对策》，《经济理论与经济管理》2002 年第 3 期。

［66］何建：《股指期货交易增大中小投资者投资风险的应对策略》，《证券经纬》2006 年第 9 期。

［67］彭蕾、萧涛：《股指期货推出对股市波动性影响研究——来自日本的实证分析》，《云南财贸学院学报》2004 年第 5 期。

［68］洪芳：《股指期货推出对 A 股市场影响》，《金融论坛》2007 年第××期。

［69］肖辉、鲍建平、吴冲锋：《股指与股指期货价格发现过程研究》，《系统工程学报》第 21 卷第 4 期。

［70］彭艳、蒋瑛琨：《股指期货推出对 A 股市场的影响及投资策略》，国泰君安证券 2006 年 9 月 27 日。

［71］徐国祥、檀向球：《指数期货合约定价模型及其实证研究——对恒生指数期货合约定价的实证分析》，中国科技论文在线，http://www.paper.edu.cn。

［72］肖玉航：《论〈证券法〉修改对我国证券市场的影响》，ht-tp：//news1. jrj. com. cn/news，2005 年 11 月 3 日。

［73］赵锡军、陈启清： 《略论股票市场的卖空机制》，指数期货网。

［74］Cornell, B. & French, K. R. Taxes and the Pricing of Stock Index Futures. Journal of Finance, 1983, 38（3）：675—694.

［75］Blake, S. C. Financial Market Analysis. McGraw – Hill, New York. 1990.

［76］Figlewski, S. The Interaction between Derivative Securities on Financial Instruments and the Underlying Cash Markets：an Overview. Journal of Accounting, Auditing and Finance, 1987, 2（3）：299—318.

［77］Fink, R. E. & Feduniak, R. B. Futures Trading：Concepts and Strategies. New York Institute of Finance,（Simon and Schuster）, New York. 1988.

［78］Petzel, T. E. Financial Futures and Options：a Guide to Markets, Applications and Strategies. Quorum Books, New York. 1989.

［79］Silk, R. Hong Kong Index Futures Market. Asian Monetary Monitor, 1986, 10（4）：1—13.

［80］Solnik, b. International Investments. Addison-Wesley, Reading, Massachusetts. 1988.

［81］Stoll, H. R. Portfolio Trading. Journal of Portfolio Management, 1987, 14（4）：20—24.

［82］Stoll, H. R. , &Whaley, R. E. Stock Index Futures and Options：Economic Impact and Policy Issues. Journal of International Securities Markets, 1988, 2（spring）：3—18.

［83］Stoll, h. R. &Whaley, T. E. Futures and Options on Stock Indexes：Economic Purpose, Arbitrage, and Market Structure. Review of Futures Markets, 1988, 7（2）：224—248.

［84］Sutcliffe, Charles M. S. Stock Index Futures：Theories and International Evidence (2rd ed.) . International Thomson Business Press, 1997.

［85］Sultan, J. , Hogan, K. & Kroner, K. F. The Effects of Program Trading on Market Volatility: New Evidence. In New directions in finance edited by D. K. Ghosh and S. Khaksari, Routledge, London, 159—180. 1995.

［86］Riza Demirer, Donald Lien, David R. Shaffer. Comparisons of Short and Long Hedge Performance: the Case of Taiwan. Journal of Multinational Management, 2005 (15).

［87］Chunrong Ai, Arjun Chatrath, Frank Song. A Semiparametric Estimation of the Optimal Hedge Ratio. The Quarterly Review of Economics and Finance, 2007 (47).

［88］Taufiq Choudhry. Short-run Deviations and Optimal Hedge Ratio: Evidence from Stock Futures. Journal of Multinational Management, 2003 (13).

［89］Jdrzej Biakowski, Jacek Jakubowski. Stock Index Futures Arbitrage in Emerging Markets: Polish Evidence. International Review of Financial Analysis, 2006 (10).

［90］Francis In, Sangbae Kim. Multiscale Hedge Ratio between the Australian Stock and Futures Markets: Evidence from Wavelet Analysis. Journal of Multinational Management, 2006 (16).

［91］Taufiq Choudhry. The Hedging Effectiveness of Constant and Time-varying Hedge Ratios Using Three Pacific Basin Stock Futures. International Review of Economics and Finance, 2004 (13).

［92］Jason Laws, John Thompson. . Hedging Effectiveness of Stock Index Futures ［J］. European Journal of Operational Research, 2005 (163).

［93］Tse. Yiuman, Bandyopadhyay. Paramita, and Yang-Pin Shen, Intraday Price Discovery in the DJIA Index Markets, 2006 Financial Management Association annual meeting in Salt Lake City.

[94] Y. Peter Chung. A Transactions Data Test of Stock Index Futures Market Efficiency and Index Arbitrage Profitability, The Journal of Finance, 1991, Vol. 46, No. 5.

[95] Bradford Cornell, Kenneth R. French. Taxes and the Pricing of Stock Index Futures, The Journal of Finance, 1983, Vol. 38, No. 3.

[96] Antonios, Atonious and Iran GarrettTo. What Extent did Stock Index Futures Contribute to the October 1987 Stock Market Crash, The Economic Journal, 1993, Vol. 103, No. 421.

[97] Hans R. Stoll, Robert E. Whaley. The Dynamics of Stock Index and Stock Index Futures Returns, The Journal of Financial and Quantitative Analysis, 1990, Vol. 25, No. 4.

[98] Eric C. Chang, Prem C. Jain, Peter R. Locke. Stander & Poor's 500 Index Futures Volatility and Price Changes around the New York Stock Exchange Close, The Journal of Business, 1995, Vol. 68, No. 1.

[99] Narasimhan Jegadeesh, Avanidhar Subrahmanyam. Liquidity effect of the Introduction of the S&P 500 Index Futures Contrast on the Underlying stocks, The Journal of Business, 1993, Vol. 66, No. 2.

[100] A. Craig Mackinlay; Krishna Ramaswamy. Index-futures Arbitrage and Behavior of Stock Index Futures Prices, The Review of Financial Studies, 1988, Vol. 1, No. 2.

[101] Michael L. Hemler, Francis A. Longstaff. General Equilibrium Stock Index Futures Prices: Theory and Empirical Evidence, The Journal of Financial and Quantitative Analysis, 1991, Vol. 26, No. 3.

[102] Anne Fremaullt. Stock Index Futures and Index Arbitrage in a Rational Expectations Model, The Journal of Business, 1991, Vol. 64, No. 4.

[103] Kalok Chan. A further Analysis of the Lead-lag Relationship between the Cash Market and Stock Index Futures Market, The Review of Financial Studies, 1992, Vol. 5, No. 1.

［104］ Black，F. &Scholes，M. The Pricing of Options and Corporate Liabilities. Journal of Political Economics，1973，81：637—654.

［105］ 中国期货业协会网站 http：//www. cfachina. org/。

［106］ 上海期货交易所网站 http：//www. shfe. com. cn/。

［107］ 郑州商品交易所网站 http：//www. czce. com. cn/。

［108］ 期货龙听网 http：//www. qhlt. cn/。

［109］ 赢家期货资讯 http：//www. chinawinner. net/。

［110］ 和讯网期货专版 http：//www. homeway. com. cn/colligation/futures/。

［111］ 新浪网期货专版 http：//www. sina. com. cn。

［112］ 中国证监会网站 http：//www. csrc. gov. cn。

［113］ 中国金融期货交易所网站 http：//www. cffex. com. cn/。

［114］ http：//www. blog. sohu. com. cn。

［115］ http：//www. zsqhw. com。